Rahul Raina · Bekenntnisse eines Betrügers

RAHUL RAINA

BEKENNTNISSE EINES BETRÜGERS

Roman

Aus dem Englischen
von Alexander Wagner

KEIN & ABER

Die Originalausgabe erschien 2021 unter dem Titel
How to Kidnap the Rich bei Little, Brown, London

Deutsche Erstausgabe

Cover: Maurice Ettlin
Satz: Dörlemann Satz, Lemförde
Druck und Bindung: CPI books GmbH, Leck
ISBN: 978-3-0369-5868-2
Auch als e-Book erhältlich

www.keinundaber.ch

Für meine Familie, die schreckliche Angst hatte,
dieses Buch würde von ihr handeln.

TEIL EINS

EINS

Das erste Kidnapping war nicht meine Schuld.

Alle weiteren – das war definitiv ich.

Ich war umgeben von einem Meer brauner Flaschen. Rudi lag neben mir auf dem Boden, Spritzer von Erbrochenem im Gesicht. Ich hätte besser auf ihn aufpassen sollen. Rudi hatte Koks geschnupft, eine fiese westliche synthetische Droge. Was war falsch an unseren Drogen, den sanften, natürlichen orientalischen, wie Opium oder Khat?

Dieses schicke Scheißzeug.

Die Saraswati-Statue starrte uns schlecht gelaunt aus der Ecke an. Es stank nach den Kampfer-Räucherstäbchen, die ich besorgt hatte, um den schalen Geruch von Bier, Schweiß und mit Kurkuma gewürztem Streetfood zu übertünchen.

Rudis Apartment hatte – wie es in unseren elitären Kreisen so schön heißt – echte Klasse. Flachbildschirme, Seidenteppiche, moderne Kunst an den Wänden. Geschmackvolle indirekte Deckenbeleuchtung. Es war zehn Tage vor *diwali*. Überall stapelten sich Geschenke von Fans, Werbeagenturen, Politikern. Präsentkörbe, Schachteln mit Süßigkeiten, Blumensträuße, japanische Elektronik, Grußkarten vollgestopft mit Geldscheinen.

Es war einer jener schwül-heißen Nachmittage, an denen sich alle am Hinterteil kratzen und das BIP unserer großartigen Nation wieder mal den Zielen der Weltbank nachhinkt.

Eigentlich bin ich nicht so der Trinker. Aber ständig in Rudis Nähe zu sein, ihn zu beaufsichtigen, ihm den Rücken freizuhalten, zu verhindern, dass die Medien etwas von seinem Zustand mitkriegten, hatte seinen Tribut gefordert. Ich fühlte mich schuldig wegen alledem, vor allem war ich genervt, weil ich keine Zeit mit der Frau verbringen konnte, die ich liebte – tja, und das alles hatte bereits Konsequenzen. An diesem einen verdammten Tag hätte ich wirklich wachsam sein müssen, war es aber nicht gewesen.

Es war ein Uhr nachmittags. In drei Stunden würde der Wagen vorfahren, um uns ins Studio zu bringen. Noch vier Stunden bis zu Rudis Auftritt vor der indischen Nation, strahlend und geschminkt, in der beliebtesten Gameshow des ganzen beschissenen Landes, *Beat the Brain*.

Ich griff nach einer Flasche mit irgendwas drin, um mich aufzuputschen. Ich erwischte ein Bier, warm wie Katzenpisse, als genau in dem Moment die Tür nach innen explodierte. Arme reckten sich in die Wohnung, um das eine Scharnier abzureißen, das die Tür noch im Rahmen hielt.

Ich hörte ein leises, heiseres Fluchen. Ich krabbelte herum, versuchte, auf die Beine zu kommen. Brachte aber nichts Besseres zustande, als wieder auf dem Rücken zu landen, mit den Armen und Beinen in der Luft zu zappeln wie ein umgestürzter Büffel.

»Rudi! Wach auf, Rudi! Jemand versucht …«, flüsterte ich. Meine Kehle war ausgetrocknet und nutzlos.

Schließlich gab die Tür nach, ächzend wie ein Fünfzigjähriger im Fitnessstudio. Erneut versuchte ich zu schreien. Meine Lippen bewegten sich, aber es kam kein Laut heraus.

Ein Mann kam herein, gekleidet wie ein Krankenpfleger, je einen Klapprollstuhl unter den Armen. Er lächelte angesichts des erbärmlichen Bilds, das wir beide abgaben.

Wack, wack!, machte der Totschläger.

Ich schrie, und als ich Blut schmeckte, gleich noch mal. Ich bekam eine chirurgische Maske ans Gesicht geschnallt, in die ich vergeblich etwas hineingurgelte. Ich leistete keinen Widerstand. Tat gar nichts. Ich wurde hochgehievt und auf einen Rollstuhl geschnallt.

Ich sah seine gelben Zähne, darunter eine Halskette aus schwarzen Gebetsperlen wie Schrumpfköpfe. Dann sagte eine Stimme: »Keinen Mucks, oder der Dicke kriegt eine verpasst.«

Sollte das eine Drohung sein? Offenbar missverstand er meine Beziehung zu Rudi.

Rudi wurde nicht mal wach.

Das war damals, als ich noch meinen Finger hatte. Ich vermisse das kleine Ding. An einem Punkt im Lauf der Geschichte mussten sie einen Beweis liefern, dass wir noch am Leben waren, und was gab es da Geeigneteres als den kleinen Finger des treuen Lakaien?

Sie hackten ihn mit einem Messer ab, das man in den *dhabas* zum Schneiden von Gemüse benutzt; eine dieser Klingen, mit denen an Marktständen große Korianderbüschel zurechtgestutzt werden. All das lehrte mich eine Lektion: Wenn du einen Jungen erpresst, um einen Anteil seines Reichtums abzukriegen, hackt man dir deine verfluchten Gliedmaßen ab.

Ich vermisse den Finger. Es war ein guter Finger.

Scheißdelhi. Scheißindien.

Es ist nicht wie in diesen Filmen, das müsst ihr wissen, die als Komödien beginnen, in denen Shah Rukh und Preity Uni-Freunde sind, und nach der Pause kriegen alle Krebs, und die Mütter flennen über die verlorene Familienehre, bis am Schluss eine Hochzeit gefeiert wird, auf der alle ihre Sorgen wegtanzen. Das hier ist kein Melodrama. Mir wurde lediglich ein Finger abgehackt. Und es gab eine Reihe von Kidnappings.

Keine Mütter, die dir Schuldgefühle einreden wollen. Keine Tränen. Keine emotionalen Verwicklungen, okay? Nur ein totales *khichdi* von Anfang bis Ende.

Es hatte alles so harmlos begonnen.

Eine Million dreihunderttausend Rupien. Mehr war für mich nicht drin. Für vier Wochen fieberhaftes, schweißtreibendes Lernen, jeden Tag vierzehn Stunden, damit das verzogene Balg auf eine Uni nach Wahl seiner Eltern gehen konnte.

Jetzt denkt ihr wahrscheinlich: Eine Million dreihunderttausend Rupien, Ramesh, das ist doch ein Haufen Geld! Du verdienst mehr als siebenundneunzig Prozent aller Inder, zumindest laut Angaben des Finanzamtes. Also warum beklagst du dich?

Weil ich brav meine Steuern zahle. Klar, ich weiß, es ist bescheuert von mir.

Und weil ich ein gehetztes Leben führe, in dem jedes Jahr mein letztes sein könnte, weil ich ständig aufzufliegen drohe, jedes Klopfen an der Tür vielleicht die Polizei ist, und das alles für einen Fliegenschiss von 1,3 Millionen *gandhis* – in Ordnung, schon gut, ich jammere, weil ich gerne jammere, schließlich ist es das Geburtsrecht eines Delhi-Boys, und dieses Recht gedenke ich zu ehren.

Ich habe den Jungen dreifach getroffen – nein, dreimal, denn niemand sagt »dreifach treffen«, wie Claire mich belehrt hätte.

Ich hasste seinen Namen vom ersten Moment an. Rudi. Rudraksh. Scheißrudraksh. Wer nennt sein Kind so? Weiße Sechzigerjahre-Hippies. Klingt wie der Nachwuchs von Filmstars – diese Kids mit Millionen Followern auf Instagram und einer Louis-Vuitton-Sucht. Klingt wie ein Klebstoff oder ein Putzmittel: der kraftvolle, gründliche Allzweckreiniger, Freund der Hausfrau, nur neunundvierzig Rupien.

Rudis Eltern hatten ein hübsches kleines Apartment in der Nähe von Green Park – nicht gerade die allerbegehrteste Gegend, aber auf dem Weg dorthin. Ein aufstrebender Stadtteil, würden Immobilienmakler sagen, genau das Richtige für all diejenigen, die auf dem Sprung nach oben sind. Man fuhr Honda und Lexus, aber noch keine deutschen Karossen.

Bei meinem ersten Besuch trug ich eine Tasche mit der Aufschrift *DeliveryFast* – daher keine lästigen Fragen an den Toren, keine zeitraubenden Kontrollen, ich wurde einfach durchgewinkt. Ich spielte den Pizzaboten. Sehr kontinental. Sehr schick. Ich erhob mich über meinen Stand, wie die Briten in den alten Filmen immer sagen, in denen sie arme Tagelöhner schlagen, weil die ihren jungfräulichen Töchtern schöne Augen machen.

Rudis Vater war fett und trug ein Hemd mit dem Logo seines Golfclubs. Er war reich. Natürlich war er das. Wenn man fett und Inder ist, ist man reich; wenn man fett und arm ist, dann lügt man. Nur im Westen sind die Reichen dünn, vegan und moralisch. Seine Frau trug das übliche eng anliegende rosa Jogging-Outfit. Ihr Zuhause war ausgestattet mit Unmengen von Naturstein, altertümlichen Wandteppichen mit vagen Anklängen an das Mogulreich, einem prunkvollen Gebetsschrein neben der Wohnungstür, mediterranen Porzellanstatuen, Marmorgöttinnen in brünstigen Posen. Es hatte drei Schlafzimmer, Kostenpunkt auf dem Markt schätzungsweise vier *crore*.

Ich hasste den Jungen auf Anhieb. Überbiss, fettige Gesichtshaut, Schweinsäuglein. Kein bisschen wie der echte Rudraksh, der furchterregende, allwissende, Köpfe abhackende Avatar von Shiva.

Ich bin zu hart mit ihm. Wisst ihr, was mein eigentliches Problem mit ihm war? Dass es keines gab. Er war normal. Durchschnittlich. Achtzehn Jahre alt. In den letzten fünf Jahren hatte ich mit Hunderten seiner Art zu tun gehabt.

»Also«, sagte Rudis Vater. Seine Augen kullerten in seinem Schweineschädel, der voller masturbatorischer Fantasien darüber war, auf welch niedriges Honorar er mich herunterhandeln würde.

»Also«, wiederholte Rudis Mutter, als ob alles besser wäre als das. Lieber würde sie mit ihrer Schwiegermutter über den Zustand ihrer Ehe reden, oder Yoga nach Art der Weißen machen, bei der man den ganzen Ganges ausschwitzte (den Ganges? Solche Sprüche habe ich mir zugelegt). Noch schlimmer wäre jedoch: über meine Hoffnungen, Ängste und Ambitionen zu sprechen.

Gott sei Dank hielt sich das Vorspiel in Grenzen. Ich fing sofort an, meine Nummer abzuziehen.

Ramesh Kumar – Bildungsberater. So steht es auf meiner Visitenkarte.

Sie wollen, dass Ihr kleiner Liebling 99,4 Prozent der Prüfungsfragen richtig beantwortet, ein Absolvent des Indian Institue of Technology wird und über den Rest von uns herrscht? Dann kommen Sie zu mir. Sie wollen, dass Ihr kleiner Racker bis an die Spitze der staatlichen Verwaltung aufsteigt, einen Durchmarsch in ein Eckbüro an der Wall Street oder in London antritt, oder, wenn alles schiefläuft, Gott behüte, wenigstens in Bangalore? Ich bin Ihr Mann. Jede Prüfung, jedes Fach in nur vier Wochen. Oder Sie kriegen Ihr Geld zurück. Und genau darauf haben sie es alle abgesehen, jeder Einzelne von ihnen.

»Sie haben 0,1 Prozent weniger erreicht als versprochen.« »Er hat es nur nach Vassar geschafft.« »Der Junge von Tante Rupa war besser, und er hat die Prüfungen selbst geschrieben.« Ich kenne alle Sprüche.

Ich bin einer der besten Prüfungsabsolventen Delhis und deshalb vermutlich einer der besten der Welt. Die Chinesen sind meine einzige Konkurrenz. Dort muss es Tausende meiner Art geben, die Karrieren pummeliger Kinder kommunistischer Funktionäre vorantreiben, und dabei in ständiger Angst leben, eine Kugel in den Hinterkopf zu bekommen oder in ein Umerziehungslager geschickt zu werden, so wie die Muslime. Oder schlimmer noch, in die Fabriken von Shenzhen, um dort iPhones zusammenzubauen, ihr wisst schon, die Fabriken mit den Fangnetzen für Selbstmörder drumherum.

Scheiße, diese Typen wissen, wie man Menschen zum Arbeiten antreibt. Sie sind die Zukunft. Wenn die Kinder von westlichen Reichen oder Indern scheitern, werden sie einfach Social Entrepreneure. Und die Chinesen? Wenn ihre Kinder scheitern, werden sie zu Hackfleisch verarbeitet.

Wir Berater, seien wir braun oder schwarz oder gelb, sind ein Nebenprodukt der westlichen Arschloch-Meritokratie. Unsere Existenz ist notwendig. Wir sind das Schmiermittel im Getriebe dieser Ellbogengesellschaft. Wir sind die Geburtshelfer der Fulbright-Stipendien, der Forschungskredite und Ausbildungsförderungen. Wir sind die Handlanger der braunen Übernahme der Welt.

Gewöhnlich sitze ich in Neu-Delhi in meinem miesen kleinen Büro-und-Wohnzimmer im zweiten Stock und schwitze und schwitze, gebäre aus meinen Eiern Industriegiganten, zukünftige World Leader und Präsidenten. Ich erschaffe sie aus dem Nichts, wir alle tun das, eine Armee von Lohnsklaven. Vielleicht kriegen wir ja eines Tages auch ein Stück vom Kuchen ab, verhelfen unseren eigenen Kindern durch Bestechung zum Erfolg, haben selbst einen respektgebietenden Familiennamen, der andere in die Knie zwingt und sie buckeln lässt.

Natürlich verrate ich das meinen Kunden nicht. Ich erzähle ihnen nichts von meinen Träumen. Sie sagen mir, was sie wollen. Ich lege meine Preise fest. Ich mache ihnen klar, wie wenig ein paar *lakh* sind angesichts eines zukünftigen bequemen Jobs bei McKinsey oder BCG. Und ihre durchbohrenden Augen glänzen vor Lust und Gier, alles sehr pornografisch, dann versuchen sie mich über den Tisch zu ziehen, als wäre ich ihre aus dem Dorf stammende Wäscherin, die seit fünfzehn Jahren keine Gehaltserhöhung erhalten hat, nicht der Mann, der die Zukunft ihres Kindes in den Händen hält.

Sie würden nicht so mit mir umspringen, wenn ich einen Anzug trüge. Allerdings müsste es ein italienischer oder französischer sein. Trägst du einen indischen Anzug, riechen sie das und ficken dich nur umso härter.

Anzüge. Das ging mir durch den Kopf, als Rudrakshs ehrenwerter Vater, Vishal Saxena (starker, männlich klingender Familienname), mich beäugte und davon träumte, wie billig er mich bekommen könnte. Die Nummer mit dem Pizzakurier hatte sich abgenutzt. Ich dachte an ein Rebranding. Schon bald würde ich mit einem Maßschneider sprechen müssen.

»Rudraksh«, sagte Mr Saxena, worauf der Junge leise schnaubte und aus einem Tagtraum erwachte.

»Papa, du weißt, ich mag nicht –«

Der Vater starrte ihn kurz an, brachte ihn mit einem einzigen Blick zum Schweigen. Indische Eltern, hm? Sie haben es immer noch drauf, auch wenn der Junge eine Generation früher geohrfeigt worden wäre, nur weil er es gewagt hatte, den Mund aufzumachen.

Mr Saxena hatte dicke rote Lippen, die Lippen einer Filmschauspielerin, sehr unpassend. Seine Frau hatte überhaupt keine, aber das war kaum ein Wunder, wenn man mit diesem Mann verheiratet war. Ihre Lippen waren wahrscheinlich schon am Tag ihrer Hochzeit verschrumpelt.

Sie schaltete sich ein, als wollte sie mich schnellstmöglich loswerden, damit die Bediensteten die quietschende, mit Plastik überzogene Couch, auf der ich saß, reinigen und ausräuchern könnten. »Rudi strebt eine Karriere in der Risikokapitalbranche im Silicon Valley an«, erklärte sie in einer Art und Weise, die verriet, dass der Junge alles andere nur das nicht wollte. »Wir nehmen das All-India-Premium-Prüfungs-Packet. Unter den Top-Zehntausend oder Geld zurück.« Sie sprach jedes Wort langsam und deutlich aus, als wäre ich ein beschissener Analphabet. Die Silben hallten vom geschmackvollen Marmor und den von Khajuraho inspirierten Holzmöbeln wider.

Ich nickte, freundlich und langsam. Sollte sie doch denken, ich sei unterwürfig, wenn sie auf so was stand.

Sie hatte diesen typischen herablassenden Gesichtsausdruck. Diesen »Wir kaufen jetzt in Shopping-Malls ein, nicht mehr im Palika Bazaar. Wer geht da heutzutage noch hin, Cousine? Im Ernst? Du und dein Mann? Ach?«-Ausdruck. Man ahnte, wozu sie imstande war. Ihr Gesicht erzählte die Geschichte müheloser Oberer-Mittelschichts-Überlegenheit. Ihre offene Verachtung hatte etwas Aufrichtiges. In diesem Land solltest du dich hüten vor Gesichtern, die etwas anderes bekunden, als sie bekunden sollten. Kriegst du es mit einem besorgten, freundlichen Polizeiinspektor oder einem hilfsbereiten Beamten zu tun, weißt du, dass du in der Scheiße steckst.

Die All Indias sind die ganz Großen, die jeder macht, wenn er die Schule abschließt. Es gibt das ganze Jahr über auch andere Aufnahmeprüfungen für alles Mögliche, für die juristische Fakultäten, für die Armee, für Toiletteninspektoren, aber die All Indias sind die Crème de la Crème, meine wichtigste Einnahmequelle im Jahr. Sie sind das Eintrittsticket für die besten Universitäten, zu den besten Zukunftsaussichten, zum weißesten Leben. Ich bot ein komplettes All-India-Paket an, sämtliche fünf Teilprüfungen, die ich alle selbst übernahm – die gewöhnlichen Prüfungen waren bei mir in Englisch und Hindi zu haben, obwohl jeder Trottel sie bestehen konnte. Die wirklich entscheidenden Prüfungen waren Mathematik, Wirtschaft, Finanzen – die Sprungbretter, um Indien zu entkommen. Das waren meine Spezialgebiete, aber auch jede beliebige andere Kombination: künstlerische Fächer oder Naturwissenschaften, auch kein Problem, alles im Angebot, wann und wo immer Sie wollen.

Wenn du unter die Top-Eintausend kommst, ist deine Zukunft gesichert. Die Villa in New Jersey wartet auf dich, ebenso wie der Chevrolet SUV und die Geigenkonzerte der Kinder, die du nie besuchen wirst.

Die Porträts der Top-Einhundert-Absolventen kleben an den Mauern der Schulen, die sie hervorgebracht haben. Ihre Lehrer werden im Fernsehen interviewt, als wären sie Zeugen einer erfolgreichen Trennung siamesischer Zwillinge oder arabisch-israelischer Friedensgespräche. Sie erhöhen sofort ihre Preise und bringen ihre bescheuerten Educational-Apps auf den Markt.

Top-Ten? Die werden schlagartig Berühmtheiten.

Aber man musste seine Kunden sorgfältig auswählen. Wenn sie betrogen und nicht zahlten, waren die Einnahmen eines ganzen Jahres futsch.

Diese Eltern hier waren jedoch zu offensichtlich gierig, um gefährlich zu sein. Die Leute, vor denen man sich wirklich in Acht nehmen musste, waren solche, die über Traditionen und Dharma salbaderten, dich *beta* nannten und solchen Scheiß. Bei denen suchte man besser gleich das Weite. Ich hatte ungute Erinnerungen an das Kind eines stellvertretenden Bürgermeisters. Jede Menge Geschrei, sehr unangenehm. Keine Politiker mehr.

Ich verlangte eine umfassende Selbstauskunft. Sozialversicherungsnummer und Angaben zur *adhaar*, der persönlichen Identifikationsnummer. Einkommen, legal und illegal. Schulgeschichte, von wem sie empfohlen worden waren. Ich bezahlte jemanden beim Finanzamt, der meine Kunden überprüfte. Sie alle hatten kleinere Registereinträge üblicher mittelständischer Betrügereien. Hier und da waren Bestechungsgelder geflossen: für Baugenehmigungen, für eine Aufnahme an einer Privatschule ohne

Prüfung, oder an die Regierung, damit ihre Kinder für die Quotenzulassungen als Angehörige niedriger Kasten ausgegeben werden konnten. Der übliche verkommene Schmutz, der dieses großartige Land zu dem macht, was es ist, genau wie die Pestizide in der Milch, die unseren Kindern Charakter, Mumm und lebenslange Verhaltensprobleme bescheren.

Jeder weiß, was Indien groß macht. China hat die Kommunisten an der Macht, Xi Dada und seine Kumpane; Europa hat Piazzas und Kunstgalerien; Amerika hat Rindfleisch, Titten und Geld. Wir haben die Demokratie. Wir diskutieren, endlos. Wir reden achttausend verschiedene Arten von Scheiße, wir beleidigen einander, wir machen Dinge möglich. Dies ist das Land der Deals. Dies ist das Land der Verhandlungen. Jeder Ziegelstein mag nur halb gebrannt sein, jedes Gebäude mehr durch den Glauben zusammengehalten als durch Zement – aber es wird hingestellt. Zum halben Preis, in der halben Zeit.

Wir unterzeichneten den Vertrag. Ich nahm einen Stapel Schulbücher des Jungen mit und wurde durch die Hintertür hinauskomplimentiert. Ich ging nach Hause, bereit, einen Monat lang mein Gehirn vollzustopfen, Junkfood zu essen und den Weg zu einem besseren Leben für mich und die kommenden Generationen von Kumars zu ebnen. Auf dass sie mir Statuen errichten und mich in ihren Gebeten ihren glücksbringenden Vorfahren nennen würden, der Mann, der das Familienvermögen gemacht und dem Familiennamen zu neuem Glanz verholfen hatte.

Um wirklich erklären zu können, wie ich in dieses fingerlose Schlamassel geraten bin, muss ich noch weiter ausholen, weiter zurück als zu Rudi, bis zu meiner Herkunftsgeschichte. Meine Familie war arm gewesen, solange wir zurückdenken konnten. Wir hatten Legenden, wie sie jede Familie hat: dass wir einst Dichter gewesen seien, von Eroberern, Griechen, Briten oder Russen abstammten und unsere Armut nur vorübergehend sei. Aber das Vorübergehende hatte sich als äußerst dauerhaft erwiesen.

Unser Geschäft war der Tee. Seit Generationen verkauften wir diese wunderbare, duftende Pflanze, die den einfachen Mann und Mogulen gleichermaßen verzauberte, an jeden, der –

Also gut, wir landeten tatsächlich an irgendeinem Punkt im Teegeschäft, aber damit hatte es nicht begonnen. Mein Vater war ursprünglich im Straßenbau tätig. Dort hatte er sich den Rücken ruiniert und sich vor meiner Geburt die Hände übel verbrannt, wahrscheinlich weil er sturzbetrunken in einen brodelnden Teerkübel gestürzt war. Wir haben natürlich keine Handschuhe in Indien. Ich erinnere mich daran, wie er liebevoll versuchte, seine Finger zu strecken, wenn er mich abends zu Bett brachte … Okay, die Wahrheit ist, er schlug mich. Mit einem Rückhandschlag, für den Indien in der ganzen Welt berühmt ist. Aber seine Hand, eine umgekehrte Klaue, deren Finger sich nicht mehr nach innen krümmen ließen, mit verhärteten Muskeln, die Haut glänzend vor Narben, machte den Schlag härter und verursachte heftigste Schmerzen, als wäre sie gar nicht seine Hand, sondern eine speziell konstruierte Waffe, die er nach Belieben einsetzen konnte.

Ein perfekter Start in ein Leben periodisch auftretender Folter.

Meine Mutter habe ich nie kennengelernt. Sie starb bei meiner Geburt, und mein Vater hatte nichts Gutes über sie zu vermelden. Eines Tages, als ich ihn wieder einmal verärgert hatte, vielleicht war mir ein Pfefferkorn heruntergefallen oder ich hatte die Milch überkochen lassen, hatte er gesagt: »Er ist stockdämlich, das ist er, genau wie seine Mutter. Sie hatte Augen wie eine Kuh und lange Wimpern. Ich hätte es wohl besser wissen müssen, was?«, worauf seine Kunden gelacht hatten. An diesem Abend hatte er mich besonders heftig geschlagen, sodass seine Hand danach mehr als üblich schmerzte und er mich mit zusätzlicher Erbitterung hassen konnte.

Gewöhnlich hatten die Teestände Namen, *Singh's* oder *Lalit's*, aber unserer nicht. Deshalb dachte ich immer, wir seien bekannt als: *Der Stand, wo der Kerl seinen Sohn schlägt, du weißt schon,* bhai, *der am Kaschmir-Tor.*

Was müsst ihr sonst noch wissen? Über mich?

Es lohnt sich nicht, mich zu beschreiben. Ich war klein und hatte große braune Augen. Heute bin ich größer und habe große braune Augen. Ich trug Jeans aus siebter Hand mit Löchern im Schritt und lief auf Plastikschlappen, um deren Ränder sich meine Zehen krümmten. Alles klar?

Wir lebten in einem Ein-Zimmer-Betonverschlag, ein paar Gassen von dem Ort entfernt, von dem westliche Reiseführer behaupten, das sei das wahre Indien, mit Gewürzbergen, Frauen in mangofarbenen Saris, Männern, die nach Haaröl und Weihrauch duften und Kühe hinter sich herziehen, stattlich und fett, und wo Weiße aus ihren klimatisierten Jeeps steigen und verkünden, wie sehr der Anblick und die Geräusche sie *überwältigten.*

Mein Indien riecht nach Scheiße. Es riecht wie etwas Ekliges, Verdorbenes, aus all den Träumen, die geronnen und verklumpt sind wie ranziger *paneer*. Es riecht, als hätten sich die Bewohner mit Cannabis, Alkohol und Weihrauch betäubt und würden nur existieren, um Mais, Reis und Weizen in Babys und Scheiße zu verwandeln. Man trinkt, man spielt, man schaut Kricket und verwettet Geld, das man nicht hat, man lyncht Muslime, man schlägt seine Kinder, die erwachsen werden und dasselbe tun.

Papa und ich gingen jeden Morgen in den Tempel. Das muss ich dem hinkenden kleinen *lund* lassen. Immer sehr religiös, mit das Einzige, was ich von ihm übernommen habe – inzwischen gehe ich selbst dorthin, sooft ich kann.

Jeden Morgen läutete er die Glocke am Tempeleingang (andere Eltern hoben dazu ihre Kinder auf die Schultern – meiner etwa?), wir zogen unsere Schuhe aus und hofften, dass sie später noch da sein würden. Papa warf mit seiner Klauenhand ein paar *paise* in die Sammelbüchse, schon damals, bevor Indien von der Inflation, von McDonalds und Kids mit amerikanischem Akzent in Shopping-Malls heimgesucht wurde, eine klägliche Summe. Eine kurze Verbeugung vor der Göttin, die dunkel und triumphierend thronte, während ihre Tiger das Leben aus Dämonen und Männern quetschten, die ihr auf die Titten starrten. Ich betete um das Ausbleiben von Schlägen, um Geld und ein Entkommen aus diesem Elend. Papa betete für Erfolg im Chai-Geschäft, dass er keine Syphilis bekommen und sein einziger Sohn kein verdammter Volltrottel bleiben würde.

Immerhin beteten wir für etwas Reales, etwas Greifbares. Besser als die Menschen, die täglich zig Millionen Rupien dafür verschleuderten, dass ihre Kinder gute Menschen und TED-Talker würden, glückliche Ehen hätten oder anderen Reiche-Leute-Scheiß.

Nach dem Tempel begann der Teeverkauf. Im heraufdämmernden Morgen. Am Kaschmir-Tor, in der Nähe der Geldwechsler, die westliche Touristen übers Ohr hauten. Wir fuhren mit unserem kleinen mobilen Teestand mit rissiger und vergilbter Bemalung durch enge Gassen, in denen verpesteter Nebel hing, während in der Ferne die Werbesprüche, Flüche und Witze der Nachtwächter, Milchmänner und Wäscher gespenstisch hallten.

Mein Vater fuhr das Rad, die Muskeln seiner Beine spannten sich, und wir platschten durch Schlaglöcher. Jeder seiner Muskeln arbeitete synchron, eine einzige große Maschine vom Schädel bis zur Sohle, die Alkohol wie eine Art Treibstoff in Energie und Geld umwandelte. Ich trabte hinterher, folgte ihm wie ein tollwütiger Hund einem Sack Fleisch, schaute nach oben, zu den Stromleitungen, die sich verflochten und wieder entwirrten, auf die zur Landung ansetzenden Flugzeuge. Als wir unseren Standplatz erreichten, den Papa durch subtile Verhandlungen und einige seiner berühmten Rückhandschläge ergattert hatte, musste ich meine Beine vom Straßendreck sauberkratzen, der in einer Million Jahren zu Erdöl komprimiert sein würde.

Unser Platz war am Rand von Alt-Delhi, wo das Mittelalter der Moderne weicht. In den Straßen röhrten ungeduldige Männer mit Schnurrbärten vorbei, nahmen Abkürzungen auf ihren Honda Heros, die mit Klebeband und Gebeten zusammengehalten wurden. Frauen umklammerten ihre Handtaschen und hielten ihre Schlüssel wie Messer, um jeden Mann aufzukratzen, der ihnen zu nahe kam. Kinder in meinem Alter, fünf in einer Rikscha, wurden zu ihren Schulen gefahren, Uniformen in Blau, Grau und Grün, Rotznasen, ölglänzende Haare, Plastik-Lunchboxen mit *chapatis* und vegetarischen Currys, gekocht von ihren liebevollen Eltern.

Das war eine andere Welt, ein Indien, das meinem ein Jahrhundert voraus schien. Mehr sah ich davon nicht, nur ein kurzer Blick, zweimal am Tag. Ich würde wohl niemals Teil davon sein.

Ich gehörte zu den Untersten der unteren Mittelschicht. Mein Vater besaß zwar ein Geschäft, das ich erben würde, das schon. Und wir waren nicht am Verhungern, waren weder *dalits* noch Obdachlose. Aber wir würden niemals aufsteigen. Die großen gesellschaftlichen Bewegungen hatten uns links liegenlassen. Die Unabhängigkeit, der Sozialismus, der Kapitalismus, für uns machte das keinen Unterschied. Mein Leben bestand im Mahlen von Gewürzen für den Tee.

Selbst jetzt, ein Jahrzehnt nachdem ich meinem Vater erklärte, er könne sich zum Teufel scheren, kann ich mich noch genau an das Mischungsverhältnis erinnern: drei Teile grüner Kardamom, drei Teile Fenchel, zwei Teile Nelke, zwei Teile Zimtblüte, ein halber Teil Pfefferkorn, ein halber Teil schwarzer Kardamom. Frisch gemahlen, jeden Tag, jede Stunde, jede Minute in der das Gehirn zum Schmelzen bringenden Hitze, prompt auf Bestellung, geliefert von meiner Wenigkeit. Und Gott stehe dir bei, wenn dir ein Fehler unterlief. Ihr wisst inzwischen, was der Lohn dafür war.

Ich hatte einen Stein, mit dem ich meine Gewürze pulverisierte, viel zu groß für ein Kind, dick und schwer und dunkelgrau, mit dünnen weißen Streifen, die ihn durchzogen wie Zellulitis die Oberschenkel eines Politikers. Ich verbrachte meine Tage gebückt hinter dem Verkaufsstand und schlug die Gewürze zu Staub, meine Rückenmuskeln schmerzhaft verknotet am Ende des Tages. Nachts hatte ich Albträume, dass ich mich in einen Buckligen verwandeln würde, und bevor mein Vater aufwachte, versuchte ich in stockfinsterer Nacht meinen Rücken gerade zu strecken und mit Händen und Füßen nach China und Pakistan zu greifen, so wie es die Westler beim frühmorgendlichen Bikram Yoga machten, um ihre Lendenwirbelprobleme zu lösen.

»Kein im Laden gekauftes Pulver bei uns, Sir!«, schrie mein Vater immer. »Alles frisch gemahlen von meinem kleinen Zwerg von einem Jungen da unten. Du, Ratte! Zeig dem Gentleman deine Muskeln! Ha ha!« Manchmal fanden ein paar Insekten, ein bisschen Dreck, etwas Spucke ihren Weg in die Mischung, natürlich nur durch Zufall.

Mein Hass hätte Indien zum Weltmarktführer für erneuerbare Energien machen können.

»Heißer Chai! Frischer Chai! Ingwer-Chai für die Kranken! Milch-Chai für die Depressiven! *Garam! Garam!* Täglich, von früh bis spät!« Papa schrie stundenlang, er wurde nie heiser, wenn das Geschäft zufriedenstellend lief, schmetterte er Film-Songs, pries die Götter, pries Indien, verkündete, dass die People's Party die nächsten Wahlen verlieren würde, dass unsere Kricketspieler fett und behäbig seien, tat insgesamt sein Bestes, um seine Millionen von Konkurrenten zu übertrumpfen. Wenn sie ihre eigenen, von Hass erfüllten Söhne hätten, so malte ich mir aus, dann könnten wir uns eines Tages zusammenschließen, unseren Vätern die Kehle durchschneiden, die Büffelmilch blutrot färben und den Vatermord-Chai saufen.

Stets stand Papa hinter seinem uralten Kupfertopf, die Gasflamme erwärmte seine Eier, brachte die Milch zum Kochen, die gerade so stark verwässert war, dass es niemand bemerkte. Bis heute kann ich weder den Geruch von verbrennendem Fett, noch den Anblick hochschäumender Milch ertragen. In Abständen von fünf Minuten gab ich ihm die zerdrückten, zerstampften, zermahlenen Gewürze. Vorsichtig reichte ich ihm das verschlossene Gefäß mit dem Kristallzucker, verklebt wegen der Feuchtigkeit, natürlich zu langsam, – *klatsch, klatsch!*, setzte es Ohrfeigen. »Und jetzt lässt du's auch noch fallen, jetzt kommen die Käfer rein!« –, oder Sucralose für die korpulenten Neureichen; Tassen, Becher, Behälter mit den diversen Teemischungen …

Wir hatten sechs davon. Auf jedem Behälter klebte ein kleiner Zeitungsausschnitt mit dem Bild einer Göttergestalt, die die Schirmherrschaft für die entsprechende Wirkung hatte. Eine der Mixturen versprach Reichtum, eine andere Gesundheit, eine dritte zahlreiche männliche Nachfahren aus deinen Lenden, eine weitere Liebe, Zuneigung und sexuelle Gefälligkeiten der molligen Rezeptionistin, die du gerne nebenher ficken würdest. Vermutlich habt ihr es bereits erraten, dass sie alle aus dem gleichen Topf stammten. Dem Liebes-Chai hatten wir ein paar falsche Rosenblätter hinzugefügt, einfach wegen der Farbe. Dafür verlangten wir fünfzig Prozent mehr. Fünfzehn Rupien pro Tasse! Könnt ihr euch das vorstellen? Raub am helllichten Tag! Zwar bestellte ihn nie jemand, aber trotzdem! Wie dem auch sei, wir und unsere harmlosen kleinen Schwindeleien waren immer noch besser als die Chinesen, die Tiger zerstückelten, um Viagra-Tee daraus zu brauen, oder Bauern zerstückelten, um ihnen die Netzhaut zu stehlen.

Vom Morgengrauen bis zur Abenddämmerung war ich an den Verkaufsstand gefesselt. Viel lieber hätte ich das alte Delhi erkundet, wäre durch schattige Gassen und verlassene *havelis* geschlendert, zwischen dicken Mauern, die den britischen Kanonen nicht gewachsen waren, hätte verschimmelte Bücher auf dem Markt gestohlen, die heimlichen Gespräche von Räubern, Dieben und *hijras* belauscht, mystische Geheimnisse aus Versen ausgemergelter Sufis gelernt oder schmutzige Rupien auf Katzen-, Hunde-, Hahnen- und Menschenkämpfe gewettet. Doch stattdessen zerstieß ich von früh bis spät Gewürze und wurde geschlagen.

Immerhin rochen meine Finger nach dem Potpourri, das man heute in den feinsten Häusern bekommt, *Fantasy Orient* oder *Ethnic Adventure*, oder wie auch immer diese Mixturen hießen. Das war doch was.

Manchmal hatte ich sogar frei. Nicht etwa an einem der multikulturellen Feiertage, die unsere Regierung erlassenen hatte, sondern an den Tagen, an denen Papa betrunken war, und ich ihn nicht wecken konnte. Man musste ihn ziemlich schubsen, sich alle Mühe geben – ein ganzer Arbeitstag verloren, weil man ihn nicht wach kriegte? Oh, dann bekam man es extra-hart zu spüren.

An diesen Tagen ging ich zur Schule. Ich lernte etwas über die Welt außerhalb Delhis. Ich lernte lesen und schreiben. Ich war ein braver kleiner Junge. Ich verschlang Bücher. Eine Wohltätigkeitsorganisation hätte ein Foto von mir machen und für ihre Plakate verwenden können, diese Art Plakate, auf denen krummbeinige Kinder schlagartig geheilt und »restlos aus ihrem Elend befreit« werden, weil sie vier Seiten aus *Die kleine Raupe Nimmersatt* gelesen hatten.

Unsere Geschäfte liefen gut, aber wo die Einnahmen versickerten, weiß ich nicht. Ich besaß nicht mal einen Topf, in den ich pissen konnte, und mein Papa schon gar nicht: Er verschaffte sich Erleichterung vor den Haustüren von Feinden oder Kredithaien, oder gar auf ihren Gesichtern, wie er immer behauptete, wenn er nachts betrunken war und die Prahlerei begann, wie viele Frauen er in seiner glorreichen Jugend rumbekommen und wie viele Genicke er gebrochen habe.

Er hatte eine Menge Frauengeschichten. Er tat nichts im Haushalt. Wer wusch meine Wäsche? Woher bekamen wir Seife? Essen? Ich sah meinen Vater so gut wie nie kochen. Welche Hausfrau bezirzte er dazu? Welche kleine Angestellte gab uns von ihrem Abendessen ab?

Wo er geboren war? Keine Ahnung.

Was aus ihm wurde? Ihr werdet es noch erfahren.

Wir hatten keinen Fernseher. Jede Zwei-*paise*-Familie besaß zumindest eine Schwarz-Weiß-Kiste. Er nicht. Nur ein Radio, das Kricket-Ergebnisse plärrte, auf die er wettete. Tendulkar schied aus, Ramesh bekam Schläge. Sehwag schied aus, Ramesh bekam Schläge. Dravid schied nie aus. Den mochte ich.

Keine Küche. Nur ein kleiner Gaskocher, auf dem mein Vater sich gelegentlich dazu herabließ, *chapatis* zuzubereiten, meistens nur dann, wenn er eine Frau zu Besuch hatte.

Wir lebten im billigsten und miesesten Loch, das er hatte finden können.

Es war 2005, aber ebenso gut hätten wir ein Jahrhundert früher leben können. Im Jahr 2005 hockten die Amerikaner in ihren Florida-Subprime-Behausungen und masturbierten auf Jessica Alba, ohne sich darüber klar zu sein, dass die Zukunft schwarz, braun und gelb sein würde. Selbst ein paar Kilometer von unserem Verschlag entfernt hatten dämliche indische Teenager iPods und hörten Blink 182. Und was lief bei uns?

Bei uns lief nichts. Wir hatten kein Geld. Wir hatten zu essen immerhin, aber was war das für eine Existenz? Kein ruhiger Moment. Immer schuften, Tee kaufen, Tee verkaufen, Trübsal blasen, weinen, Gewürze zerstoßen und ein Leben führen, das nirgendwohin führte – mein größter Albtraum war, dass ich würde wie mein Vater, mit einer Krallenhand wie seine, mit einer Brust voller dunkler Haare wie seine, meine Augen, mein Gesicht und mein Gehirn verwandelt in seine. Und vielleicht wäre es auch so gekommen. Dann wäre ich heute wie er, wütend, ein Nichts, arm …

Doch dies ist keine Geschichte über Armut. Es ist eine Geschichte über Reichtum.

ZWEI

Wo waren wir stehengeblieben? Ach ja, ein weiteres Jahr, in dem ich Prüfungsbetrug beging. Noch hatte ich keine Ahnung, dass Rudi der Klient war, der mein Leben komplett auf den Kopf stellen würde

Die zweite Begegnung mit dem Jungen war nicht besser. Er war angepisst, weil ich ihm keine Pizza mitgebracht hatte. Ich war angepisst, weil ich so wenig Geld bekam. (Eine Million dreihunderttausend *gandhis*, und ich war trotzdem schlecht drauf! Mein Gott, dafür hätte man ganze Bihari-Dörfer kaufen können, Mütter, Väter, kleine Jungs und Mädchen inklusive, und mit ihnen tun können, was immer man wollte, und vermutlich gab es tatsächlich Leute, die so etwas machten.)

Zehn Jahre zuvor wäre ich wahrscheinlich der Nachhilfelehrer des Jungen geworden. Wir wären miteinander und aneinander gewachsen, hätten die Stärken und Schwächen des anderen kennengelernt, und sonstigen westlichen Unsinn. Ich hätte sein Haar gewuschelt, wenn er mir von seinen akademischen Heldentaten berichtete. Zum Dank hätte er mir Blumen und Pralinen geschenkt.

Doch heute gab ich stattdessen vor, er zu sein. Vermutlich ist es das, was man Fortschritt nennt.

Es begann mit seiner Garderobe. Nur eine kleine Schwindelei, bei der man den Eltern versicherte, jedes Detail sei von Bedeutung: »Wollen Sie, dass eine Kleinigkeit wie falsche Kleidung bei der Prüfung für Ärger sorgt?« Auf die Art konnte man ihnen ein paar Tausend Rupien zusätzlich für Kleidung und Schuhe aus den Rippen leiern. Niemand kontrollierte bei Prüfungen je die Kleidung. Doch die Eltern schluckten alles. In all meinen Kleidern steckten Erinnerungen, an ein erfolgreiches Examen, an ein Kind, das in ein besseres Leben geschickt wurde, an ein weiteres Paar gieriger Eltern, die um kostbare *paise* betrogen worden waren. Wenn die Ergebnisse herauskamen, war die Familie derart dankbar, dass sie ein paar Tage lang jede vorgelegte Quittung unterschrieb, und man hatte vielleicht eine Woche Zeit, bevor sie wieder geizig wurden und ihr Geld lieber in ein neues Auto, ein Haus oder ein Sommerpraktikum bei Google steckten.

Rudraksh. Rudi. Wie kann ich ihn beschreiben? Vor dem ganzen Geld, den Armani-Anzügen, der Werbung für Hautaufhellungscremes, den Diätberatern, die ihm seine Junkfood- und Cola-Gelage abzugewöhnen versuchten?

Unauffälliges Gesicht. Sehr nordindisches Gesicht. Uttar-Pradesh-Gesicht. In-Dörfern-gibt-es-Hundert-Millionen-davon-Gesicht. Keine-Matches-auf-Tinder-Gesicht. Bei-Versuch-einer-arrangierten-Heirat-nach-dem-ersten-Treffen-abgewiesen-Gesicht. Fettige Haut in der T-Zone. Vermutlich klebrige, verschwitzte Hände, mit denen ich stets jede Berührung vermied. Einziger Sport – Tischtennis. Badminton zu athletisch. Ölige Streetfood-Snacks nach der Schule; Magen, Hoden und Blut voller *gol gappas* und *raj kachoris*. Eltern kaufen ihm zu *diwali* Diätratgeber.

Sein Haar war die übliche lange, fettige, ungekämmte Mähne eines jeden reichen Teenagers ohne Selbstwertgefühl. Wenn ich immer noch Perücken eingesetzt hätte, hätte ich leichtes Spiel gehabt. Ich bewahrte nach wie vor ein Dutzend davon in unterschiedlicher Länge auf, alle Echthaar, nie schamponiert oder mit Seife behandelt, fünfzehntausend Rupien das Stück. Ich hatte den Verkäufer, einen stets besorgt aussehenden Mann in einem flohverseuchten Laden in Ost-Delhi, nie gefragt, woher er die Dinger hatte.

Aber mittlerweile hielt ich die Verkleidungen bei den Prüfungen einfach. Ich übertrieb nicht mehr. Ich hatte einen gewissen Ruf. In den Augen mancher war ich eingebildet, sie fanden, ich benähme mich wie ein Filmstar. Meine Kollegen aus dem Bildungsbereich rezitierten pathetische Dialoge aus Filmen der Siebziger, sobald ich mich näherte.

Rudi hatte seine Teenagerjahre mit Abhängen verbracht. Zu viel Gaming. Zu viel manische Mitternachts-Masturbation. Fragte man ihn, was er in der Schule gelernt hatte, stöhnte er nur. Er war damals eher noch nervtötender als vor dem Ruhm, dem Geld, den Frauen, bevor er Mister Number One wurde, *Brain of Bharat*, der Mann, der alles wusste, der *nawab* des Wissens: Denn davor war er nur ein normales indisches Mittelschichtskind, das einen mit einem einzigen Verdrehen seiner Augen in den Selbstmord treiben kann.

Ich verbrachte die ersten drei Tage damit, herauszufinden, was er tatsächlich wusste.

Drei Tage reinster Folter. Wir gingen seine Lehrbücher durch, die er so gut wie nie aufgeschlagen hatte, mit ungebrochenem Rücken, ohne die üblichen indischen Spuren wilder Unterstreichungen, verschmierter Tränenflecken und Essenskleckereien vom nächtlichen Büffeln.

Alle fünf Minuten ermahnte ich ihn, meinen Fragen bezüglich seines Schulstoffes, seines Lehrplans, all dessen, was ich wissen musste, mehr Aufmerksamkeit zu schenken.

»Deine Eltern zahlen gutes Geld dafür«, erklärte ich ihm, etwas, das vor fünf Jahren bei Kids gezogen hätte. Doch er stöhnte nur, wischte weiter über sein Smartphone, die GIFs und der ganze YouTube-Dreck spiegelten sich in seiner schmutzigen Brille.

In der Ecke seines Zimmers stand eine Gitarre, die eindeutig noch nie berührt worden war. Sie lehnte an der Seitenwand eines dunklen Schranks, wie man ihn in jedem Delhi-Schlafzimmer findet, ob reich oder arm: Vollgestopft mit alten Schals, mottenzerfressenen Brautkleidern, aus der Mode gekommenen *salwar-kameezes* und Hartschalenkoffern von 1985, die niemand wegwerfen will, denn egal wie viel Geld man hat, die indische Geschichte hat einen gelehrt, dass es jederzeit den Bach runter gehen kann, sodass man immer fluchtbereit sein muss. Vielleicht sind wir aber einfach nur schäbige Kleinkrämer. Keine Ahnung.

In den Regalen stapelten sich verstaubte westliche DVDs, Schrottfilme, die wahrscheinlich ein Verwandter aus Kanada angeschleppt hatte, damals, als man damit jemanden beeindrucken konnte, vor den Nachbarn hatte angeben können, was für ein wunderbares Leben unsere Familie in *Amrika* führte. Das war lange vor Social Media, die uns dann in Echtzeit vorführten, wie dämlich die Amerikaner tatsächlich waren.

Rudi schwitzte heftig, obwohl er nur ein paar Fragen beantworten sollte. Auf seiner Brust bildete sich ein dunkler Fleck. Über uns dröhnte ein Ventilator in Enthauptungsgeschwindigkeit, quirlte aber nichts als heiße Luft. Am Boden stand eine funkelnagelneue Klimaanlage, die anscheinend wieder deinstalliert worden war, zweifellos aufgrund von Streitigkeiten mit den Handwerkern.

»*Arrey, yaar*«, sagte Rudi, wenn ihm meine Fragen zu viel wurden oder ich meinen Unmut deutlich zeigte. »Geh mir nicht auf den Sack, Mann. Weißt du, wie viel Arbeit das ist? Alter, verschon mich einfach.«

Auf den Sack gehen? Alter? Bitte ein bisschen mehr Respekt vor älteren Menschen. Nur etwa fünf Jahre älter, aber immerhin. Ich war vierundzwanzig und verdiente Achtung. Wie sehr doch unsere Sitten seit dem Aufkommen der Smartphones verroht waren.

Dann bohrte er wieder in der Nase, murmelte vor sich hin, suchte nach Musikvideos oder nach Mädchen, von denen er meinte, sie würden auf Instagram zu viel nackte Haut zeigen.

»Schau dir die da an«, sagte er mit vergnügtem Entsetzen, als er die Freundin eines Freundes entdeckte, die an einem thailändischen Strand ihr Duckface in die Kamera hielt. »So unanständig!«

Es war eindeutig, dass er noch nie ein Mädchen berührt oder auch nur mit einem gesprochen hatte.

Ein Hanuman-großer Berg von Arbeit rückte ins Blickfeld. Der kleine Scheißer hatte nicht das Geringste gelernt. Er konnte mir nichts sagen, konnte mir kein bisschen helfen.

Die Eltern hatten ihn als »guten Jungen, der Hilfe braucht« beschrieben, und eine Lüge vom Ausmaß »die

Briten richten nur einen Handelsposten ein« wittere ich auf zehn Meilen gegen den Wind. Der kleine Pisser war hirntot, eine Niete, oder wie auch immer indische Eltern in Filmen ihre Kinder nannten. Er lungerte herum, hörte Nirvana und Emo-Musik, hatte nicht die Eier, sich dem Marxismus oder Marihuana zu verschreiben, wie es jedes Kind mit Selbstachtung in seiner Situation getan hätte. Nie hatte ich einen stärkeren Drang verspürt, einem meiner Klienten eine zu scheuern.

Ich hätte besser einen auf Yoga machen sollen: Mystisch klingenden Blödsinn über Chakren erzählen, ein paar Zimmer in einem Landhaus in der Nähe von Delhi mieten, eine Handvoll Callcenter-Typen als Rezeptionisten einstellen und eine Web-1.0-Site einrichten, die gerade erbärmlich genug war, um die leichtgläubigen Trottel mit meiner vermeintlichen Bescheidenheit und meinem Mangel an modernem Know-how anzulocken. Und schon hätte es losgehen können. Das Geld der Weißen wäre in Strömen geflossen! Und wenn sie Durchfall gekriegt hätten, hätte man ihnen einfach nur erklärt, das gehöre zum Prozess der Erleuchtung und des Loslassens des Selbst.

Nach diesen ersten drei Tagen begann die eigentliche Arbeit. Ich machte mich ans Lernen. Für die Vorbereitung blieben mir vier Wochen. Gerade ausreichend.

Wie üblich vergrub ich mich in Büchern. Endlose Stunden. Ich konnte alles Gelesene im Kopf abspeichern, es war eingebrannt in meine Netzhaut, wie Brandzeichen ins Fell einer Straßenkuh.

Zwischendrin legte ich mich zum Ausruhen hin, ließ den Ventilator Staub und Schwefeldioxyd über mein Gesicht peitschen, schlief drei traumlose Stunden, dann machte ich weiter, aufgeputscht von Kaffee, Thums Up und höllisch scharf mit *achaar* gewürzten *aloo parathas* von Straßenständen.

In meinem Apartment führte ich einen aussichtslosen Kampf gegen Schimmel und abblätternde Farbe. Ich putzte natürlich selbst – nur weil ich ein Selfmade-Businessman aus der Mittelschicht war, wurde ich nicht unbescheiden und beauftragte jemand anderen damit. Der universelle indische Fußboden, gesprenkelter Stein, zog den Schmutz an wie eine seltene Kostbarkeit. Der Dunstabzug in meinem Badezimmer war kaputt, sodass die ganze Bude nach Muff und Fäulnis roch, vermischt mit meinem billigen Deodorant und meiner waffenfähigen Bleaching-Zahncreme.

In meinen Tagträumen fantasierte ich von Geld und was ich damit anstellen würde. Kebabs. Ein ausgedehntes Gelage im Moti Mahal. Alles vor Ghee triefend. Eine Klimaanlage. Ein Motorrad. Ein paar Dates in einem Restaurant am Connaught Place, bei denen es mir nicht gelingen würde, bis zur raffinierten Polyesterunterwäsche einer Junior-Kundenbetreuerin eines multinationalen Konzerns vorzudringen.

Ich sparte mein Geld. Schickte es direkt an die Bank, wie ein Idiot, ein absoluter *vella*. Und wofür sparte ich? Ich hätte ein Vermögen im Baugewerbe, in China oder mit Bitcoins verdienen können, wie Sumit behauptete: »Aber ich schätze, du hast es einfach nicht drauf. Wie die meisten von deiner Sorte.«

Was soll ich tun? Ich bin nun mal ein Anhänger des Gesetzes. Ich bin vorsichtig. Ich plane für die Zukunft. Zumindest war das früher der Fall.

Mein Leben bestand jedoch nicht nur aus Arbeit.

Jeden Morgen besuchte ich den Tempel. Die Macht der Gewohnheit, die Macht der Ohrfeigen. Ich spendete jeweils zwanzig Rupien, nicht viel, aber immerhin hatte ich dabei keine Hintergedanken und keine schlüpfrigen Wünsche, also zählte es zehnfach. Die Fahrt mit der Metro ins Zentrum Delhis war ein *dahi bhalla* aus Männern, die Angstschweiß ausdünsteten, dabei Blicke frustrierten sexuellen Verlangens auf parfümierte junge Frauen warfen, und das um fünf Uhr morgens, wenn man gegen solche lüsternen Fantasien gewappnet sein sollte durch die Gedanken an die eigene Ehefrau und ihre Kochkünste.

Ich ging auch immer in den Gurdwara. Ich machte eine Stippvisite, wie die Briten sagen würden, wenn die goldenen Kuppeln des Bangla-Sahib-Tempels in den ersten Sonnenstrahlen glänzten. Der Geruch nach Ghee und Koriander ließ einen würgen, während zehntausend Portionen *daal*, *gobi* und *chapatis* von vor Anstrengung grunzenden, schweißnassen *sardarjis* zubereitet wurden.

Gelegentlich, wenn mir danach war, machte ich auch einen Ausflug mit der Metro nach Alt-Delhi. Dann spazierte ich durch den Kabutar-Markt, wo Tausende bunter Wellensittiche verkauft wurden, in Käfigen übereinander gestapelt, sich gegenseitig anscheißend. Wer sie kaufte und wo sie letzlich landeten, war unklar. Natürlich gab es nicht nur Vögel. Da waren Kühe, Ziegen, reihenweise in Plastik eingeschweißte Motorradhelme. Chinesische Koffer, immer dasselbe Modell, das in einem Dutzend Läden verkauft wurde. Duftende Rinden, Bernstein, Tinkturen und Pasten aus Zentralasien, die jede Krankheit heilten. In den Gassen junge Frauen, die einen ins Verderben und in den Untergang lockten. So ziemlich das übliche Shopping-Mall-Angebot, oder nicht?

Ich schlenderte ein wenig herum, beobachtete die australischen Touristen, die in aller Öffentlichkeit ihr Geld zählten – man glaubt es kaum –, und kam dann zu der Kirche am Chandni-Chowk-Markt, wohl der ruhigste Ort in Delhi. Die meisten Christen waren vor langer Zeit geflüchtet, weil ihnen klar geworden war, dass sie im Westen weniger diskriminiert würden. Geblieben waren die Alten, ein längst pensionierter, faltiger Priester, den ein Schimmelgeruch umwehte, eine Nonne mit dicker Brille und abgenutzten Rosenkranzperlen, die mich an jemanden erinnerte, den ich vor langer Zeit gekannt hatte. Der Traum von einem christlichen Reich, der nur noch in müden Muskeln und porösen Knochen fortlebte.

Einmal pro Woche ging ich sogar in die Jama Masjid. Schließlich brauchen Bildungsberater allen Segen, den sie kriegen können. Niemals freitags, wenn die Kuppel widerhallte von zwanzigtausend Wehklagen an Allah über Töchter und Söhne, die von der Moderne korrumpiert worden waren, oder über das, was die Safrangelben, diese ergebenen Soldaten unserer international angesehenen Regierung, als Nächstes planen mochten (vielleicht ein Pogrom, eine Sterilisationskampagne oder einen Lynchmord, weil gewisse Männer davon ausgingen, jeder Muslim wolle ihre süßen kleinen Mädchen durch den Liebes-Dschihad herumkriegen). In diese Moschee ging man montags oder dienstags, wenn kleine Ansammlungen von Männern sofort verstummten, wenn man zu nah an ihnen vorbeilief.

Stets begrüßte ich meinen Lieblingsbettler Ram, der mit steifen Armen und Beinen vor dem Kasturba Hospital saß. Ich gab ihm immer einen Geldschein, worauf er mit seiner schönen, tiefen Stimme sagte, als hätte er mich nie zuvor gesehen: »Junger Mann, du wirst es zu etwas bringen! Ich war auch mal jemand, als ich im Krieg von '71 Düsenjäger flog«, und dann erzählte er eine lange Geschichte, wie er die Pakistanis in ihren amerikanischen F-104-Jägern überflügelt hatte, und anschließend gab ich ihm immer noch etwas mehr, auch wenn alles frei erfunden war.

Ich bin natürlich kein reiner Wohltäter und selbstloser Gutmensch. Ich brauchte Ram. Meine Wurzeln reichten nicht mehr bis nach Alt-Delhi. Ich benötigte jemanden, der auf den Straßen ein Auge für mich offen hielt, jetzt, da ich zur Mittelklasse gehörte. So blieb ich mit den Füßen auf dem Boden der Tatsachen. Heimat ist Heimat, ich bin, wer ich bin.

»Neuigkeiten?«, fragte ich, und seine listigen Augen huschten die Straße entlang, registrierten den Silberglanz auf dem Schleier einer jungen Hausfrau, das rostige Knirschen am Fahrrad des Kokosnusshändlers, das Spiel der Lichter auf den Gesichtern der Passanten.

»Nichts, gar nichts«, sagte er.

Ich hielt den Kontakt trotzdem aufrecht. Vielleicht würde er eines Tages nützlich sein.

Dann scharten sich die Straßenkinder um Ram, taten, als wären sie Flugzeuge, griffen nach dem Geld in meiner Hose, ich gab es ihnen und versuchte anschließend zu verhindern, dass sie sich darum prügelten.

In einem Café genehmigte ich mir ein Frühstück, eine Hammelpastete, danach wieder ab nach Hause, um achtzehn Stunden lang zu lernen.

Alt-Delhi erscheint in gewisser Weise realer als Neu-Delhi. Es ist gemächlich, es ist geheimnisvoll, es ist vorkapitalistisch. Doch das ist alles nur Trug. Je nachdem, wen du fragst, besteht Delhi entweder aus acht Städten, die jeder Eroberer auf den Ruinen der Vorgängerin errichtete; oder es sind zwei Städte, eine reiche und eine arme, wie die Westler sagen würden; oder es ist eine einzige, in der wir alle Arschbacke an Arschbacke leben; oder es sind dreißig Millionen Menschen, wenn man die Obdachlosen in den Unterführungen mitzählt, Opfer der Hungersnöte in Bihar, von denen die Regierung behauptet, es hätte sie nie gegeben.

Und ich? Ich denke, Delhi gibt es überhaupt nicht, weder reich, arm, alt, neu, mogulisch, britisch oder indisch – es ist alles nur Geld rein, Geld raus, Gebäude rauf, Metro runter, Finger ab, Finger dran. Es ist eine Fata Morgana. Es ist ein Gewirr aus Straßen, Wohnblöcken und Siedlungen, die willkürlich nebeneinander existieren.

Die Märkte. Die Cafés. Der Chandni Chowk. Das waren nicht die Schauplätze meiner Jugend. Diese Orte lernte ich erst kennen, nachdem ich den Teestand verlassen hatte. Vorher hatte ich einfach keine freie Zeit. Aufstehen, in den Tempel gehen, Stand aufbauen, Tee kochen, den Kunden zuhören, die sich über die Wartezeit beschwerten, über ihr Gewicht, ihre Ehen, ihre Kinder, dann zurück nach Hause, schlafen. An einem freien Tag, einem gesegneten freien Tag, vielleicht zur Schule gehen, Hunde herumscheuchen, mich elend fühlen. Das war mein Leben.

Alles wegen des Tees.

Ich kann das Zeug nicht ausstehen. Ich bekomme davon Kopfschmerzen und Herzrasen, wie indischstämmige amerikanische Eltern es kriegen, wenn sie hören, dass ihr Junge mit einem schwarzen Mädchen zusammen ist. Es fällt mir schwer, mit meinen Kollegen aus meiner wunderbaren Branche Kontakte zu pflegen. Denn sie trinken ständig Tee. Sie schlürfen ihn, spucken ihn aus, inhalieren ihn so schnell wie möglich, als ob es ein Sport wäre. Nicht, dass sich die Unterhaltungen mit ihnen grundsätzlich lohnen würden, diese Söhne von Hurenböcken. Aber sie leaken ohne großes Tamtam geheime Prüfungsunterlagen, und man erfährt auch sonst allerlei Hilfreiches von ihnen: Welcher Polizist zu meiden ist, welches Prüfungszentrum eine Anti-Korruptionsaktion durchführt. Es ist eine dieser fadenscheinigen Stellen in der Erdkruste, an der die ganze Hitze aus der Unterwelt herausquillt.

Also wagte ich mich gelegentlich dorthin, in die Gassen der Teehäuser hinter Karkardooma, in denen sich die vor Skandalen flüchtenden Ex-Lehrer der Welt versammeln.

Ost-Delhi, auf Google Maps von oben betrachtet, wirkt wie ein grauer Fleck, mit kleinen sonnenverbrannten Parks, in denen seit 1994 die Springbrunnen versiegt sind und die Kricketspiele nicht mehr den Gesetzen des weißen Mannes folgen. Und vom Boden aus betrachtet sieht der Ort auch nicht besser aus.

Ost-Delhi, der am stärksten umweltverschmutzte Ort der Welt, wie dir die *New York Times* oder die WHO jederzeit bestätigen werden, ist dermaßen verseucht, dass er deren lächerliche dreistellige Skalen sprengt und ihre Messinstrumente ruiniert. Umweltverschmutzung konnte ich ertragen. Es war der Gestank von Gewürzen und kochender Kuhmilch, die Gerüche meiner Kindheit, bei denen ich mir die Nase zuhalten musste, um meine Geschäfte abzuwickeln.

Ost-Delhi, meine Heimat, mein Zuhause.

Ich will euch den Mann beschreiben, den ich dort am besten kannte, und sei es nur, weil ich mich später heftig mit ihm anlegen würde.

Man nahm sich besser in Acht vor ihm, diesem Sumit. Ein Haifisch. Dünn, rasiermesserscharfe Wangenknochen, hungrige Augen, ein Entrepreneur, Weltbester im lauernden Abwarten, es gab einen seiner Sorte an jedem Teestand, in jedem Hinterzimmer jedes Geschäfts in Indien.

Als erstes roch man sein Parfüm. Wie eine Grapefruit, die zu lange in der Hitze gelegen hatte und nun weich und braun und faulig war.

»Besorgst du dir immer noch Perücken, Ramesh?«, sagte er wie üblich lachend, als ich hereinkam.

Ich hatte mich an diesem Tag dorthin gewagt, um einige Antworten zu den neuen Regierungsbestimmungen für Prüfungssicherheit zu bekommen, um mein Ohr an den Puls der schnelllebigen Welt des Bildungsbetrugs zu halten. Westliche Geschäftsleute machten in Hotels sogenannte Minibreaks. Ich ging zu Sumit.

»Ramesh?«, sagte einer von Sumits *chamchas*, seinen Handlangern. Sie trugen Muskelshirts mit abgeschnittenen Ärmeln, genau wie ihr Herr und Meister. Sie hatten immer große durchsichtige Flaschen vor sich, voll mit Kreatin oder sonst einem westlichen Gebräu. Ich hatte Sumits Selfies gesehen. Er trainierte in einem verspiegelten Fitnessstudio, dem ausgebauten Keller einer Familie in Vaishali, wo sie die ganze Zeit über die Workouts von Marvel-Schauspielern und Präparate gegen Haarausfall diskutierten. Auf Social Media postete Sumit Workout-Selfies und idiotische Sprüche wie: *Vermasselst du, es zu planen, dann planst du, es zu vermasseln.* Oder: *Eine Reise von tausend Meilen beginnt mit einem ers-*

ten Schritt. Sätze, die man von sich gibt, wenn man über vierzig ist und junge Frauen anfangen, einen Onkel zu nennen.

Und alle stanken nach diesem Scheißparfüm, wie eine riesige, aufgedonnerte Wolke mit Rändern aus gegeltem Haar.

Sumit bemerkte mein Schnüffeln. »Paco Rabanne. Willst du was kaufen?«, fragte er, und wie aus dem Nichts drückte ihm jemand eine Flasche davon in die Hand.

Ich verdrehte die Augen.

»Wie laufen die Geschäfte in letzter Zeit, Bruder?«, fragte er. »Du solltest für mich arbeiten, Ramesh.«

»Warum? Hast du Ärger? Brauchst du jemanden, der die Organisation für dich leitet? Verdienst du nicht genug Geld mit gefälschten Parfüms?«

»Hah! Ramesh, Ramesh, Ramesh«, sagte er. »Immer gut für einen Scherz.«

Wie üblich wirkte Sumit überaus stolz auf sich. Er sonnte sich in Selbstgefälligkeit. Er wusste genau, wen er schmieren musste, welcher Unterinspektor keine lästigen Fragen stellte, welcher verschuldete Beamte den Prüfungsstoff herausrückte, welcher Prüfer mit sich reden ließ. Er betrog bei Fahrprüfungen, Aufnahmeprüfungen, Bewerbungsgesprächen. Wahrscheinlich würde er als Nächstes auch Tinder-Profile fälschen, für all die romantisch Unerfahrenen von Delhi, die Moped-Romeos, die ungefickten Männerscharen mit geölten Haaren, die die Cafés und Straßenmärkte bevölkerten.

Er scharte Hilfskräfte um sich, solche, die durchgefallen waren in den staatlichen Examen, bei denen sich zehntausend Menschen vergeblich um eine einzige freie Stelle als Angestellter der Stadtwerke, als Fahrkartenkontrolleur oder Kanalreiniger bewarben, um anschließend ziellos in unsere Welt hinauszudriften. Sie waren clever, aber bei einer Chance von eins zu zehntausend? Also legten sie jetzt für Achtzehnjährige Prüfungen ab, die sie im Schlaf beherrschten.

Sumit war ihr großes Vorbild, sie kopierten sein äußeres Gehabe, damit bald das Innere folgen würde, so wie unsere Regierung Hochgeschwindigkeitszüge baut, in der Hoffnung, wir würden wie Japan.

Wenn das Telefon klingelte, antwortete Sumit jeweils übertrieben lautstark: »Nur zwanzigtausend, Onkel? Normalerweise gebe ich mich nicht mit solchem Kleinkram ab«, und alle pfiffen anerkennend durch die Zähne, wegen seiner Unverfrorenheit und seiner importierten Zigaretten.

Sumit fuhr fort, mich in halsbrecherischem Tempo zu beleidigen. »Ich kapiere nicht, wie du dein kleines Business führst, Ramesh. Du bist so was von altmodisch. Hast du überhaupt einen Twitter-Account? Steig bei mir ein, und du machst locker fünfzigtausend im Monat.«

»Fünfzigtausend!«, wiederholte ein Untergebener.

Mir ging diese ganze Selbstbeweihräucherung ein kleines bisschen auf die Nerven.

»Fünfzigtausend, ha! Ich habe diese Arschlöcher in Green Park, die zahlen mir 1,3 Millionen. Nimm dein Angebot und deine Witze über Perücken und schieb sie dir in deinen Arsch.«

»Ich kenne mächtige Männer. Männer mit Geld. Männer, die mit einem Fingerschnippen dein ganzes Leben zerstören könnten.« Sumit sammelte und zentrierte sich wieder, kurz bevor er gänzlich die Fassung verlor. Als hätte er die Schwarzmarktausgabe eines Buches über Achtsamkeit gelesen.

»Sumit, ein *kebabchi* könnte mein Leben mit einem vergammelten Hammel-*galouti* zerstören. Von denen kenne ich Tausende.«

»Ich versuche nur, nett zu sein«, sagte Sumit.

»Ich brauche deine Nettigkeit nicht, Sumit. Ich frage mich, wie das wohl ist, Führerscheine für dreißigtausend *gandhis* pro Exemplar zu fälschen? Diese Typen hier herumkommandieren, das ist es, was dir in Wahrheit einen Kick gibt, stimmts?«

Der Handlanger zuckte zusammen. Seine kleinen Augen huschten über Sumits Casio, seine Jeans, sein Samsung. Er begann zu träumen. Vorprogrammierter Ärger. Sich mit lauter verzweifelten Menschen zu umgeben. Was für ein schreckliches Geschäftsmodell.

»Wie viele Klienten hattest du letztes Jahr? Zwei. Nächstes? Wieder zwei. Du hast keinen Ehrgeiz, Ramesh. Jahr für Jahr machst du das Gleiche. Egal, wie viel Geld du verdienst, du wirst immer eine kleine Nummer bleiben. All die Klugheit, die Gott dir aus welchem Grund auch immer verliehen hat. Und was hast du daraus gemacht?«

»1,3 Millionen *gandhis*, Sumit. Zahlt sich mehr aus als all die gefälschten Lebensmittelkarten, mit denen du dich abmühst. Hör zu, Sumit«, sagte ich und nahm eine geschäftsmäßigere Haltung ein, »ich bin gekommen, um dich nach den neuen Sicherheitskontrollen der Regierung zu fragen. Erzähl mir einfach, was mich da erwartet, oh du großer und mächtiger Vertrauter von stellvertretenden Unterstaatssekretären.«

»Nur ein Narr wie du nimmt die Regierung ernst, Ramesh *bhai*. Sicherheitskontrollen? Glaubst du wirklich, die haben Zeit für so was?«

Wir verbrachten noch eine Weile damit, uns gegenseitig zu beleidigen, und versuchten dabei, Informationen und Deals herauszuholen. Das war die einzig mögliche Art der Kommunikation mit ihm.

Es gab Hunderttausende Männer wie uns, jung und unbekümmert, alt und gebrochen, die etwas zu erreichen versuchten, durch Kuhhandel, Messerstechereien, Betrügereien, in jedem der Zehntausenden Teelokale in Ost-Delhi.

Er war dumm, der junge Sumit. Er hielt es für einen genialen Schachzug, Hunderte von Klienten zu haben. Dachte, sich mit Gangstern und *goondas* einzulassen, sei clever. Ich wusste es besser. Je mehr Klienten, desto mehr Scherereien. Je mehr junge, hungrige Männer um dich herum, desto mehr absehbarer Ärger. Ich war unabhängig, ich lieferte hohe Qualität, und ich war mit meinem Leben zufrieden.

Es war mir ein Rätsel, warum ich in Delhi blieb. Mein ganzes Leben habe ich mich darüber beschwert, über die verfluchte Hitze, das verfluchte Schwitzen, den verfluchten Verkehr, hatte aber nichts unternommen. Ich sollte Rudi dankbar sein, dass er immerhin das geändert hat.

Delhi ist kein Safran. Delhi ist kein Gewürz. Delhi ist Schweiß.

Essen. Arbeiten. Blödsinn reden, wenn mir langweilig wurde. Auf diese Weise verbrachte ich meine Tage, bevor Rudi und ich richtig Kohle scheffelten. Tage, als ich noch alle meine Finger hatte und nicht von jeder Hausfrau und jedem Hausmann im Umkreis von zweitausend Meilen gehasst wurde.

Ich büffelte bis zum Prüfungstag. Ich riss mir den Arsch auf für den Jungen. Ich arbeitete so hart, wie indische Eltern es angeblich in den Siebzigern taten, als es nur einen Kanal im Fernsehen gab, sie jeden Tag fünf Stunden zur Schule laufen mussten, dabei Landminen und Pädophilen auswichen, damals, als es keine hypersensible Generation Snowflake gab und keine Millennials, die ihre Fantasien in WhatsApp-Gruppenchats auslebten.

Ich ernährte mich von Junkfood, holte mir draußen bei den Straßenhändlern *chanas* und *bhel puris* und *gol gappas*, nahm dabei nicht ein Gramm zu. Ich diskutierte in den Cafés über Politik, den Ausbau der Metro, den Verkehr, die Bettler aus Bihar, Prüfungsfragen und natürlich über die Umweltverschmutzung. War überhaupt ein anderes Thema übrig? Nicht einmal über Kricket wurde dermaßen viel geredet. Ich wurde wegen meiner Perücken, meiner Allüren, meiner weichen, *gora*-mäßig verwöhnten Klienten verspottet.

Ich hörte mir Filmsongs über den Mond, die Sterne und das Schicksal an, nachts bestellte ich online auf Alibaba billige Levis-Imitate für fünfzehnhundert Rupien. Nie wieder die Polyester-Scheiße meiner Jugend! Keine abgelegten Barcelona-Tricots mehr von einem verwöhnten Kid in England oder Spanien! Man versicherte mir, dass meine Kleider aus derselben Fabrik in Chongqing wie die Originale stammten, aus exakt derselben!

Dann schrieb ich die Prüfung, und mein ganzes Leben änderte sich.

DREI

Eine Woche nach dem ersten Meeting mit dem Jungen trafen wir uns erneut, um kleinere Details abzuklären. Dieses Mal stellten mich die Eltern. Sie hätten noch mal gründlich über alles nachgedacht.

»Hören Sie«, begann Mr Saxena und verstummte. Er strich sich über sein unbehaartes Kinn, um seinem hilflosen Schweigen einen Anstrich von Würde zu verleihen.

»Oh Gott, Vishal, komm auf den Punkt«, sagte die Frau. Als sie sich bewegte, roch ich ihr Parfüm, teures Zeug, Rosen und Jasmin. Sie verschränkte die Arme und wartete darauf, dass ihr Mann seiner sozial vorgeschriebenen Pflicht nachkam und mich gründlich demontierte.

Seine Lippen waren fett, wie die von einem plastischen Chirurgen aus Hollywood. Seine Augen waren unstet, rot geädert, wie die meines Vaters, aber ohne diesen Gelbstich. »Also, äh, Rudr-, sorry, also Rudi denkt, dass Sie das Geld nicht wert sind. Wir glauben, wir zahlen – ja, ähm, Liebling, ich komme schon auf den –«

An dieser Stelle unterbrach ich Saxena.

»Sir«, sagte ich überaus freundlich, die Anrede gebührend ausrollend, mit langem »r«, »Sir, Sie wussten, was Sie taten, als Sie mich einstellten. Sie sind ein Mann mit Geschmack und Urteilsvermögen.« Er war vollständig entwaffnet, wie Pakistan nach einem Krieg. »Sie wurden mir weiterempfohlen. Erinnern Sie sich an die Sharmas? Ihr Junge ist jetzt in New York. Dank mir.«

Vishal Saxenas Entschlossenheit bröckelte. Träume von Manhattan leuchteten in seinen Augen auf. Hot Dogs, Times Square, Gordon Gekko, Frauen mit vergrößerten Brüsten und rekonstruierten Jungfernhäutchen. Mrs Saxena begann zu murren.

»Ich weiß, was ich tue«, fuhr ich fort. »Ich bin so hart wie Ihre Eltern zu Ihnen waren, und sehen Sie, was aus Ihnen geworden ist. Dieses schöne Haus. Ihre charmante Frau. Ich verwende erprobte und bewährte Methoden. Sie haben einen fairen Preis bezahlt.«

Ich hätte in der Art weitermachen können. Hätte ihre Inneneinrichtung preisen können. Ihre Bildbände über Kunst und Fotografie. Die mittelalterlichen Tempelschnitzereien an den Wänden. Wie viel Arbeit sie beide reingesteckt haben mussten. Wie unsere Kinder immer weicher wurden, keine echte Konkurrenz für die Chinesen. Wie man früher zur Schule gekrochen war, zweifellos ein tagelanger Marsch, bis die Gliedmaßen nur noch Stümpfe gewesen waren, wie man gnadenlos geschlagen wurde, ohne einen Mucks zu machen, nicht wie diese Kinder heute. Doch ich hatte genug getan.

Der Ehemann sank in sich zusammen. Mrs Saxena zitterte, Donnergrollen vor dem Gewitterausbruch, oh, ich kannte diesen Blick nur zu gut. *Was, du hast einen* Hyundai *gekauft?* Wie lange *will deine Mutter bei uns bleiben? Dein* Bonus *wurde gestrichen?*

»Himmel noch mal, Vishal«, sagte sie.

»Namita, er sagt, er arbeite sehr kosteneffektiv –«

»Rudi hat gesagt –«

Sie begannen zu streiten, über Berufs- und Lebensentscheidungen, über das eine Mal, als jemand mit jemandem geschlafen hatte, wie konntest du nur, Vishal? Um Himmels willen, Namita, es war nur ein einziges Mal, und du warst damals wirklich eine –

Ich schlich mich ins Zimmer des Jungen.

»Oh, du bist es«, sagte er. Er hatte unreine Haut, wächsern und fettig. »Hat man dich schon gefeuert?«

»Jetzt mal ganz langsam, mein Dickerchen«, sagte ich.

Er schluckte.

Er hatte diesen verräterisch glasigen, blinzelnden Blick. Wir Inder sind die notgeilsten Leute im Internet, wie der Kommentarteil jeden Sexvideos beweist. Wir scharen uns um Frauen, wir betteln um ihre Aufmerksamkeit, wir würden sogar die Nymphen auf Fresken aus dem 16. Jahrhundert nach ihren Telefonnummern fragen. Vielleicht sind wir einfach nur bedürftig. Es konnte aber auch gut sein, dass ich dem Jungen gegenüber übertrieben negativ eingestellt war, was für mich nicht ungewöhnlich gewesen wäre.

Aber vielleicht, nur vielleicht, ist uns bewusst, dass unser Sperma dringend gebraucht wird, um in die wartenden Gebärmütter unserer Frauen zu gelangen, damit wir die Chinesen überflügeln können, sie zahlenmäßig überrunden. Die Götter mögen uns helfen, denn anders können wir nicht gegen sie gewinnen. Und hier war dieser nichtsnutzige Junge, der seine patriotischen Säfte in Kleenex spritzte und im Klo runterspülte. Ekelhaft.

»Lass uns eins klarstellen, Rudi«, sagte ich, ohne zu ahnen, wie oft ich diesen Satz in den nächsten Jahren wiederholen würde. »Ich bestehe diese Prüfung, und deine Eltern zahlen mir den vereinbarten Betrag. Ist das klar? Und von jetzt an kein Gejammer mehr.«

Meine Eltern und Großeltern, all unsere Ahnen bis zur ersten Generation Indiens – okay, vielleicht mit Ausnahme der Spione oder der Griechen – waren sanftmütig und bescheiden gewesen. Und was hatte ihnen das gebracht? Ich hatte meine Bildung, oder so was in der Art, und ich hatte vor, sie zu nutzen.

»Hey, tut mir leid, Mann«, sagte Rudi nach kurzem Schweigen. Dabei vermied er es, mich anzusehen. Diese Kids heutzutage. »Du musst nur aufhören, mich ständig unter Druck zu setzen.«

»Ich bin es, der die Prüfung absolvieren muss.«

»Klar, ja, schon gut, Alter«, sagte er und erzählte mir was über seine Kindheit, ADHS, Mobbing in der Schule und elterlichen Narzissmus, was alles sicherlich sehr traurig war. Aber ich wollte nur meine Kohle, ein paar neue Jeans und vielleicht eines Tages eine Frau.

Ich machte meinen Frieden mit ihm. Ich versicherte ihm, wir würden uns nie wiedersehen, nachdem er mir einige Fragen zu den Anmerkungen seiner Lehrer über Holländische Krankheit und Marktversagen beantwortet hätte.

Dann brach der Tag der ersten Prüfung an. Heißer als ein Einäscherungsfeuer, schweißtreibender als ein Zugabteil der dritten Klasse, einer jener Tage, an denen man glaubt, alle Feuer der Hölle würden in Delhi aufflackern.

Auf dem Weg zur Prüfung kam ich an Backsteinhäusern vorbei, zugepflastert mit den allgegenwärtigen Wahlplakaten, eine einzige fortlaufende Abstimmung über das ganze Jahr. Ich passierte Paare in Parks, die sich unter ihren Jacken verbargen, um diese seltsamen Zungenküsse, schmutzige Küsse, *firangi*-Küsse auszuprobieren, die sie in westlichen Filmen gesehen hatten.

Das Gebäude gehörte zu einem hässlichen sozialistischen Ensemble aus den Sechzigern, in denen Borlaug uns von der Hungersnot befreit hatte und das Land noch Fünfjahrespläne aufstellte. Überall um mich herum wuselten verschwitzte, verängstigte indische Jugendliche, ein paar Jahre jünger als ich, deren Augen angsterfüllte Träume vom Scheitern verrieten, von Abschiedsbriefen, in denen sie ihren Familien vorwarfen, sie hätten sich mehr um sie sorgen sollen. Aber man sah auch Träume vom Erfolg in ihren Blicken, von unvorstellbaren Reichtümern, fremden Ländern, in denen es das ganze Jahr über regnete, alle gedämpftes Gemüse aßen und von wo aus man seine Familie immer seltener anrief, um sie schließlich ganz zu vergessen.

An der Tür gab es keinerlei Kontrollen. Genau wie Sumit gesagt hatte. Ich hätte mich also von ihm nicht beleidigen lassen müssen. Alle Wachen und Beamten verrenkten die Hälse und glichen auf ihren Handys Facebook-Profilbilder von Jungs ab, die ihnen in der Schule Stress gemacht hatten. Niemand schaute auf die gefälschte Prüfungskarte eines Jungens namens Rudraksh Saxena, der mein Gesicht hatte. Das Leben hielt keine weiteren Hindernisse bereit.

Ich erinnerte mich an mein erstes All-India-Examen.

Ein Albtraum.

Doch jetzt? Es war richtiggehend langweilig.

Die Prüfung begann leicht.

Um mich herum schnieften weinende kleine Kinder,

Opfer anstrengender Paukerei und elterlicher Ermahnungen, voller Angst, alles könnte in die Hose gehen, jahrelange harte Arbeit könnte vergebens gewesen sein.

Und ich hatte nur einen Monat Zeit gehabt.

Welche Wundertaten hatte ich vollbracht!

Rudi, das kleine Arschloch, wollte in den Wirtschaftszweig, daher war mein Schädel so vollgestopft mit der ganzen diesjährigen Sammlung an Gleichungen, Diagrammen, Kurven, Kalkulationen und Nachfragefunktionen wie ein Motorrad mit einer dreiköpfigen Familie darauf.

Am ersten Vorbereitungstag hatte ich mir die Mikroökonomie dienstbar gemacht. Am zweiten Tag hatte ich das Rote Meer der Haushaltsbuchführung geteilt und durchschritten. Am sechsten Tag tanzte ich mit dem Black-Scholes-Modell und amüsierte mich mit Zinssatzkurven.

Die erste Prüfung war ein Mathematiktest. Neunzig Minuten, mit Multiple-Choice-Fragen. Die Kinder um mich herum schluchzten, als ihnen aufging, dass sie gearscht waren. Ich bekam kaum etwas davon mit. Ich verschaffte dem Jungen eine Zukunft. Dafür wurde ich bezahlt.

Dann absolvierte ich weitere Prüfungen, jeden Tag eine. Die Amerikaner haben ihren mickrigen SAT, nach einem Tag ist alles vorüber. Die indische Art ist die beste: Fünf Tage, fünf Prüfungen, bei denen die Kinder lernen, dass das Leben eine nicht enden wollende Parade der Angst ist.

Ich legte die letzte Prüfung ab, Wirtschaft, und für ein weiteres Jahr, für einen weiteren Klienten, waren die All Indias geschafft. In einem Monat würden die Saxenas die

Prüfungsergebnisse zugeschickt bekommen. Keine Sorgen, keine Mühen.

Ich rechnete nicht mit einem besonders guten Resultat. Vielleicht kam ich unter die ersten Tausend, das schon. Sumit würde sich damit brüsten, dass er absichtlich schlecht abgeschnitten hätte, um keine Aufmerksamkeit auf sich zu ziehen. So war er früher, spielte sich auf, redete gequirlte Scheiße. Aber das war, bevor er ordentlich vermöbelt wurde.

Am Ende verließ ich den Prüfungssaal, schaute in die Gesichter der Kinder, die auf dem Boden lagen, sich an Säulen festklammerten, wie Angehörige von Opfern eines Zugunglücks. Ich dachte nicht allzu viel über das Ganze nach. Ein Monat bis zu den Ergebnissen. Ein Monat, bis das Geld eintreffen würde. Ein Monat Verschnaufpause vor dem nächsten Job.

Der Tag, an dem sich mein Leben änderte, begann wie jeder andere. Ich ließ es entspannt angehen, hielt mich so gut es ging aus allem raus. Sumit dagegen riss jede Menge Perückenwitze auf WhatsApp, aber ich merkte, dass er litt. Er übernahm fünfzehn Prüfungskandidaten auf einmal, rekrutierte seine Imitatoren aus der üblichen Mischung: drogenabhängige Kids, Schulabbrecher, die von zu Hause und von der Armut, Sklaverei und dem Missbrauch weggelaufen waren und die ihre einzige Chance auf eine dauerhafte Beschäftigung darin sahen, für Sumit zu bescheißen. Er ging zu viele Risiken ein. Er übernahm Politikerkinder, Gangsterkinder, versprach ihnen das Blaue vom Himmel. Wenn auch nur einer von ihnen ein schlechtes Prüfungsergebnis erzielte, säße der *kameena* tief in der Scheiße.

Ich würde die Ergebnisse kurz nach zwölf Uhr erfahren, sobald die Saxenas sie per E-Mail erhalten hätten. Sie würden mich anrufen und mir anschließend, das war das Entscheidende, das Geld überweisen.

Der Mittag kam, der Mittag ging. Kein Anruf. Nichts.

Ich wollte was essen, wie üblich, wenn ich nichts mit mir anzufangen weiß. Ich besuchte mein Stammlokal, ein Südinder, wo es nach Kurkuma und Chlorbleiche roch.

Die Ergebnisse waren definitiv schon draußen. Um mich herum saßen Familien, feierten, schmückten die Hälse ihrer Kinder mit Girlanden und stopften ihnen *dosas* in den Mund. Was war mit den Saxenas? Wollten sie mich übers Ohr hauen?

Das Restaurant war voller Kinder, die in den letzten Monaten höchstwahrscheinlich ihren Mamas und Papas die Ohren vollgejammert hatten: *Ich habe versagt, ich weiß, ich habe versagt, ich bin ein schlechter Sohn, tötet mich jetzt, im nächsten Leben werde ich es besser machen! – arrey*, lasst mich doch in Ruhe damit – und über deren Wangen jetzt Tränen der Erleichterung flossen. In einer Ecke plärrte ein Fernseher, sodass die Familienmitglieder Gespräche umgehen konnten – unsere Restaurantbesitzer kennen eben ihre Kundschaft.

Meine Klienten, meine Kids, mussten nichts davon durchmachen. Keine Sorgen, keinen Schmerz. Sie konnten sich darauf verlassen, dass sie gut abschneiden würden, und ihre Eltern konnten das auch. Denn ich war der Beste. Selbst gesetzt den unwahrscheinlichen Fall, dass etwas schiefgelaufen wäre, bezöge ich eben Prügel, erhielte einen Antrag auf Kostenrückerstattung, was meine Klienten vermutlich sogar aufbauen würde, weil sie sich dann wie hartgesottene Tatmenschen vorkommen konnten, die ihren Wert kannten. Und nicht wie kleinkarierte Buchhalter mit rasch expandierender Taille.

Wenn du reich bist, kann dein Kind die Prüfungen jederzeit wiederholen. Es lebt einfach noch ein Jahr zu Hause und absolviert ein paar Scheinpraktika, die deine Golfkumpel arrangiert haben. Es waren die Armen, die gleich beim ersten Mal gute Resultate benötigten, weil ihre sieben unterernährten Kinder so bald wie möglich das Elternhaus verlassen mussten.

Eine Familie mit weinendem Kind diskutierte Pläne, am nächsten Morgen in den Tempel zu gehen. Die Besucherzahlen in den Tempeln stiegen vor und nach den All Indias immer um das Hundertfache. All diese Gebete und Opfergaben von Ghee und verdorbener Milch! Ich hätte wirklich in das Religions-Business einsteigen sollen. Heutzutage sieht man nie einen armen Priester, oder? Alle schienen sie ihre Tage damit zuzubringen, ihre ungebildeten Anhänger zu ficken, mit versteckter Kamera Aufnahmen davon zu machen und sie auf Pornoseiten zu posten. Diesen Teil würde ich natürlich auslassen, versprochen.

In dem Moment, in dem sich mein Leben änderte, befand ich mich in diesem Restaurant, wo ich in halsbrecherischem Tempo *nimbu-panis* mit *chaat masala* hinunterschlang und wie auf glühenden Kohlen saß.

Ich war verärgert. Ich hätte eine Million dreihunderttausend Rupien erhalten sollen!

Wohlstand, Ruhm, Reichtum! Jeans!

Aber keine Nachricht.

Ich war echt angepisst – so angepisst, dass ich am liebsten rüber nach Green Park marschiert wäre, um das ganze für die Wohlfahrt spendende, NRI-verseuchte Viertel niederzubrennen, so stinksauer wie die Maoisten in unseren östlichen Bundesstaaten. Und dann sah ich es, in der Ecke, im Fernsehen.

Auf dem Bildschirm erkannte ich diesen kleinen Wichser Rudi. Schlauchboot-Lippen-Vishal. Namita im traditionellen Sari, kein Jogginganzug heute, Namastes in alle Richtungen verteilend, die lüsternen Umarmungen lokaler *netas* abwehrend.

Ich schrie den Restaurantbesitzer an, den Fernseher lauter zu stellen.

Rasch wurde mir klar, was passiert war. Sie standen vor ihrer Wohnung, sämtliche Fernsehsender des Landes prügelten sich um Platz, Kabel schlängelten sich überall, attraktive Reporterinnen drängten sich um Rudi, verschwitzte Männer schrien »Ruhe!«, Mütter aus der Nachbarschaft standen bereit, brannten darauf, ihre Töchter an den Mann zu bringen.

»Was werden Sie jetzt tun, Rudi?«

»Bill Gates bietet Ihnen einen Job an, ist das richtig?«

»Wie haben Sie dieses Wunder vollbracht?«

Der kleine Scheißer war Bester geworden.

Ich war Bester geworden.

Spitzenreiter, Scheiße.

Des gesamten Landes.

Na ja, nicht ganz. Eigentlich Zweiter. Aber der erste Platz ging an einen Iqbal Sowieso, und der zählte ganz sicher nicht. Keine Kameras für den Muslim.

Erster Platz für den vedischen Sieger.

Schwesterficker.

Wie konnte das sein?

Wenn du eine Prüfung so oft machst, wirst du einfach gut. Sie ändern die Fragen von Jahr zu Jahr kaum.

Außerdem bin ich ziemlich clever.

Im Fernsehen entdeckte ich in Rudis Augen eine neue Lebenslust. Keine masturbatorischen Träume in nach Schweiß riechenden Schlafzimmern mehr. Frauen, Geld, SUVs, das war es, wonach er jetzt gierte. Ich sah, dass er die ganze Welt verschlingen wollte. Sein Leben hatte sich bereits jetzt grundlegend verändert. Sieger bei den verdammten All Indias. Er bräuchte keinen einzigen Tag mehr zu arbeiten, wenn er nicht wollte. Er könnte für den Rest seines Lebens abhängen, Mitglied eines exklusiven, des allerbesten Clubs werden, angesehener sein als der Sohn des Premierministers oder selbst dessen Geliebte; zu einem Club gehören mit geheimen Verbindungen, mit per Handschlag besiegelten Deals, einem Sexverlies im Clubhaus in der Golf Course Road, und ausgestattet mit Reichtümern jenseits aller Vorstellungskraft.

Er würde ab jetzt die Antwort auf eine Frage in einer Quizshow.

Wer war 2004 Prüfungsbester bei den All Indias? Welcher All-India-Sieger ist der CEO von Facebook? Welcher Prüfungsbeste hat diese Bollywood-Schauspielerin geheiratet und darf sie jede Nacht bumsen?

Ich warf einen Blick auf mein Handy. Keine Nachricht von Sumit. Üblicherweise verbrachte er diesen Tag damit, auf Instagram Selfies mit den Kids zu posten, die er »unterrichtet« hatte, sie mit *laddoos* zu füttern und ihnen Blumensträuße zu überreichen. Heute keine Spur davon. Die Seite war leerer als die Unterhose eines Eunuchen. Er musste stinksauer sein.

»Die Getränke gehen auf mich«, rief ich. In dem kleinen Raum waren vielleicht zwanzig Leute, ein paar Familien mit griesgrämigen Gesichtern und ein paar alte

Männer, die auf ihren Handys Videos glotzten, in denen weiße Mädchen ihre Hintern schwenkten. Meine Freigiebigkeit würde mich schon nicht ruinieren, nicht bei dem Geld, das ich bald kassieren würde.

Rudi war meine Eintrittskarte ins wahre Leben.

Ich würde richtig reich. Ich hatte den Bastard bei den Eiern.

VIER

Und jetzt ein kleiner Exkurs.

Ihr fragt euch sicher: Wie hat er es überhaupt so weit geschafft? Vom regelmäßig geschlagenen Sklavensohn eines Teestandinhabers zum charmanten, geistreichen, kultivierten Stadtmenschen. Ein Metro-Benutzer, ein Kreditkarteninhaber, ein Kleinunternehmer, ein Steuerzahler, ein unabhängiger Bildungsberater. Wie ist ihm das gelungen? Wo hat dieser Straßenjunge zum Teufel noch mal Englisch gelernt?

Also gut, dann werde ich euch von Schwester Claire berichten, und wie sie mich gerettet hat.

Wie jung werde ich damals gewesen sein? Wenn es irgend geht, vermeide ich dieses Wühlen in der Vergangenheit, doch ich möchte es tun, um euch die Geschichte möglichst wahrheitsgetreu zu erzählen.

Ich war elf. Es hatte Probleme mit unserem Verkaufsstand gegeben. Papa war eines späten Januarabends aus einem dieser *sharaab*-Läden nach Hause gekommen, wo sie den Dämon namens Alkohol direkt aus Frostschutzmittel destillierten.

Er blutete stärker als sonst und hatte zwei blaue Augen, trat mich aber ganz normal mit den Füßen als Strafe dafür, dass ich das Feuer hatte ausgehen lassen. Also konnte es ihm so schlecht auch nicht gehen.

Am nächsten Morgen war er gleich in der Frühe verschwunden, ohne ein Wort zu sagen, womit er mir faktisch den Tag freigegeben hatte. Etwas stimmte definitiv nicht. Ich spielte mit einigen Kindern aus der Nachbarschaft die »Jagd auf die tollwütigen, schäumenden Mischlingshunde«, ein beliebter indischer Zeitvertreib, der inzwischen leider von der Generation iPhone nicht mehr gepflegt wird. Bei Papas Rückkehr verkündete er mir, dass wir von nun an morgens früher aufstehen würden. Ohne weitere Erklärungen.

Mir war klar, was die Ursache sein musste.

Er hatte der falschen Frau einen falschen Blick zugeworfen. Er gaffte einfach zu viel, mein Vater, wobei sein Blick alles Mögliche gierig fixierte: Er beäugte Uhren, Klamotten, Menschen, Taillen, immer auf der Suche nach Wegen, um rauszukommen, um aufzusteigen.

Warum hatte ihm diese Neugier bisher nicht geholfen, sich eine Existenz jenseits des Teestandes aufzubauen? Vielleicht hatte er es versucht und festgestellt, dass es kein Entrinnen gab. Unser Leben war immer gleich abgelaufen, seit dem ersten Tag, an den ich mich erinnern konnte.

Wie es bei uns üblicherweise der Fall war, ging eine leichte Kurskorrektur mit einer ordentlichen Dosis Gewalt einher. Nur wenige Tage später, um Mitternacht, brach jemand unsere Wohnungstür auf. Was nichts Ungewöhnliches war. Papas betrunkene Freunde besuchten uns manchmal, ebenso wie seine Buchmacher und Kredithaie.

Papa war schlagartig hellwach.

»Du hast sie also gefickt, was?«, rief der Eindringling,

ein Mann. Er schwankte. Er hielt ein Messer in der Hand, kurz und scharf.

Papa sagte nichts. Nichts zu sagen, ist immer gut.

»Meine Frau«, sagte der Mann. Groß, muskulös, mit dem Messer fuchtelnd. »Meine Frau. Ich mach dich kalt. Du *haramzaada.*«

Für mich sahen sie alle gleich aus, Papas Frauen, als wären sie im Grunde genommen nur eine einzige. Sie kamen zu ihm, er küsste sie, einmal auf jede Wange. »Eine Wange ist Kaffee«, sagte er, »die andere ist Schokolade. Und dann werden wir herausfinden, wo der Zucker ist«, sagte er. Das war seine Standarderöffnung und mein Stichwort, mich zu verziehen.

»Weißt du, wer ich bin? Kennst du mich?« Papa schwieg. Der Mann lachte. »Ich bin der Mann, der dich töten wird.«

Papa überlegte blitzschnell. Er sah mich an, und er wusste, was zu tun war. Das musste man ihm lassen.

»Vor meinem Sohn? Vor meinem einzigen Kind?« Seine Stimme klang auf einmal anders. Er legte solches Gefühl in das Wort »Sohn«! Mit geschlossenen Augen hätte ich niemals erraten, um wessen Stimme es sich handelte.

Er erhob sich und zog mich vor sich. Der große Mann sah auf mich herab. Mein Vater zwickte mich fest von hinten. Ich wusste, was jetzt kam. Die Täuschung fiel mir leicht. Ich begann zu heulen. Ich faltete die Hände und flehte: »Nicht meinen Papa – bitte.«

Mein Vater schubste mich auf den Mann zu. Ich weinte weiter, ergänzte die Tränen mit ein wenig Sabber aus dem Mundwinkel als zusätzlichen Effekt.

»Mein einziger Sohn. Der letzte Mensch, der mir

noch geblieben ist«, jammerte mein Vater in einem fort, wobei er sich an meiner Schulter festkrallte.

Plötzlich spürte ich einen Stoß von hinten. Ich stürzte nach vorne, auf die Knie. Der Mann starrte mich verwirrt an. Er griff nach unten, um mich hochzuziehen. Dann schlug mein Vater zu.

Er traf den Mann, einmal, zweimal, in Niere und Bauch. Er kickte das Messer hinaus in die Dunkelheit des Treppenhauses. Er presste eine Hand auf den Mund des Mannes, damit er nicht herumbrüllte. Während er weiter zuschlug, erwischte Papa auch meinen Kopf, aber das war mir egal. Ich war stolz auf mich. Ich hatte meine Rolle gut gespielt. Ich hatte ihm geholfen. Vielleicht würde sich unsere Beziehung dadurch verändern, vielleicht hätte er neuen Respekt vor mir, vielleicht würde er …

Er drehte sich zu mir um, mit dem breitesten Grinsen, dann sagte er, jedes Wort genüsslich auskostend: »Vergiss nie die erste Regel: Wenn du zuschlägst, dann so, dass der andere nicht mehr aufsteht.«

Er schlug erneut zu. Er amüsierte sich bis zu dem Punkt, an dem der Mann sich aufrappelte und sich zu wehren begann.

Papa kämpfte weiter. Er trug eine gebrochene Rippe davon, außerdem ein blaues Auge, das er sich wohl wegküssen ließ, aber er starb nicht.

Ich habe mich immer gefragt, was wohl mit der Frau passiert ist. Papa kam glimpflich davon. Aber sie? Wurde sie geschlagen? Oder Schlimmeres? Sie hatte sich mit dem falschen Mann eingelassen, einem Lügner, Dieb und Betrüger, und vermutlich hat er ihr wehgetan.

Nachdem Papa verprügelt worden war, erhielt er weiterhin Drohungen und beschloss, unser Geschäft an einen Ort mit friedlicheren Mitmenschen zu verlegen, in eine neue Umgebung, mit für unsere Familie ungeahnten Horizonten, nämlich zwei Meilen entfernt in der Bangla-Sahib-Straße. Zwei Meilen! Das war zu viel für ihn. Es war eindeutig an der Zeit, dass die jüngere Generation ihren Beitrag zum Erfolg leistete. Von diesem Tag an zwang er mich, das Radfahren zu übernehmen. *Bhosdike.*

Obwohl meine Beine nun jeden Morgen und jede Nacht schmerzten, änderte sich mein Leben. Zum einen waren wir in Neu-Delhi, in Pack-es-an-Neu-Delhi, in Zentrum-der-größten-Demokratie-der-Welt-Neu-Delhi. Nichts von diesem antiquierten, schlangenbeschwörenden Humbug Alt-Delhis – nur mordlustige Autofahrer, eine aggressive, korrupte Polizei und eine Hustenreiz auslösende, die Lunge verseuchende Luftverschmutzung.

Wir waren jetzt umgeben von Menschen des 21. Jahrhunderts. Keine verstohlenen Blicke mehr wie in Alt-Delhi, keine geheimen Komplotte, Giftanschläge, juwelenbesetzte Dolche im Rücken. Wir waren in der Moderne angekommen.

Danach sind wir nie wieder gemeinsam zum Kaschmir-Tor zurückgekehrt. Als später der Erfolg da war, ging ich häufig daran vorbei, vermutlich weil ich mir beweisen wollte, dass ich mich nicht von denselben Ängsten beherrschen ließ wie er. Eine wahrhaft bescheuerte Einstellung, meine Freunde. Macht sie euch niemals zu eigen, denn die Angst schützt euch davor, tot zu enden, oder fingerlos.

Diese moderne Welt führte letztlich dazu, dass ich meinen Finger einbüßte. Und sie machte mich zwar nicht superreich, aber immerhin ziemlich reich. Womöglich liegt in dem Ganzen eine Lektion verborgen.

In Neu-Delhi stank die Luft nach Benzin, Kerosin und CNG, nach den Abgasen von Autos, Bussen und auf Hochglanz polierten ausländischen Limousinen. Der Geruch von Alt-Delhi war auch noch da, nach Kohlenbecken, fauligem Wasser und undiagnostizierten psychischen Krankheiten, nur war er hier überdeckt von Baustaub, frisch geteerten Straßen und Herbiziden, die Stadtgärtner auf Grasböschungen versprühten.

Wir richteten unseren Stand am Straßenrand ein, ganz in der Nähe von *chaat*- und *samosa*-Verkäufern, dicht bei den öffentlichen Toiletten. Perfekt! Ein Ort, an dem man essen, trinken und sich gleich entleeren konnte. Wie von der Natur geschaffen, ohne diesen unnötigen Unsinn von Bauanträgen und Raumordnungskommissionen. Zwischen einem kleinen verkümmerten Baum und einer Sitzbank. Im Rücken eine Mauer, hinter der sich ein Planungsministerium oder Regierungsbüro erhob, das regelmäßig Arbeiter, Bittsteller und Kleinunternehmer ausspuckte, die sich gerade den Weg in ein besseres Leben freibestochen hatten – und die alle an unserem Stand vorbeikamen.

Aber vor allem erinnere ich mich an die Geräusche. Höllischer Lärm überall. Hupende Autos, schreiende Kinder, vermummte Motorradfahrer, unflätig fluchende Chauffeure, Geschäftsleute, die sich gegenseitig Angebote zuschrien, vielleicht im Zorn, vielleicht aus reinem Vergnügen. Mädchen, die von unansehnlichen Matronen zur Schule begleitet wurden und die über linkische Jungs im Teenageralter lachten. Weiße aller Schattierungen, Rucksacktouristen, Diplomaten, kriecherische Sadhus, Sikhs mit aufrechter Haltung. Nonnen.

Ich begegnete ihr einen Monat nach unserem Ortswechsel in Neu-Dehli.

Ihre Augen waren freundlich, wie die einer Mutter oder einer Schwester – zumindest entsprachen sie meiner Vorstellung davon. Ihr Blick traf einen wie die Hitze außerhalb eines klimatisierten Geschäfts. Sie sprach nahezu perfekt Hindi, aber mit dem leicht fremdartigen Zungenschlag eines fernen Landes.

Später würde sie mir erzählen, dass sie ihr Heimatland Frankreich mit zwanzig verlassen hatte, zusammen mit einem jungen Mann. Er sei aalglatt gewesen, unzuverlässig, verliebt in den Klang seiner eigenen Stimme, wie angeblich alle Franzosen; und er hatte sie sitzen lassen, war abgehauen, um Drogen von Kaschmir zu den ungewaschenen Hippies nach Goa zu transportieren. Und zweifellos auch, um unseren keuschen, unschuldigen Frauen nachzustellen. Sie war in Delhi geblieben, verloren und verwirrt, jobbte als Englischlehrerin an Sprachschulen, hatte zum Glauben gefunden und war in der Klosterschule von Sacred Heart angestellt.

Einige der Schwestern dort blieben lebenslänglich, sie hätten sich in Europa längst nicht mehr zurecht gefunden, braune Seelen unter weißer Haut, andere nur ein paar Jahre, bevor sie wieder in den Westen zurückkehrten. Sie hatten Sehnsucht gehabt, dieses Land kennenzulernen, aber nicht die Teile, in denen es kein Trinkwasser gab oder man hundert Meilen reisen musste, um einen Film zu sehen.

Die Schwestern zeigten ihren Schülern den wahren Weg Christi. Jeden Morgen eine Messe, Hymnen, die zu einer vor Rost und Fäulnis ächzenden Orgel gesungen wurden, Bibellesungen mit Stakkatostimmen; aber all das so fein dosiert, dass die Eltern sich nicht über heimliche Bekehrungsversuche beschweren konnten.

Sprecherziehung, Umgangsformen, Englisch, Französisch, Musik. Die Mädchen an die Universität bringen, dann fünf Jahre im Job, Heirat, Kinder, Tennisunterricht, Luxuskreuzfahrten, Tod.

»Dieser Junge sollte die Schule besuchen«, waren die ersten Worte, die ich Claire über mich sagen hörte. Eine weiße Frau, die Papas Sprache beherrschte? Er antwortete auf Englisch mit »Tea?« Er hatte kürzlich seinen Wortschatz erweitert und schrie das Wort Reisegruppen entgegen, in Kombination mit verschiedenen Kricketbegriffen wie »six«, »boundary« und »jolly good«.

Die Erweiterung seines Vokabulars war im Rahmen unserer Ankunft in Neu-Delhi erfolgt. Wir konnten nicht mehr einfach nur wir selbst sein. Wir hatten es jetzt mit Handynutzern, Metro-Fahrern, Führungskräften zu tun. Wir mussten uns anpassen. Papa erwarb neue Fähigkeiten – ich entdeckte unter seinen Sachen einen englischen Sprachführer und bald darauf auch englische Sätze in seiner Rede. In dem Zuge verdoppelten wir gleich unsere Preise.

»Einen Chai«, erwiderte sie in Hindi, und Papa wusste nicht recht, was er tun sollte.

Ihr Akzent war mir gleich aufgefallen. Schon damals war ich auf der Suche nach lebensverändernden Perspektiven. Da klang etwas anderes, etwas Neues, etwas Ungewöhnliches mit. Ich war augenblicklich hellwach.

Sie beäugte mich über den Stand hinweg, als hätte sie damit gerechnet, mich dort anzutreffen. Sie sah zu, wie ich auf die Gewürze eindrosch.

Sie war eine Nonne. Sie war weiß, vielleicht fünfzig,

ein paar weiße Haarsträhnen spitzten unter ihrer Haube hervor. Dunkelgraues Gewand, um den Hals ein Kreuz.

Sie fixierte mich eine Weile lang. Sie beobachtete meine Bewegungen. Sie nickte, als wäre ich jemand, den sie schon lange kannte.

Dann wiederholte sie die schicksalhaften Worte, die eine Wendung in meinem Leben einleiten sollten: dass ich eine Schule besuchen müsse.

Papa war offenbar unsicher, wie er darauf zu reagieren hatte, ob er sie eine Ziegenfickerin nennen, das Ganze mit einem Spruch abtun und die Menge unterhalten sollte, indem er sie eine Verrückte schimpfte oder sagte: »Diese *goras*, was?« Sie war weiß, sie war eine Nonne, und er empfand gegenüber religiösen Gestalten diese leichte Ehrerbietung, die uns Inder immer zu willkommenen Opfern von Gurus, heiligen Männern und Messias-Gestalten macht sowie von Eroberern jeder Couleur, die gute Handelsbeziehungen versprachen.

»Möchten Sie einen Romance-Chai, Madam? Mehr Erfolg im Liebesleben?«

Die Teetrinker lachten.

Claires weicher Blick wurde hart. »Er muss in die Schule gehen«, sagte sie. »Wie alt ist er? Zehn? Kann er lesen? Schreiben?«

Papa war mit seiner Weisheit am Ende. Er nickte einfach nur. Er wusste nichts über meine Ausbildung, also wirkte diese Geste so verlogen wie ein indo-chinesischer Freundschaftspakt.

»Wollen Sie, dass ich das Bildungsministerium anrufe? Wissen Sie, es gibt Gesetze gegen Kinderarbeit«, sagte Claire und rückte den Kragen ihres Habits zurecht, während Papa sich vor ihr wand.

Ich kann mich gut an die Schläge und Beschimpfungen meiner Kindheit erinnern, aber die Momente, in denen Papa gedemütigt wurde? Daran erinnere ich mich am besten.

Papa entschied sich nun für sanfte Unterwürfigkeit, rückgratloses In-die-Knie-Gehen vor der weißen Frau, um sie loszuwerden und am nächsten Tag, wenn nötig, den Stand zu verlegen. Er sah in ihren Augen, dass sie nicht so leicht aufgeben würde. Er besaß dieses untrügliche Sensorium für drohende Schwierigkeiten, das alle Armen haben.

Er log und behauptete, ich gehe jeden Tag zur Schule – abgesehen von diesem speziellen Tag natürlich, aber das sei eine solch seltene Ausnahme, dass es sich gar nicht lohne, darüber zu reden, aber vielleicht könne sie ein Stück beiseitetreten, denn sie stehe seinen Kunden im Weg, und ein armer Mann müsse schließlich seinen Lebensunterhalt verdienen. Claire glaubte ihm nicht. Sie schaute wieder zu mir hinunter, dann nickte sie. Ich war verlegen. Ich nickte auch.

An dieser Stelle möchte ich betonen, dass ich in akademischer Hinsicht nicht gänzlich unbeleckt war. Ich konnte lesen. Ich beherrschte das Alphabet. Ich hatte zwei Schuljahre absolviert, wenn man all die gehetzten Vormittage und Nachmittage zusammenzählte, an denen ich meinen Vater so verärgert hatte, dass er mich geohrfeigt und zum Teufel gejagt hatte, damit ich ihn nicht weiter auf die Palme bringen konnte, oder an denen von westlichen Wohltätigkeitsorganisationen inspirierte Nachbarinnen mich dorthin geschleppt hatten. In Delhi waren deine Familienangelegenheiten auch die Angelegenheiten aller anderen, als wäre dein Zuhause eine Gasse, durch die jeder spazieren durfte. Eine unbekannte Tante schleppte dich zum Gemüsemarkt, um dir die Haare schneiden zu lassen, eine andere brachte dich zu einem Sehtest, und wenn du zurückkamst, lag dein Vater sturzbetrunken am Boden, und du wusstest nicht, was passiert war.

Papa hatte einen üblen Ruf. Frauen bemühten sich ständig, ihn und mich zum Besseren zu bekehren, denn sie fürchteten, ich würde den gleichen Weg einschlagen. Offenbar hatten sie eine gewisse Wirkung auf mich, denn ich bin ein anständiger, aufrechter Bürger geworden, der, wie ich erneut betonen möchte, dumm genug ist, ordnungsgemäß seine Steuern zu zahlen. Sozialarbeiter, Geliebte, Lehrer, entfernte Verwandte, manchmal eine Mischung aus all dem, bemühten sich und scheiterten daran, ihn und mich in Einklang mit der vedischen Lebensweise zu bringen, und wenn ich etwas Zeit vom Teestand freibekäme, wäre das wirklich so ein Verlust?

Natürlich ging ich nicht Vollzeit zur Schule, nicht in eine Ganztagesschule wie im Westen, mit Versammlungen in der Aula, Schulspeisungen und giftigen Fehden zwischen Cliquen. Bei uns notierten die Lehrerinnen lediglich die Anwesenheit, dann ließen sie uns wild herumspringen. Die Schulbehörden erfüllten ihre geliebten Alphabetisierungsziele, wurden von der Zentralregierung mit Auszeichnungen, Geld und feierlichen Zeremonien überhäuft, und am Ende erhielten alle unsere Bildungsminister Beifall vor der UNO, und ihre Gesichter prangten auf der Titelseite von *Time*.

Hindi lernte ich aus den Comic-Heften in der Schule, in denen man etwas über die Götter sämtlicher Religionen erfuhr, Produkte der in die Jahre gekommenen Regierungsinitiative *Lasst uns alle zusammenkommen*, in die

Welt gesetzt von Unbelehrbaren, die daran glaubten, dass Indien eine pluralistische, multikonfessionelle Demokratie werden könnte. Die Comics wurden im hinteren Teil des Klassenzimmers aufbewahrt, wo abblätternde Deckenfarbe wie *ashirvads* vom Himmel auf sie herabschwebte. Ich verschlang die Geschichten, blieb drinnen in den Pausen, als alle anderen sich draußen schmutzig machten. Für mich bestand der Sinn der Schule vor allem darin, drinnen bleiben zu können, weg von der Hitze und dem Lärm, an einem Ort, an dem ich sauber und still sein konnte. Aber was wusste ich schon.

»Er spricht sehr gut. Bildung liegt dem indischen Volk sehr am Herzen«, verkündete Papa, als wäre Claire ein Hippiemädchen in Batikhosen und keine gebildete Frau, die korrekteres Hindi sprach als er. Sie beobachtete ihn beim Lügen. Ihre Lippen waren leicht nach oben gekräuselt. Er versuchte, sie mit nehruvianischem Unsinn über die ewige Suche nach der Wahrheit zu beschwatzen. Vermutlich hatte er es aus den Zeitungen, die er seit Neuestem las. Unsere Kunden erörterten gerne das Zeitgeschehen beim Teetrinken und taten so, als wären sie Männer von Welt, oder zumindest solche aus der nationalen Hauptstadtregion.

Sie war die erste Weiße, die je das Wort an uns richtete.

»Ich werde morgen wiederkommen. Mit Büchern. Für ihn«, erklärte sie.

Dann begann Papa, ihr eine lange Rede über Saraswati zu halten, über die Bedeutung des Lesens: »Wir haben die Zahl Null erfunden, Ma'am … Meine Familie hat eine lange Tradition der Liebe zu Büchern, wir waren Poeten, wissen Sie … Ich gehe jeden Tag zum Tempel.« Sie schaute ihm einfach nur zu. Er schwitzte. Seine Kunden beobachteten belustigt, wie sich mein Papa, der große Schwätzer, der große Womanizer, vor der weißen Frau krümmte und wand wie ein Frettchen im Sack.

Sie erklärte, wie es weitergehen würde. Und da ihm die Ideen, Theorien, Geschichten und Sprüche ausgegangen waren, blieb ihm nichts anderes übrig, als zu erwidern: »Ja, Ma'am. Bis morgen, Ma'am.« Er war am Boden zerstört, und mir war klar, dass ich in dieser Nacht Schläge kassieren würde, dicke, fette, alkoholisierte Ohrfeigen, solche in Angedenken an meine perfide tote Mutter.

»Sorgen Sie dafür, dass Sie morgen hier sind. Ich habe Kontakte zur örtlichen Polizei. Ich unterrichte deren Töchter«, sagte sie schließlich, und ohne seine Antwort abzuwarten, schenkte sie uns allen ein sonniges Lächeln und ging.

Papa war fünf Minuten lang wie betäubt, seine Hände griffen mechanisch nach Milch und Teeblättern.

»*Goras*, was?«, sagte Papa schließlich, nachdem sein Gesicht aufgetaut war, sonst fiel ihm nichts ein, und die fetten Geschäftsleute am Stand lachten über seine Demütigung.

Im Laufe des Nachmittags erholte er sich wieder, machte weiter wie üblich, palaverte von Körperfunktionen, vom Stuhlgang, von schlechten Leberwerten, medizinischen Heilmitteln, wundersamen Pilgerreisen, seltsamen Kreaturen, die man in der Yamuna gefunden hatte, unwahrscheinlichen Lotteriegewinnen, von Schrittfäule und Talkumpuder.

Langsam aber sicher redete er sich ein, dass sie nie wiederkommen würde. Nur eine weiße Frau, die ihn herumkommandieren wollte, und auch noch eine Nonne.

Er hatte solchen Respekt vor den Christen gehabt; aber das war nach dieser Sache ein Ding der Vergangenheit, Sirs, ein Ding der Vergangenheit.

Am nächsten Morgen waren Papa und ich geschäftig bei der Arbeit, auf Augenhöhe, gleichberechtigt, und bauten in einer Atmosphäre gegenseitigen Respekts unser Familienunternehmen auf – als Claire erschien, mit Büchern für mich, mit Spielzeug, Plastikgöttern mit leblosem Blick und einem Paar Schuhe, die blinkten, wenn man auftrat. Kaum hatte mein Vater sie entdeckt, fluchte er so sehr, dass seine Augen hervorquollen, und ich musste unwillkürlich lachen, weswegen ich in dieser Nacht, der zweiten Nacht in Folge, sehr hart geschlagen wurde, wobei seine glänzende, peitschenartige Hand reichlich zum Einsatz kam.

Heute ist mir klar, warum sie ein Straßenkind für ihr Bildungsprojekt wählte. Bisher hatte sie keineswegs den Armen und Benachteiligten gedient, so wie es ihre Bücher und Schwestern predigten, sondern hatte am Sacred Heart lediglich die Töchter der ohnehin wohlgemästeten Reichen unterrichtet, und ihr Glaube war langsam hohl und bedeutungslos geworden. Aber was ich nicht verstehe, ist, warum sie sich ausgerechnet für mich entschied. Unter all den Kindern, von denen es Millionen an jeder Straßenecke, auf jeder Parkbank, jeder Müllhalde gab. Ich wirkte nicht sonderlich engelsgleich. Ich hatte weder ein breites, weißzahniges UNICEF-Webseiten-Lächeln, noch strahlte ein inneres Licht aus mir heraus.

Warum also?

Sie sprach nie über ihre Motive, auch nicht über mögliche Zweifel. Mir hingegen würde sich alles eröffnen:

Lernen, Schule, Prüfungen, College, ein neues Leben. Quasi aus dem Nichts heraus.

Später gestand sie mir, dass sie mich das erste Mal wahrgenommen hatte, als ich an einem Morgen mit dem Fahrrad zur Arbeit fuhr. Unsere tägliche Strecke lag nur fünf Minuten von ihrer Schule entfernt. Und dann war sie eines Tages am Stand vorbeigelaufen, als mein Vater mich beschimpfte. Sie hatte mich wiedererkannt, und die Dinge nahmen ihren Lauf.

Jahre später, sie war schon sehr krank, betrachtete sie mich manchmal, als sähe sie nicht mich, sondern einen vor langer Zeit verlorenen Menschen. Dann berührte sie mich, überrascht darüber, dass ich tatsächlich in Fleisch und Blut vor ihr stand.

»Wir werden ein Leben für dich schaffen, kleiner Mann«, verkündete sie oft, als hätte ich nicht schon eines gehabt, als wäre sie eine Schöpfergöttin, die formlosem schwarzen Yamuna-Lehm Leben einhauchen müsste.

In den nächsten Monaten kam sie jeden Tag um drei Uhr nachmittags nach ihrem Schulunterricht. Anfänglich war sie immer gegen Mittag aufgetaucht, aber mein Vater hatte sie angefleht: »Bitte, Madam.« Kommen Sie, wenn nicht Hochbetrieb herrscht, und bitte hintenherum, Madam, damit die Geschäftsleute nicht von einer Frau, einer Nonne, abgeschreckt werden, sich in ihrem Männergeschwätz über Schauspielerinnen-Ficken und Frauen-Schlagen gestört fühlen.

In den Stunden vor Claires Eintreffen schuftete ich besonders hart, pulverisierte Gewürze bis auf die atomare Ebene, stellte Teesiebe in eine Reihe, handhabte Behälter und Löffel mit äußerster Vorsicht und brachte sie in Reichweite meines Vaters.

Dann kam Claire, wir setzten uns neben den Stand auf die zerbröckelnde, mit Taubenscheiße verkrustete Betonbank, ich stolperte über Englisch und Hindi, über Zahlen und Buchstaben, Bilder von Hunden und Göttern, sie fuhr mir durchs Haar, umarmte mich, tätschelte mir die Wange, wenn ich es gut machte, was so ziemlich jedes Mal der Fall war. Ich scheuchte die neugierig gaffenden kleinen Kinder weg, die weniger Glück hatten als ich. Ich war so statusbewusst wie ein amerikanischer Vorstadtbewohner. Sie hatten BMWs und Jacuzzis. Ich hatte eine Nonne.

In den ersten Wochen strengte ich mich furchtbar an. Ich hatte schreckliche Angst, sie würde mich fallenlassen, wenn ich auch nur eine falsche Antwort gäbe. Befürchtete, sie könnte einen anderen Jungen bevorzugen, einen mit besseren Aussichten. Jedes Mal, wenn die verabredete Zeit näher rückte, pochte mein Herz, und jedes Mal, wirklich jedes Mal, dachte ich, sie würde morgen nicht wiederkommen, morgen wäre der Tag, an dem sie einsehen würde, dass sie ihre Zeit mit mir verschwendete. Gott sei Dank mache ich mir heute vor Treffen mit Weißen weitaus weniger Sorgen.

Natürlich hat sie mich nie fallengelassen. Aber ich hatte Albträume. Mit einer abwesenden Mutter liegen die Gründe rückblickend auf der Hand, daher war es nicht verwunderlich, dass ich nachts wach lag, Schmerzen litt und zitterte aus Sorge, sie könnte einen anderen Schüler oder ein anderes Projekt finden. (Ich habe *Psychotherapie für Dummies* genau einmal gelesen, und das ist es, was ich daraus gelernt habe.) Aber mit jedem Tag, an dem sie wiederkam, fühlte ich mich sicherer. Sie würde nicht einfach so verschwinden. Dafür würde ich sorgen. Warum auch immer sie mich ausgewählt hatte, ob es Glück war, oder Schicksal, oder die Ähnlichkeit mit einer längst verstorbenen Person, ich würde sie mit meiner Intelligenz an mich fesseln.

Allein das Zusammensein mit ihr war schon etwas. Ich konnte nicht fassen, dass sie weiß war und trotzdem mit mir sprach, dass ich sie berührte und sie mich – wie leicht ich damals von Europäerinnen und Europäern zu beeindrucken war! Wenn ich meinem jüngeren Selbst etwas raten könnte, dann gleich um Geld zu bitten.

In diesen ersten Monaten schenkte sie mir kleine Ein-Rupien-Süßigkeiten, Tüten mit Kartoffelchips, auf denen Kricketspieler den Sieg predigten, Bleistifte, Radiergummis, Anspitzer, Seifenblasen. Ich hielt alle Weißen für Halbgötter. Heute bin ich klüger.

Endlich schenkte mir jemand Beachtung. Ob dieser Mensch weiß oder braun war, letzlich war es nicht wirklich entscheidend. Hauptsache, dieser Mensch verbrachte Zeit mit mir, verlor nie die Geduld, ließ mich endlos Fragen stellen und versäumte es nie, über meine Witze zu lachen.

»*Très bien*«, sagte sie, »*très bien, mon petit chou*, noch einmal«, und ab und zu, wenn wir fertig waren, erzählte sie mir leise von Frankreich, von Filmen und Märchen ihrer Kindheit. Mein Vater spähte nervös über die Schulter nach uns, aus Furcht vor ihrer süßduftenden Vergeltung und davor, dass mein Kopf mit den Ideen der Weißen über weiterführende Bildung und die Wirkungslosigkeit körperlicher Züchtigungen gefüllt würde. Sein üblicher Trick im Umgang mit Frauen, die Verführung, stand ihm nicht zur Verfügung. Claire war gebildet. Sie wusste mehr von der Welt als er. Sie war erfahrener. Sie hatte ein

Keuschheitsgelübde abgelegt. Er schrumpfte unter ihrem Blick.

Wäre das hier ein Biopic, hätte ich Claire weggelassen. Sie hätte den weißen Zuschauern Unbehagen bereitet. Stattdessen hätte es eine Montagesequenz gegeben, Szenen aus meiner Kindheit, wie ich mich für kostbare Stunden aus meinem missbräuchlichen Elternhaus davonstahl, Abendkurse besuchte, mich das Bildungssystem emporarbeitete – bis ich nach Jahren der Mühen und Plagen einen Spitzenabschluss erzielte. Es wäre geradliniger gewesen, indischer, realer. Das Kinopublikum hätte applaudiert, diesen Jungen bejubelt, der nie aufgegeben, das System aus eigener Kraft und eigenem Antrieb bezwungen hatte.

Aber so ist es nicht gewesen. Und mir ist gleichgültig, was besser wirkt. Mich interessiert die Wahrheit. Claire hat mein Leben verändert. Ich bin es ihrem Andenken schuldig, die Dinge zu schildern, wie sie wirklich waren.

Also, vielleicht erinnere ich mich nicht in jedem Punkt richtig. Zweifellos habe ich die Ecken und Kanten meiner frühen Jahre ein wenig abgeschliffen. Ich habe ein Narrativ geschaffen, wie Amerikaner es nach Hunderten Stunden Psychotherapie tun. Vielleicht ist Claire im Rückblick zu etwas geworden, das sie nie war, und ihre Freundlichkeit färbt meine verklärten Erinnerungen an sie rosarot. Vielleicht habe ich zu viele Episoden von *Oprah* gesehen. Aber das ist nun mal die Art und Weise, wie ich mich an diese Dinge erinnere. Wenn ich an Claire denke, dann denke ich an Sanftmut, an eine Frau, die streng mit der Welt war, aber nicht mit mir, die dafür sorgte, dass mein Talent nicht verschwendet wurde, dass ich kein weiteres gesichtsloses Kind blieb, das einfach verschwand und dessen Stimme nie gehört würde.

Vielleicht täusche ich mich. Möglicherweise hätte ich auch ohne sie gleich weit und schnell aufsteigen können. Aber es lief anders. Ich will nicht lügen. Ich muss die Geschichte unserer gemeinsamen Zeit erzählen. Wenn es um Claire geht, dann sage ich immer die Wahrheit.

Über die nächsten Monate hinweg entwickelte ich mit Claires Hilfe ein Gefühl der Entschlossenheit. Sie schenkte mir eine Blechdose mit Gravuren Pariser Sehenswürdigkeiten, in der ich meine Schätze, meine Stifte, meine Lineale, meine Bücher aufbewahrte. Ich arbeitete abends, wenn mein Vater nicht zu Hause war. Allerdings hatte unser Mietshaus nur sehr instabile, halb-illegale Stromleitungen, und selbst durch lebenslange Arbeit hätten wir uns keinen Generator leisten können, zumindest bei der Hauswirtschaft meines Vaters. Einmal hatten wir einen Stromausfall in der ganzen Stadt, alles versank in tiefer Dunkelheit: die vielen Familien, die auf den Straßen lebten, in Hütten mit Papptüren, aus denen es nach Mehl, Fett und nach gepanschtem *daal* roch (glaubt mir, das echte Zeug duftet ganz anders), ebenso wie das Betondach, auf dem ich unter den Sternen lernte. Ich ignorierte die Spinnen, mir ins Gesicht flatternde Käfer, die Schreie und Seufzer von Männern und Frauen, von Kindern, die geschlagen wurden, von Menschen, die ihre Wochenlöhne für Alkohol verschleuderten.

Dort oben war ich nie allein. Dafür sorgten die Lustbarkeiten unserer fruchtbaren indischen Gebärmütter, aufgeheizt durch alte vedische Rituale und durch die Abwesenheit von Fernsehen und Facebook (wie die Welt sich verändert hat!). Nie gab es einen Moment Ruhe – und alles nur wegen unseres Bevölkerungswachstums!

Ich ging bei jedem Wetter hinauf. Bei Kälte trug ich

einen Pullover, den Claire mir gestrickt hatte, mit einem Hund namens Snoopy darauf. Wenn es regnete, hielt ich so lange wie möglich durch, bevor ich wieder nach drinnen rannte, meine Arbeitssachen an die Brust presste, um sie vor der Nässe zu retten. Eines Nachts rief eine heisere, über Jahrzehnte in Alkohol getränkte Stimme: »Komm aus dem Regen raus, *beta*!« »Er liest! Er liest!« Ein Mann lachte, dann ein weiterer, und ich hatte noch nie eine solche Hilflosigkeit erlebt wie gegenüber diesen gesichtslosen Menschen, die mich verspotteten.

Als Claire am nächsten Tag wissen wollte, was mit meinen durchnässten Büchern geschehen war, konnte ich es nicht erklären. Sie fuhr mir durchs Haar, und ich begriff, mir war vergeben worden. Es war ein schönes Gefühl, dass einige deiner Probleme gelöst waren, einfach nur, weil ein Mensch sich um dich kümmerte. Ein Mensch, der deine Tränen abwischte, wenn du die falsche Antwort gegeben hattest. Ein Mensch, der dir kleine Snacks, Süßigkeiten, Aufmerksamkeit, Schuhe und ein schönes, weißes Hemd schenkte. Unweigerlich fragte ich mich, wie mein Leben wohl verlaufen wäre, wenn ich von Anfang an eine Mutter gehabt hätte. Wie weit ich hätte kommen können, in welche Schulen ich hätte gehen, welches Leben man hätte führen können.

Aber andererseits, wer weiß das schon so genau. Vielleicht wäre ich trotz Liebe und Hätschelei gänzlich nutzlos geworden.

Nach einigen Monaten erkannte Claire, dass man hinter einem Teestand in der Bangla-Sahib-Straße nur begrenzt Ergebnisse erzielen konnte. An sich war es kein schlechter Ort. Kommerzielle Imperien, Multi-*crore*-Computerfirmen wurden hier aus der Taufe gehoben, ebenso wie große politische Karrieren, die unter Korruption, Entjungferungswahn und Fettleibigkeit ächzten. Dennoch war es kein optimaler Ort zum Unterrichten.

So viel Schönheit! So viel moderne Architektur! So viel Leben! So viel Pisse!

Eines Tages verkündete mir Claire, ich müsse den Stand zumindest für ein paar Stunden am Tag verlassen. Sie würde es Papa morgen mitteilen. Ich weinte vor Freude, versicherte ihr meine Liebe, wobei ich meine Stimme trotz des wie üblich ohrenbetäubenden Straßenlärms zu dämpfen versuchte, damit Papa nichts hörte. Ich kann manchmal sehr einfältig sein.

»Mir war vom ersten Moment an klar, dass du es schaffen würdest«, sagte sie. Sie drückte mich fest an sich, ihre Hände verschränkten sich hinter meinem Rücken, als hätte sie Angst, mich zu verlieren.

Sie hatte mein Leben verändert. Ich hatte nichts damit zu tun. Ich musste lediglich hart arbeiten. Jeder Idiot kann das.

Für den Rest des Nachmittags und der Nacht biss ich mir auf die Zunge. Ich ballte die Fäuste und zitterte vor Freude. Ich schaute mich im Zimmer um und wusste, ich wusste einfach, dass sich von dem Tag an mein Leben wirklich ändern würde.

Als sie es ihm verkündete, explodierte Papa. Er konnte seine Zunge nicht länger im Zaum halten, wetterte gegen diese Frau mit ihren Ideen, wer auch immer sie war, welche wichtigen Leute auch immer sie kannte.

»Sie … Ma'am, dieser Junge, das ist nicht unsere Lebensweise, Sie … füllen seinen Kopf mit solchen …« Ihm wurde sein Kind geraubt, das nur ihm allein gehörte. Er hatte mich gefüttert, bekleidet, Geld auf mich verschwendet, das er gut anderswo hätte ausgegeben können. Warum sonst hätte er mich großziehen sollen? Dann hätte er mich gleich in einem Waisenhaus abgeben, auf einem Müllberg zum Sterben zurücklassen können, wie ein Mädchen. Ich war sein Eigentum, klagte er, ich würde korrumpiert, entführt und zu einem Weißen gemacht. Er krakeelte weiter, bis er nichts mehr zu sagen hatte.

Claire blieb still. In dieser Hinsicht war sie ein All-India-Champion. »Ich werde ihn morgen abholen kommen«, sagte sie schließlich.

Als ich am nächsten Morgen erwachte und meine Sachen packte, die Stiftebox, die schicken Schuhe, die Hoffnungen und Träume, warf mein Vater mir ein unangenehmes Grinsen zu.

Ich kannte dieses Grinsen.

Noch nie hatte ich meine Stimme gegen ihn erhoben, niemals. Ich hatte um jeden Preis vermieden, ihm zu widersprechen. Doch an diesem Tag tat ich es.

»Nein«, sagte ich, »Nein, Papa. Nein, das kannst du nicht tun.« Mit meinen kleinen Fäusten trommelte ich gegen seine Brust.

Ihr ahnt schon, was mir blühte. Er schrie. Er tobte. Er schlug mich. Und diesmal hielt er mir sogar einen Vortrag. Ich will euch nicht mit allen Details langweilen. Er war sehr theatralisch.

»Wir gehen weg. Sie wird uns nicht finden. Wenn diese weiße Frau glaubt, sie kann mir mein Fleisch und Blut rauben, dann irrt sie gewaltig. Pack deine Sachen zusammen! Ich werde nicht zulassen, dass mir mein Kind genommen wird.«

Ich heulte die ganze Zeit. Meine Habseligkeiten müssen am Ende von Tränen durchweicht gewesen sein. Papa ließ es sich nicht nehmen, eigenhändig meine Stiftebox zu zertrümmern, einfach, weil er es konnte. Dann marschierte er mit mir nach oben, klopfte an eine Tür und zwang mich, die Spielsachen und Schulhefte der dort wohnenden Familie zu spenden.

Die Schuhe durfte ich behalten. Sie würden mir beim Radfahren behilflich sein, und so strampelte ich an diesem Tag mit dem Stand los, mit roten, verweinten Augen, an Paharganj vorbei. Mein Vater lief neben mir her und grinste die ganze Zeit über. Sein selbstgefälliger Gesichtsausdruck hielt drei lange Tage vor, bis ein Polizeijeep auf ihn zurollte und ein Assistant Commissioner of Police ihn um seine Lizenz bat.

Meinem Vater entwischte fast ein Lachen, doch der Polizist zog seinen Schlagstock, holte aus und verpasste ihm eine mitten ins Gesicht.

Mein Vater stürzte zu Boden.

Der Polizist bückte sich hinab, ganz dicht neben das Gesicht meines Vaters und sagte: »Verärgere nie wieder die weiße Frau. Das ist eine Nachricht von meinem Chef. Verstanden?«

Die früheren Feinde meines Vaters waren nur kleine Fische gewesen. Das hatte er nie ganz begriffen. Männer der rohen Gewalt, Männer mit Fäusten und Klingen, die einen Mann als erledigt betrachteten, wenn er nicht mehr aufstehen und weiterkämpfen konnte. Doch sein neuer Gegner wusste, dass die beste Waffe das Gesetz war.

Ich erinnere mich noch, wie ich Sacred Heart das erste Mal betrat.

Es war das Paradies. Eine Wiese, so weit das Auge

reichte. Eine Armee von Gärtnern. Rote Ziegeldächer. Eine Kapelle. Bäume, hoch und stark. So etwas hatte ich noch nie gesehen. Ich schien mich nicht mehr im selben Land zu befinden.

Das einzige Anzeichen dafür, dass ich immer noch in Indien war, waren die Mädchen, die Töchter unserer Elite, die hier ihre anständige, westliche, zivilisierte Bildung erhielten, sodass sie weggehen könnten, um nie, nie wieder zurückblicken zu müssen.

An diesem Tag, ebenso wie an allen darauffolgenden, würdigten sie mich keines Blickes, außer sie sahen spottend auf mich herab. Ich war unsichtbar. Ich musste ihnen auf den Fluren ausweichen, musste mich in die Klassenzimmer schleichen oder hinter Grasböschungen ducken, um nicht angerempelt und zur Seite gestoßen zu werden. Claire nahm mich mit auf einen Rundgang durch die Klassenzimmer, in denen die Lehrer mir leicht verkrampft zulächelten, aber sobald wir uns zum Gehen wandten, sah ich, wie auch sie abfällig grinsten.

Ein paar der Mädchen beachteten mich trotzdem – die karitativen Fälle, die *dalit*-Mädchen, deren Familien konvertiert waren, um hier einen Platz zu ergattern, und die lediglich von der niedersten Stufe eines Kastensystems zur niedersten Stufe eines anderen gewechselt waren.

Ich bemerkte Details. Nirgendwo Beton. Alles war aus Holz, aber nicht aus unserem indischen Holz, nicht billig, nicht für ein oder zwei Sommer gebaut. Das hier war etwas ganz anderes, es war aus dem neunzehnten Jahrhundert, wie Claire mir erklärte, gebaut von französischen Geschäftsleuten, die mit Kattun und Elfenbein gehandelt hatten. Holz für die Töchter von Europäern.

Das Personal verfolgte mich mit Blicken, die Gärtner

und die Reinigungskräfte, sie gaben sich nicht einmal Mühe, es zu verbergen. Sie wussten, dass meine Anwesenheit etwas Falsches hatte, dass eine der Nonnen ihre Hände schützend über mich hielt, dass ich umsorgt, verwöhnt, verhätschelt und erzogen wurde. Denn sie wussten, dass ich im Grunde einer von ihnen war.

In meiner zweiten Woche begleitete mich Claire nicht mehr. Ich marschierte, stolz und dumm wie ich war, direkt durch das Eingangstor.

Eine Hand versperrte mir den Weg.

Ein großer Mann mit Knopfaugen riss mich zurück.

»Inspektion!«, sagte er lachend. »Kein Dreck!«

Ich hatte keine Ahnung, was von mir erwartet wurde. Meine Unterlippe begann zu zittern.

Er schüttelte den Kopf über meine Begriffsstutzigkeit und riss meine Arme hoch.

Ich stand regungslos da, die Sonne brannte mir im Nacken, hielt die Hände ausgestreckt, mein Rücken kribbelte vor Hitze, während auf der Straße Männer und Jungen an mir vorbeischlenderten und dieses seltsame Ritual vor den Toren des weißen Mannes beobachteten.

Der Wachmann rubbelte meine Haut so heftig, dass sie ganz rot wurde. Er lachte. »Ich dachte, du wärst weiß unter dem Braun, Junge.«

Ich ahnte es noch nicht, aber das war erst der Anfang.

Die Mobbingkampagne. Die Verfestigung des Hasses.

»Was hat der kleine Scheißer hier verloren?«, fragte ein Gärtner.

»Er zieht den ganzen Ort runter auf sein Niveau«, pflichtete ein sich am Arsch kratzender Koch bei.

»Diese verrückten *goras* bilden sich ein, sie könnten Indien verändern«, stimmte ein Elektriker zu.

Der Drahtzieher der Kampagne gegen mich war ein Mann namens Dharam Lal, der Assistent des Schatzmeisters.

Der Schatzmeister selbst war ein siebenfacher Vater, der seine Zeit mit Gartenarbeit, Kreuzworträtseln und dem Verteilen von Karamellbonbons verbrachte. Aber Dharam Lal kontrollierte die Finanzen; er war es, der Leute einstellte und feuerte. Er war der mächtigste Inder in der Schule. Und er hasste mich. Läuft das nicht immer so, meine Freunde?

Sogar heute noch habe ich Albträume von seinem schmalen, schnurrbärtigen Hakennasengesicht.

Schon bei unserer ersten Begegnung spürte ich, dass Dharam Lal harte Zeiten durchgemacht hatte. Er war aus dem Dreck hochgekrochen, in eine Welt, in der er weiße Hemden tragen, in klimatisiertem Komfort sitzen und eine geistige Tätigkeit ausüben konnte. Er hatte es geschafft. Das erfasste ich sofort. Niemand musste es mir erklären. Ich brauchte es nicht erst herauszufinden. Ich wusste es einfach, Mist.

Etwa einen Monat, nachdem ich am Sacred Heart zu lernen begonnen hatte, stattete er Claires kleiner Kammer einen Besuch ab, gerade als meine Unterrichtsstunde zu Ende ging. Er klopfte hart an die Tür, dann platzte er unaufgefordert herein und starrte uns wortlos an. Claire ignorierte ihn einfach, und mir blieb nichts anderes übrig, als weiter Englisch zu plappern, obwohl es mich juckte, in anzustarren.

»Das ist also der Junge?«, sagte er schließlich. Da erlaubte ich mir, ihn von oben bis unten zu mustern. Seine Hände hatten Flecken, wie die meines Vaters: raue, blasenvernarbte, rissige Haut. Er hatte mit diesen Händen hart gearbeitet, so wie ich mit meinen. Heute sind meine Hände weich. Ich habe mein altes Selbst fast vergessen.

»Sag Hallo, Ramesh«, forderte Claire mich auf.

»Guten Tag, Sir«, sagte ich, weil es als gebildeter Mensch wichtig war, zu allen freundlich zu sein, selbst wenn man sehen konnte, dass sie einen hassten. Diese Europäer und ihre Moral!

Lal spazierte durch den Raum und inspizierte ihn: Sein Blick wanderte über die zierlichen spitzenbesetzten Kissen, die Gazevorhänge, die kleinen Bildnisse der Heiligen Bernadette, Gandhis und Prinzessin Dianas. Ich sah, dass er jedes Detail missbilligte.

»Halten Sie das für klug, Schwester?«

»Was meinen Sie?«, antwortete sie.

»Die Leute reden.«

»Vielleicht sollten Sie das unterbinden«, erwiderte Claire und wandte sich wieder dem englischen Grammatikbuch in ihren Händen zu.

Sie beachtete weder sein Auf-und-ab-Gehen, noch seinen verzweifelten Drang, etwas hinzuzufügen. Viele Männer in unserer Kultur wollen Männer der wenigen Worte sein, Männer, denen man widerspruchslos gehorcht, und so kämpfte Dharam Lal gegen sein Bedürfnis, seinen Worten freien Lauf zu lassen, versuchte stattdessen zu schweigen, vernichtend, tödlich, was allerdings nicht ganz dasselbe ist wie echte Autorität und Würde. Er warf mir einen abwertenden Blick zu, ließ seine Augen über die weißen Wände des Raumes schweifen, wie um sicherzustellen, dass ich nicht darauf abfärbte, dann ging er.

Diese drei Jahre täglichen Unterrichts, von elf bis vierzehn Uhr, waren die glücklichsten meines Lebens. Andere Kinder in meinem Viertel hatten Spaß, indem sie in schmutzige Pfützen sprangen und sich von Zügen überfahren ließen. Und ich? Geschichte, Englisch, Mathe, Naturwissenschaften, Lyrik. Nur Claire und ich, in ihrem Zimmer, das nach Sandelholz, Vetiver und Kampfer duftete, ihre ganze Aufmerksamkeit allein auf mich gerichtet, als ob ich ihre ganze Welt wäre.

Am Teestand schlug mein Vater mich immer seltener. Seine Hände blieben fest am Kupferkessel. Er brachte jetzt häufiger Frauen mit auf unser Zimmer, diese schüchternen, mittellosen, kurvenreichen Frauen, die neben Taxiständen warteten und schäbige kleine Zuhälter hatten, die jeden Geldschein in ihren Händen wie Falken fixierten – die einzige Tätigkeit, die sie den lieben langen Tag auszuüben schienen. Mein Vater verbrachte seine Zeit mit Frauen in leuchtend bunten Saris mit leicht zu öffnenden Haken, Frauen mit rubinroten Lippen, breiten Taillen, Gesichtern, die sich von einem verführerischen Lächeln zur Grimasse verzogen, sobald die Männer sich abwandten, und wer hätte es ihnen verübeln können.

In den meisten Nächten hatte er seine Freude daran, mich aufs Dach zu verbannen, ob er nun eine Frau zu Besuch hatte oder nicht. »Geh lernen«, sagte er. Dann beobachtete er mich zehn Sekunden lang ungeduldig beim Bücher und Papiere Zusammenraffen und beförderte mich mit einem Fußtritt hinaus.

Papa unterhielt sich mehr denn je mit unseren Kunden. Normalerweise fragen Teeverkäufer nicht nach ihren Cousins, Kindern, Geliebten und jedem noch so kleinen Detail in ihren Leben. Sie kochen nur schnell einen heißen, starken, süßen Tee und verbreiten sich vielleicht ein wenig über Sport und die Korruptheit sämtlicher Politiker. Aber etwas hatte sich geändert: Er lernte nun ganze Lebensläufe seiner Kunden auswendig. Sogar an den Hundetrainer eines Vetters zweiten Grades konnte er sich erinnern. Vielleicht hatte Claire bei ihm die Schleusentore geöffnet. Aber wenn der Kunde ging, erlosch das Licht in den Augen meines Vaters wieder. Als hätte sich eine Tempelstatue für einen kurzen Moment in eine echte Göttin verwandelt, bevor sie wieder zu leblosem Stein wurde.

Sein plötzliches Interesse für andere Menschen mitzubekommen, machte mich traurig. Mich würdigte er keines Blickes. Wie sehr wünschte ich mir, mein Vater hätte mir wenigstens einen kurzen Seitenblick zugeworfen, eine Form der Kenntnisnahme meiner Existenz, selbst wenn er damit nur zum Ausdruck gebracht hätte, wie wenig ich ihm bedeutete, wie viel wichtigere Dinge es in seinem Leben gab, als mein Vater zu sein, und was für ein unbedeutender kleiner Fliegenschiss ich doch war und wie wenig er mich vermisste. All das wäre besser gewesen als dieses Nichts. Aber in der Hinsicht war er ausnahmsweise ein Musterbild an Selbstbeherrschung.

Er hatte begonnen, seine Töpfe, Kochstellen und Tassen mit größter Sorgfalt zu behandeln. Sogar ihnen schien mehr Aufmerksamkeit zuteil zu werden als mir. Vielleicht hatte ihn mein Beispiel ja inspiriert, seine Zukunft in die Hand zu nehmen, sein Geschäft zu erweitern, nach vorne zu blicken, in den hellen neuen Horizont des 21. Jahrhunderts – natürlich ist mir klar, in Wahrheit tat er es nur, um allen zu beweisen, dass er ebenso viel wert war wie sein Sohn mit seiner vornehmen neuen Klosterausbildung.

Eines Tages wurde ein Kunde, einer dieser Zeitungsleser, der in seine eigene dröhnende Stimme verliebt war, auf mein neues Hemd und meine neuen Schuhe aufmerksam.

»Seht euch diesen Mann an, diesen selbstlosen *chaiwallah*«, verkündete er allen am Stand, wobei er großes poetisches Talent verriet, das durch ein Berufsleben voller Rechnungsstellungen in dreifacher Ausfertigung im Keim erstickt worden war, »der sich alles vom Mund abgespart hat, um seinem Sohn ein Leben zu ermöglichen, das er selbst nie hatte. Schaut auf seine Armut, aber schaut auch auf seinen Sohn, der nie ein Leben in Not und Hunger führen wird.«

Mein Vater genoss es. Eine Menschentraube hatte sich um den Stand versammelt. Glücklicherweise hatte damals die Telefonie mit hohen Datenübertragungsraten unser Land noch nicht erreicht, denn sonst hätte mit Sicherheit jemand aus der Menge den Trubel auf Instagram gepostet, wodurch mein Bild online verewigt gewesen wäre, was meine Karriere als Bildungsberater und Prüflings-Imitator auf wacklige Beine gestellt hätte.

Er begann, sich seltsam aufzuführen. Er verbeugte sich und wehrte die Komplimente des Kunden und der Menge ab. Tatsächlich sah er mich zum ersten Mal seit Wochen wieder an. Er nahm meine Hand in seine und hob sie hoch. Ich war erstaunt, dass er mich berühren konnte, auch ohne mich dabei zu schlagen, zu treten oder zu stoßen.

Einige Tage später kramte mein Vater das Schwarzweißfoto einer Frau hervor, befestigte ein paar Plastik-Ringelblumen daran und stellte es vor der Markise des Standes zur Schau.

Offenkundig sollte das meine Mutter sein. Ab da würde er ihr Gespenst zu jedem geeigneten Zeitpunkt heraufbeschwören – ihre kurze, tragische Existenz – und damit die Opfer unterstreichen, die wir alle für die nächste Generation erbrachten.

Der Verkaufsstand bekam einen neuen Farbanstrich. Das Fahrrad begann vor Politur zu glänzen. Er zeigte ihnen allen, dass er sich von seinem erbärmlichen Leben nicht hatte unterkriegen lassen. Unser Stand erwarb sich schließlich einen Ruf. *Der Stand des Mannes, der seinem Sohn eine Klosterschulausbildung ermöglichte.*

Natürlich sprach er weiterhin kaum mit mir. Wochen vergingen ohne dass wir ein einziges bedeutsames Wort gewechselt hätten. Seine Befehle bestanden aus ungeduldigem Klopfen, Geraune, Kopfbewegungen, aber kein Augenkontakt, niemals. Er errichtete eine Mauer zwischen uns, unüberwindlich und unsichtbar, wie die zwischen armen und reichen Ländern. Wir wussten beide, dass allein seine Angst vor Claire der Grund dafür war, warum er mich weniger schlug. Zum ersten Mal in meinem Leben besaß ich etwas Macht über ihn, und das vergaß er nie.

Trotz der Liebe und Fürsorge Schwester Claires hatte ich damals zwei Widersacher: meinen Vater zu Hause und Dharam Lal in der Schule. Der Assistent des Schatzmeisters beobachtete und lauerte; seine Armee von Verwaltungsangestellten und Handlangern tat jeweils am Tor, als würde sie mich nicht kennen. Sie ließen mich vor dem Eingang schwitzen, gaben mir nie ein Glas Wasser, wenn ich sie darum bat.

Aggressive Putzfrauen rempelten mich in den Korridoren an, fegten Staub auf die schicke braune Hose, die Claire mir bei Raymonds gekauft hatte. Eine weitere indische Marke, die bei unserer Mittelschicht nicht mehr angesagt ist, ähnlich wie die multireligiöse Demokratie.

Dharam Lal mit dem dünnen, langen Gesicht erkannte früh, dass die Eltern meinen Rausschmiss verlangen müssten. Eine regelrechte Kampagne musste gestartet werden. Er war es, der die Gehaltschecks ausstellte. Er heuerte die indischen Arbeiter an und feuerte sie wieder. Aber Druck auf eine Nonne auszuüben? Dafür war bedeutend mehr Aufwand notwendig.

Die anderen in der Verwaltung waren Nonnen und Patres – weiß, fleißig und nutzlos –, die sich hilflos fühlten in einem Land, das sie nicht verstanden. Sie verbrachten ganze Tage damit, schwächlich zu lächeln. Dharam Lal hatte begriffen, was Macht war und wie er sie nutzen konnte. Aber nichts davon erreichte uns wirklich. Claire nicht. Und mich nicht. In diesem hellen, kühlen Raum. Sie forderte mich bis zum Äußersten. Sie war stolz auf meine Fortschritte, lächelte, als mein Schreibstil selbstbewusster wurde, als ich anfing, englische Worte auszusprechen, als wäre es meine Muttersprache, als ich immer geschliffener formulierte und meine Zuversicht wuchs.

Wir arbeiteten viel. Wenn Claire aus dem Unterricht zu mir kam, war ihre Haut immer mit einem leichten Schweißfilm bedeckt, Haarsträhnen fielen unter ihrer Haube hervor, sie kam direkt von den Töchtern der indischen Elite, von der Unterweisung in den Gebrauch der Tempora, von der alljährlichen Einstudierung von *The Sound of Music*, bei der sie Konflikte schlichten musste, weil der Nachwuchs eines *crorepatis* nicht als Maria besetzt wurde.

Manchmal nahm sie mich zum Unterricht der Mädchen mit, und ich beobachtete von hinten, wie die Schülerinnen ihr Können in *bharatnatyam*-Tanz, Rhetorik oder Latein übten.

Es war seltsam zu beobachten, wie diese weiße Frau den Bedürfnissen der Braunen diente. Sie formte diese Mädchen nach ihrem Vorbild, sodass diese einmal ihrer Stadt und ihrem Land entfliehen könnten. Dasselbe tat sie bei mir. Einmal wandte sich ein Mädchen nach mir um, beugte sich wieder über ihren Tisch und kritzelte etwas auf einen Zettel. Sie reichte ihn ihrer Freundin, die ihn weitergab, bis schließlich jemand den Zettel zerknüllte und zu mir warf. Ich steckte ihn in meine Tasche, um einer Eskalation vorzubeugen, und entfaltete ihn erst später. *Bist du ihr Bastard?*, stand darauf. Ich verstand die Botschaft nicht ganz, schaute danach aber nie wieder eine von ihnen an.

Ich hatte keine Freunde. Ich ging nicht raus zum Spielen. Ich sprach nicht mit Mädchen, weder in der Schule noch sonst. Claire nahm mich hart ran. Wenn sie nicht zufrieden mit mir war, wurde sie harsch. »Du musst dein Bestes geben, sonst wirst du nie von hier wegkommen. Du wirst nie das Leben haben, das du verdienst.«

Dann sprach sie außerhalb unseres Unterrichts nur noch beim Mittagessen mit mir, wenn sie mir Manieren beibrachte. »Rücken gerade! Pfeffermühle! Ellbogen! Serviette!«

Ich machte rasch Fortschritte, arbeitete fleißig, und um *meine Entwicklung zu unterstützen*, wie sie auf dem Bewerbungsformular schrieb, arrangierte sie für mich den Besuch einer karitativen Bildungseinrichtung in Neu-Delhi, eine Initiative, die von der Regierung angekündigt worden war – und die man auf wundersame Weise tatsächlich verwirklicht hatte. Zur gleichen Zeit ersetzte mich mein Vater durch eine elektrische Gewürzmühle, an der er große Freude hatte. Das Geschäft brummte. Natürlich versäumte er es nie, seinen abwesenden Sohn zu erwähnen, dessen Klosterschule er bezahlte. Schon bald wurde er zu einer bekannten Station auf dem Trampelpfad der Touristen. Er brauchte mich nicht länger. Ich hatte meinen Zweck erfüllt. Zwölf Jahre alt, und ich war ausrangiert.

Jeden Tag sah Claire sich alle meine Aufgaben an, ebenso jede Benotung und Bewertung meiner neuen Schule. Wenn sie nicht einverstanden war, schimpfte sie mit meinen Lehrern. Sie wusste über jedes noch so kleine Detail meiner Ausbildung Bescheid. Sie kaufte mir Bücher und Kleider von ihrem eigenen Gehalt, das immer sporadischer kam, wegen bürokratischer Verzögerungen bei der Auszahlung.

Es war hart. Sobald sie den Eindruck hatte, ich wäre faul, kam wieder der Liebesentzug. Ich weinte nachts, wenn mein Vater in weiblicher Gesellschaft weggedämmert war; weinte bei dem Gedanken, dass sie mich verlassen könnte und ich ins Nichts zurück müsste, weil ich ohne sie ein Niemand wäre.

Ich arbeitete, als könnte ich jederzeit rückwärts in den Abgrund stürzen und in die Sünde abgleiten, als wäre da etwas in mir, das verkommen und schwarz wäre, das ich immer unter Kontrolle halten müsste.

Ich lernte. Mein Leben wurde langsam besser.

Und dann, als ich vierzehn war, ging alles den Bach runter.

FÜNF

Rudraksh Saxenas Familie würde bezahlen. Wenn sie reich wurden, wollte ich meinen Anteil.

Mein Vorgehen war nicht sonderlich subtil. Ich hinterließ keine kryptischen Nachrichten. Ich schob keine Briefe unter der Haustür durch. Ich wartete zwei Tage, schlüpfte in meine Pizzalieferanten-Kluft und marschierte direkt zu ihnen. Ich erwischte sie unvorbereitet, ohne höfliche Ankündigung, ohne Glückwunschkarte, auf der prangte: *Herzlichen Glückwunsch zum Betrug!*

Bei den Saxenas ging es zu wie im Taubenschlag: Journalisten aller Art, dicke Kolumnisten und zaundürre Bloggerinnen, neidisch blickende Nachbarn, mehrere Dutzend Schul- und Collegedirektoren, die verzweifelt Rudis Gesicht für ihre Plakate wollten, Werbeleute, Ladenbesitzer, Arschkriecher von der People's Party – sie alle drängten sich in den Fluren und Treppenaufgängen, und ich schritt mitten durch sie wie ein Filmstar durch die blühenden Wiesen Kashmirs. Sogar ein Haufen Priester waren aufgetaucht, der seine *kali-pujas* durchführte, oder was auch immer, um die Welt von Sünden reinzuwaschen. Die *hijras* würden ebenfalls bald hier sein, würden Rudis ungeborene Kinder verfluchen mit der Plage der Androgynität, falls er ihnen nicht ein paar Tausender spendete.

Ich holte tief Luft.

Ich trat ein.

»Pizza ist da, Sir, Pizza, Sir, Vorsicht, Sir!«

Unauffällig.

Unbemerkt.

Wunderbar.

Aber nein – man versperrte mir den Weg.

Ich blieb gelassen. Da soll noch einer sagen, ich würde in Panik geraten, wenns mal nicht nach Plan läuft.

Ein untersetzter, muskulöser Mann mit ergrautem Haar, der in seiner Vergangenheit zweifellos an vielen Amateur-Wrestling-Meisterschaften teilgenommen hatte, dessen Körper aber inzwischen langsam aus dem Leim ging, streckte seinen dicken Arm aus und sagte: »Ausweis, Sir.«

»Pizzalieferung, Sir.«

»Zeigen Sie mir die App-Bestellung und den Liefercode, Sir.«

Wir befanden uns also in dieser indischsten aller Situationen, dem passiv-aggressiven »Sir«-Duell.

»Worin besteht Ihr Auftrag, Sir?«, fragte ich.

»Ich bin selbstständiger Security-Berater und wurde von dieser glücklichen Familie beauftragt, die Sicherheit bei dieser Veranstaltung zu gewährleisten, Sir«, sagte er.

Da war es. Wunderbar. Jemand wie ich. Jemand, mit dem man ins Geschäft kam.

»Wie viel«, fragte ich. »Sir?« In seinem Kopf ertönte das *Ping!* der Erkenntnis.

Er taxierte meine finanziellen Möglichkeiten, die Dringlichkeit meiner Lage und vor allem, wie er von meinen Absichten profitieren konnte.

»Zweitausend, Sir«, sagte er mit einem wissenden Lächeln. Ich zog das Geld heraus, und sein Arm senkte sich.

»Sir«, sagten wir beide und nickten einander warmherzig zu.

Hinter der Tür empfing mich ein Meer aus Schuhen, abgetragene chinesische Sneaker, Sandalen mit Schweißflecken. Seltsam, bei meinem ersten Besuch hatten mich die Saxenas nicht gebeten, meine Schuhe auszuziehen. Sie waren plötzlich ausgesprochen traditionell geworden.

Das Wohnzimmer war voller Kabel und mürrischer Kameraleute. Eine gestresste Bedienstete eilte von einem zum nächsten, rettete Teppiche vor *imli*-Soßen-Flecken, fegte Krümel auf, sammelte Pappteller mit *samosa*-Resten ein und rügte Männer mittleren Alters, die Beistelltische aus Walnussholz verkratzten.

Auf jeder freien Fläche stapelten sich Schachteln mit Süßigkeiten, *samosas*, Pralinen, Kebabs, überall standen mit Glitter überzogene Blumensträuße, Hunderte von Karten mit Glückwünschen, Heiratsanträgen, Werbeangeboten, Dutzende von kleinen roten Umschlägen mit Bargeld lagen herum, auf deren Außenseite eine Rupie als Glücksbringer klebte. Ich bediente mich gleich bei einigen davon und stopfte sie in den Pizzakarton. Schließlich gehörte das Geld mir. Niemand bemerkte etwas.

Im Mittelpunkt des Geschehens: der Mann der Stunde persönlich. In einem neuen, grauen Anzug – Armani, wie ich später herausfand –, und dazu diese schicken Lederslipper mit den idiotischen Troddeln. Er wurde von einer angesagten Journalistin interviewt, eine auffallende, eloquente Erscheinung, in einem Khan-Market-*kurta* und mit scharlachrotem Nagellack.

Immerhin war Rudi so anständig, bei meinem Anblick zu erblassen. Ab und zu möchte ein Mann auch gefürchtet werden.

Rudis Vater hing wie eine Klette an seinem Sohn. Ein Produzent gab Anweisungen zur Einrichtung einer Fernsehkamera. Rudi glotzte wie ein sterbender Fisch zu seinem Vater, dann wieder zu mir. Er nickte in meine Richtung. Er sah aus, als hätte er eine Herzattacke, wie Reiche sie gerne simulieren, wenn sie sich vor Jury-Pflichten am Gericht drücken wollen. Endlich bemerkte Mr Saxena meine Anwesenheit. Sein erster Blick zeugte von totaler Kapitulation. Er stand tatenlos da, wobei sein Sohn ihm immer wieder Zeichen machte, mich nach draußen zu befördern.

Mrs Saxena befand sich auf der anderen Seite des Raumes, man stellte ihr hundert Fragen gleichzeitig, und sie wirkte geschäftiger als unsere Beamten, wenn sie im Januar jede Erwähnung der Vorjahresziele von den Webseiten löschen, emsiger noch als ein Eventmanager auf der Londoner Luxushochzeit eines Milliardärssohns, bei der Mariah Carey hundert Millionen unversteuerte *gandhis* dafür kassiert, damit sie fünfzehn Minuten lang trällert.

Ihre Antworten an die Fragesteller gingen nahtlos ineinander über: »Ja, er denkt über Stanford nach, nein, dieses Kleid ist nur ein klitzekleines Etwas von Ritu Kumar, ja, sein Vater hat einen Masterabschluss der Western Kentucky State, nein, ich schwöre nicht auf Intervallfasten, ich bin einfach von Natur aus schlank.«

Es wirkte ziemlich aufreibend.

Ziegelsteine schleppen, um seinen Lebensunterhalt zu verdienen, das kann ich nachvollziehen. Bus fahren, Tee zubereiten, ja. Aber den ganzen Tag Lügen zu erzählen, freundlich zu sein, falsch zu lächeln? Ich weiß nicht, wie die Reichen das aushalten.

Der Produzent winkte Rudi zu, und das Interview begann. Die Journalistin stellte ihm einige Fragen zur Prüfungsvorbereitung. Rudi lavierte sich mehr schlecht als recht hindurch und vermied beharrlich jeden Blick in die Kamera.

»Und was ist mit Ihren Eltern?«, fragte die Frau. »Welche Rolle spielten sie bei Ihrem Erfolg?«

Und dann passierte etwas Merkwürdiges. Sein Gesicht nahm einen eigenartigen neuen Ausdruck an. Er stand nicht mehr krumm. Er lächelte. Auf dem Fernsehmonitor, hinter seinen Fransen, hinter der Brille, da war nun etwas Neues.

Er schaute jetzt direkt in die Kamera.

»Ich stehe tief in ihrer Schuld«, sagte er. »Alles, was ich heute bin, verdanke ich nur ihnen. Ich ehre sie jeden Tag, in allem, was ich tue. Unser Land gründet auf der Stärke der Eltern.« Er lächelte zuckersüß in die Linse. »Spreche ich mit der Jugend Indiens, Ashwini?«, fragte er.

»Sie sprechen zu allen«, sagte sie.

Er nickte. Er hatte erneut ein Lächeln auf den Lippen, aber sein Blick wirkte ruhig und unerschütterlich. »Arbeite so hart, wie du kannst. Dann arbeite noch härter. Und höre auf deine Eltern. Beklag dich niemals. Sie wissen es besser. Halte dich immer an sie. Sie besitzen große Weisheit. Sei aufrecht wie dein Vater, standhaft wie deine Mutter. Das ist alles, was ich zu sagen habe.«

An diesem Abend würden jede Menge Kinder furchtbar vertrimmt werden.

»Rudi, ich danke Ihnen«, sagte die Interviewerin. »Wer hätte gedacht, dass ein so junger Mensch so viele weise Worte an unsere verlorene und unzufriedene Jugend zu richten hat?«

»Oh, Ashwini«, sagte Rudi. »Ist das nicht der ewige Lauf der Dinge?«

Ist das nicht der ewige Lauf der Dinge?

Sie fuhren fort, unterhielten sich über Gott und die Welt. Ich klinkte mich aus.

Mr Saxena schob sich mittlerweile in meine Richtung, wobei er Bittstellern und zum Schütteln hingestreckten feuchten Händen auswich. Seine Frau bemerkte sein schwerfälliges Vorrücken, woraufhin sie mich entdeckte. Obwohl sie mit Blicken weiter die Fragesteller anhimmelte, verzog sich ihr schmallippiger Mund im Zorn. Abrupt brach sie die Interviews ab und rauschte auf mich zu.

Ihr Mann und sie wechselten einen heimlichen Blick, der nichts Erfreuliches verhieß. Auch wenn sie einander hassten, in einem Punkt waren sie sich einig: Sie wollten mich aufs Kreuz legen. Ich tat mehr für ihre Ehe als jeder überbezahlte Therapeut in Greater Kailash. Ein weiteres meiner großartigen Talente.

Ich wartete nicht ab, bis sie sich alle möglichen Drohungen ausgedacht hatten und mir einen kunstvollen *jugalbandi* an den Kopf schleuderten.

»Ich kriege einen Anteil von dem, was Ihr Sohn verdient. Oder ich mache Sie nach Strich und Faden fertig. Verstanden?« Kurz und knackig. Ich hatte mir auf YouTube Videos über Verhandlungstechnik angesehen, von Amerikanern mit schnieken Anzügen, gegelten Haaren und italienischen Namen. (Und ich hatte viele Jahre die Arbeitsweise meines Vaters studiert. Aber darüber wollte ich nicht nachdenken. Niemals etwas Gutes über deine

Eltern sagen. Das ist das erste Gebot des Indischseins. Es sei denn, du stehst vor der Kamera.)

Mr Saxena schluckte. »Oh Gott«, stammelte er.

Er versuchte, mir Dinge zu erklären, aber seinen Worten fehlte das Feuer. Er kenne Menschen, sagte er. Polizisten, Politiker, Beamte, wichtige Männer, die nur mit dem Finger zu schnippen bräuchten, und ich würde im Gefängnis von Tihar landen, geschlagen, geschändet und gebrochen.

»Wenn Sie tatsächlich solche Leute kennen würden, wäre ich längst tot«, erwiderte ich.

Auf den Punkt gebracht! Vielen Dank Patrick DiMeo vom BMW-Händlerverband, New Jersey.

Saxena öffnete den Mund und schnappte nach Luft. Seine Frau blinzelte ihm hektisch zu, damit er mich loswurde, etwas unternahm, egal was. Sie schwieg, versuchte Eleganz, Überlegenheit und echte Klasse auszustrahlen, und hoffte, ihr Mann würde sich endlich als der Löwe erweisen, von dem ihr unsere fünf Jahrtausende lang von Schwänzen dominierte Kultur immer wieder eingeredet hatte, sie bräuchte ihn.

Er spürte ihr stillschweigendes Drängen. Und er griff tief in das genetische Gedächtnis tausend mächtiger Generationen von Saxenas, von Kriegsherren, Generälen, Befruchtern von Bauersfrauen; er warf seiner Frau einen Blick totaler Befehlsgewalt zu, zog mich an Wandteppichen und neu gefundenen Familienmitgliedern vorbei in das Zimmer seines Sohnes. Hier gab es keine Bildbände auf Couchtischen, keine hüfthohen Bronzestatuen tanzender Mädchen, keine beiläufig verstreuten Exemplare von *The Economist*, nur den üblichen Verhau eines indischen Teenagers. Ein Axe-Körperspray. Ein Poster von

Manchester United. Pokale für Allgemeinwissen, die er mit elf Jahren gewonnen hatte. Mir war das wesentlich angenehmer als der Rest der Wohnung.

Zu seinem Unglück war Vishal Saxenas Verhandlungstaktik beschissen. Er verriet mir alles.

»Wir haben Freunde in hohen Positionen«, begann er. Dabei wich er meinem Blick aus.

»Welche Freunde, Sir?«, hauchte ich und bebte dabei fast vor Ehrfurcht. Erzählen Sie mir mehr über Ihr wunderbares Leben, reicher Mann! Beeindrucken Sie mich, verblüffen Sie mich, versetzen Sie mich in Erstaunen!

»Oh, unzählige. Ich habe Freunde am Gericht, im Finanzwesen, enge Verwandte meiner Frau sind in der Politik, und natürlich haben wir durch die Stiftung so viele neue Leute kennengelernt.«

»Stiftung, Sir?«, säuselte ich mit sanfter, einschmeichelnder Stimme.

»Es ist das Baby meiner Frau. Dachten Sie, wir wären unbedeutende Durchschnittsmenschen? Wir veranstalten Spendensammlungen. Wir laden die Großen und Mächtigen ein. Wir kennen viele Prominente.«

»Künstler, Sir? Anwälte, Sir? Schriftsteller? Journalisten? Liberale, kultivierte Menschen?«, hauchte ich, meine Stimme voll niederkastiger Bewunderung.

»Natürlich«, er lachte auf und warf mir einen mitleidigen Blick zu. »Menschen, die wirklich zählen.«

»Menschen, die einen Prüfungsbetrug mit großem Wohlwollen zur Kenntnis nehmen würden, Sir?«

Noch nie war ein Mann schneller in sich zusammengefallen.

»Wir wollten Sie anrufen«, brabbelte er. »Wir wollen keine Schwierigkeiten, keinen Ärger.« Er zitterte. Er sah aus wie ein Kleinstadtbuchhalter, der dabei ertappt worden war, wie er die Konten des Bürgermeisters manipuliert und an dessen Töchtern rumgefummelt hatte. Hektisch blinzelnd ließ er sich aufs Bett plumpsen und begann imaginäre Falten auf der Tagesdecke zu glätten.

Seine Frau kam herein. »Herr im Himmel, Vishal«, sagte sie. Sie hatte auf Anhieb seine totale Niederlage erfasst. Der Respekt in ihren Augen schwand. Sie schlug die Tür hinter sich zu. Sie bedachte mich mit einem unwilligen Blick, wie man ihn Straßenkindern zuwirft, die einem das Auto waschen wollen.

»Wie haben Sie ihn so weit gebracht?«, fragte sie.

»Ihre Stiftung. All Ihre wohltätigen liberalen Freunde.«

Sie nickte. Ich glaubte, in ihren Augen eine gewisse Anerkennung zu bemerken. »Wir werden Ihnen einen Deal vorschlagen«, sagte sie.

»Keine Deals. Zehn Prozent. Oder ich packe aus. Ich frage mich, wer wohl nach Ihrem Sohn als Zweitplatzierter kommt. Vielleicht rufe ich ihn mal an. Oder gleich bei den Behörden. Ein Ermittler wird mit Sicherheit den Fall seines Lebens wittern. Betrug eines All-India-Siegers!«

Das genügte. Vishal Saxena zerbröselte endgültig und begann zu keuchen. Klar, sie könnten immer noch versuchen, mich kleinzukriegen, aber das müsste später geschehen, wenn Baby-Rudi etwas Geld verdient hätte. Dann könnten *dacoits* angeheuert, mit Waffengewalt gedroht, Gliedmaßen abgehackt oder, was wahrscheinlicher war, wütende mitternächtliche E-Mails wegen zu hoher Ausgaben und Spesen geschrieben werden.

Mrs Saxena rauschte ab, leise vor sich hin fluchend, aber nicht ohne im Gehen ihren Sari im Spiegel zu überprüfen.

Glücklicherweise hatte sie die Verhandlungen nicht von Beginn an geführt. Sie hätte Hackfleisch aus mir gemacht. Kein Zweifel. Nie und nimmer hätte sie die Stiftungen erwähnt. Doch der Ehemann übernimmt das Reden, er hat das Sagen, für immer und ewig, das schreibt dieses Land vor. Nur hatte ihr Mann auf ganzer Linie versagt. Gott sei Dank!

»Also.« Mr Saxena richtete sich auf, als wäre dies ein Geschäftstreffen mit Tee und *namkeen*, wobei er mit der hohlen Stimme eines Mannes sprach, der noch lange Zeit jeden wachen Moment seines Lebens im Golfclub zubringen würde.

»Ich möchte mit dem Jungen reden. Ich werde sein Manager, nicht wahr?«

»Assistent«, murmelte er.

Ich warf ihm den demütigen Blick niederer Kasten zu, so wie ein Toilettenaufseher in einem Nachtclub oder wie eine Kuh.

»Solange ich mein Geld bekomme. Ich möchte gut mit Ihnen auskommen. Wir wollen doch alle dasselbe, oder nicht?«

Ich streckte meine Hand hin, an der unsichtbarer Dreck klebte. Ohne ein weiteres Wort marschierte er hinaus und holte seinen Sohn.

Der Junge nahm es gut auf. Seine eigentliche Sorge galt den Frauen. Später erzählte er mir, dass er in dieser Woche fünfhundert Tinder-Matches hatte, wahrscheinlich vierhundertneunundneunzig mehr als je zuvor. Heerscharen schöner Mädchen, in Flirtlaune, neugierig, sexuell erregt, deren Anmachsprüche alle von ihren Eltern geschrieben wurden. Was würden die nicht alles tun, um Rudraksh Saxena zum Schwiegersohn zu bekommen!

Rudi kümmerten meine mickrigen zehn Prozent nicht. Und während ich mich in den nächsten Stunden als Rudis Manager vorstellte, feuerte seine Mutter vernichtende Blicke auf ihren Mann ab.

Ich bat die Saxenas um hunderttausend für Spesen, nur so aus einer Laune heraus, und Mr Saxena zahlte sie anstandslos, griff in die Tasche und blätterte sie mir hin. Für die Heimfahrt bestellte ich mir ein Taxi, einen Lexus-SUV mit Klimaanlage und Chauffeur mit Mütze. Green Park, was für ein traumhafter Ort. Alles lag mir zu Füßen, ich brauchte nur danach zu greifen. Die Luft war sauberer, die Leute diensteifriger, die Polizei netter, und die Autos fuhren vorsichtiger, aus Angst, sie könnten den Sohn eines Ministers überrollen.

So begann meine Managerkarriere. Die Saxenas überwiesen mir klaglos das Honorar für meine Lehrertätigkeit, und plötzlich war ich reich.

Mein Gott, Schwester Claire, wir haben es geschafft. Unsere Opfer waren nicht umsonst. Dein Tod war nicht umsonst. Ich habe etwas aus mir gemacht. Verzeih mir die Blasphemie!

Wir haben es geschafft!

Wo auch immer du bist im Himmel, wir haben es geschafft!

SECHS

Ich wollte sie retten. Deshalb ließ ich mich auf dieses miese Geschäft ein.

Dharam Lal spann die Fäden seiner Intrige. Die Schule durfte nicht weiter von mir infiziert werden. Um mich loszuwerden, würde er Claire brechen müssen. Und das tat er.

Mein Unterricht endete nachmittags um drei, von dort ging ich direkt zum Sacred Heart, um mit Claire zu lernen. Ich hatte noch fünf Jahre bis zu den All Indias und brauchte für ein College-Stipendium ein gutes Resultat. Ich hatte meinen Bildungsweg lange nach anderen meines Alters angetreten. Mir blieb keine Zeit zu verlieren.

Ich wurde ein kultivierter Mensch. Ich ließ Hindi hinter mir, gewöhnte mich an das Hybrid Hinglisch, das wir jetzt alle sprechen.

Nachdem wir unser tägliches Lernpensum beendet hatten, setzte ich mich hin und aß, und Claire erzählte mir von ihrer Kindheit. Beim Reden löste sich ihr Haar, hellbraune Locken fielen ihr ins Gesicht und sie sah zwanzig Jahre jünger aus.

Sie hatte eine normale Kindheit gehabt, Schule, Streits mit ihren Schwestern, Jungs, in Felsenbassins schwimmen, an endlosen Sommertagen Eis mit gesalzenem Caramel schlecken.

»Jungs, oh, den ganzen Tag haben wir über sie geredet. Immer haben sie uns geneckt, geärgert! Wir überlegten uns alle möglichen Tricks, um sie anzulocken, damit sie uns jagten, und dann …«

»Und dann?«

»Nichts! Wir sind weggerannt«, sagte sie mit ihrem typischen schiefen Lächeln.

Ich hatte noch nie ein Mädchen näher kennengelernt, daher war ich sehr daran interessiert, alles über sie zu erfahren. Männer und Frauen machten zusammen Babys, das wusste ich. Aber alle Mädchen, denen ich bisher begegnet war, waren laut und nervig gewesen. Ich hatte keine Ahnung, wie oder warum sie sich in etwas verwandelten, was Männer begehrten, wofür sie kämpften, wofür sie bluteten; wie sie zu den Frauen wurden, die mein Vater kaufte.

Claire vermittelte mir ihre Sicht der Welt.

»Gott ist Liebe«, war ihr Lebensmotto. Sie gab den Bettlern vor den Schultoren Almosen, verteilte Essen in örtlichen Krankenhäusern, rettete nachmittags das Kind eines Teeverkäufers und verkündete dabei ständig: »Gott ist Liebe.«

Manchmal bedeutete »Gott ist Liebe« natürlich auch, dass sie den Inhaber eines Teestands erpresste und zur Einhaltung der Gesetze zwang. Die Wege des christlichen Herrn waren eben unergründlich.

Oft bat ich sie, mir etwas über ihre Familie zu erzählen. Das waren meine Lieblingsgeschichten. Sie berichtete von langen Segeltörns, von menschenleeren Buchten, Sandbänken und Meeresgischt, von Cousins und Cousinen, die sie zu Weihnachten besuchten, von der dicht gedrängten, schwitzenden Menschenmenge in der Weihnachtsmesse, von gerösteten Kastanien, von dampfenden Tassen mit heißer Schokolade, in die heimlich Brandy gekippt wurde, und die ihre Eltern austeilten, wenn Sommerblitze den Himmel erfüllten. Sie war an einem Ort namens Bretagne aufgewachsen. Dort lächelten alle, respektierten und mochten einander – es war unfassbar, dass es tatsächlich einen solchen Ort geben sollte.

Mir kamen ihre Geschichten vor wie Märchen. Es schien unglaublich, dass jemand so lebte, von Liebe umgeben, sorgenfrei, ein Dasein führte ohne Überlebenskampf von einem stinkenden Tag zum nächsten. Ich wusste, das würde ich selbst niemals erfahren.

Aber Dharam Lal machte ihr das Leben zur Hölle. Sie zwang sich, in meiner Gegenwart nicht zu weinen. Die anderen Nonnen mieden sie. Ihr Unterricht wurde zurückgefahren. Eltern kamen zu ihr, sprachen es zwar nicht aus, aber die unterschwellige Botschaft war klar. *Schicken Sie den Jungen weg. Er ist schmutzig und unrein. Warum tun Sie das? Unsere Mädchen sind Ihre oberste Priorität. Wir sind in Indien, die Verhältnisse lassen sich nicht ändern. Sie wecken nur falsche Hoffnungen in ihm.*

Gerüchte kamen in Umlauf, schreckliche Geschichten, sagte Claire. Sie sagte zwar nichts, aber sie war den Tränen nahe. Der Raum wurde von Tag zu Tag dunkler. Ihr Gesicht wurde rau, faltig und müde. Sie sprach nicht länger vom Stricken und Backen.

Bald wurde mir klar, dass ich das Problem war. Ich war immer das Problem. »Ich kann in der Schule lernen«, sagte ich. »Ich muss nicht jeden Tag hierherkommen.«

Ich würde also doch für immer an meinen Vater gefesselt bleiben. Ich würde werden wie er. Ich wusste es. Trotz all dem Grips, den ich laut Claire besaß, trotz allem Talent, würde ich mit der Zeit wie er. Das brachte mich am allermeisten zum Heulen.

Aber sie weigerte sich, mich wegzuschicken. Sie umarmte mich fest, wenn ich auch nur das Geringste in dieser Richtung erwähnte. »Mir ist schon Schlimmeres passiert. Wir werden sie schon noch schlagen, *petit*«, sagte sie.

»Weißt du, wie alt ich bin?«, fragte sie mich eines Tages.

»Jung«, sagte ich, und sie wuschelte mir durch die Haare.

»Siehst du denn nicht meine grauen Strähnen. Dreiundfünfzig. Ein Jahr jünger als meine Mutter vor ihrem Tod. Schließlich habe ich doch noch etwas Gutes in der Welt bewirkt, nicht wahr?« Sie sah mich an und nahm meine Hand, während ich dasaß, meinen Marmeladentoast aß und mich bemühte, dass er nicht auf mein Schulhemd fiel. »Ich war naiv«, sagte sie. »Ich bildete mir ein, ich hätte Gutes getan, einfach indem ich dieses Habit anzog. Aber das reicht nicht. Auf keinen Fall.«

Ich nickte.

»Ich werde noch mehr Gutes tun. In dieser Schule können wir nicht weiter über den Dienst am Menschen und über Wohltätigkeit sprechen und gleichzeitig nur Töchter von Milliardären, Richtern und Polizisten ausbilden. Das ist nicht richtig. Es muss hier mehr Kinder wie dich geben. Ich werde nicht ruhen, bis das geschieht. Alle lachen, doch ich werde sie zur Einsicht bringen. Du warst der Erste, aber du wirst nicht der Letzte sein. Ihr seid die Zukunft dieser Schule.«

Bisher war ich noch nie die Zukunft von etwas gewesen.

Ich hätte mich bereitwillig für sie geopfert. Mein Leben wäre wieder gewesen wie zuvor, vor den manikürten Rasenflächen, vor den Büchern, die man faul unter Banyanbäumen liegend las, während Mädchen Tennis spielten, vor all den wunderbaren Worten, der Geschichte und der Poesie.

Als ich an jenem Tag ging, mit ausgetrockneter Kehle, wollte ich etwas am Wasserbrunnen direkt hinter dem Schultor trinken. Ein kleiner Schluck nach einem langen, staubigen Tag. Kein wirklich revolutionärer Akt.

In einem Moment trank ich Wasser, im nächsten lag ich schon am Boden, über mir eine Bande von Teenagern, Dharam Lals Handlanger, Arbeiter, schlank, muskulös, mit schneckenartig gekräuselter Gesichtsbehaarung.

»Hey, schaut euch den kleinen Scheißer an«, rief einer. Schwer zu sagen wer, wegen meiner Tränen und der jämmerlichen Versuche, mich aufzurappeln. »Was hat er da? Bücher?« Erneut stießen sie mich zu Boden, traten mich, hielten mich fest, schlugen und bespuckten mich. Sie pissten diesmal nicht auf die Bücher. Das war neu.

Als ich wegrannte, hörte ich hinter mir Flüche, Schreie. Autos hupten. Ein Motorrad bremste mit quietschenden Reifen neben mir. Um ein Haar hätte es mich überfahren.

Tja, fast hätte man glauben können, man wäre in Delhi.

Ich kam nach Hause, wo mein Vater mich mit Hohn überschüttete, wegen meiner Anmaßung, meiner Bücher und meiner hochtrabenden westlichen Ideen. Vermutlich würde er mich dafür verspotten, bis er eines Tages am Alkohol sterben oder, noch wahrscheinlicher, von einem Hobby-Zuhälter mit Goldzähnen erschossen würde.

Normalerweise redete er nicht mit mir, aber offenbar inspirierte ihn an diesem Tag mein besonders erbärmlicher Zustand.

Er lag im Bett, als ich zurückkehrte. Er musterte mich und wog seine Worte sorgfältig ab.

»Eines Tages serviert sie dich ab, und dann findet sie ein anderes Kind, das sie verderben kann. Warte nur ab, was sie tut, wenn du erst einen Schnurrbart hast«, sagte er. Vielleicht hatte der Alkohol seine Zunge gelockert, oder er war beim Wetten übers Ohr gehauen worden.

Ich tat, was ich immer tat. Ich schnappte meine Bücher und stieg hinauf aufs Dach.

Obwohl ich ihm an diesem Tag beinahe geglaubt hätte. Ich erinnerte mich an das, was Claire gesagt hatte: dass ich nicht der Letzte sein würde. Würde sie ein anderes Kind ansehen, wie sie mich ansah? Was, wenn ich nicht gut genug wäre, wenn ich sie enttäuschte? Wäre ich ihr Prototyp, ihr erstes, fehlgeschlagenes Experiment? Wie sähe meine Zukunft aus? Ohne Namen, ohne Verbindungen, ohne Geld, falsche Kaste, alles falsch. In diesem Moment verfluchte ich sie, verfluchte sie für ihre Freundlichkeit, für die zahllosen Nachmittage, an denen ich das Träumen gelernt hatte.

Ich würde wieder Tee kochen, zehn Rupien pro Tasse (1,3 Millionen Rupien, dafür hätte ich zehn Jahre schuften müssen, Papa, du Arschloch). Ich würde meinen eigenen Stand eröffnen. In der Zukunft, vielleicht in drei oder vier Generationen, würde jemand an die Universität gehen, die Nase über den Dreck und den Schmutz rümpfen. Dann hätten wir es geschafft.

Ich musste aufhören zu träumen.

Inzwischen warf der Stand mehr Geld ab als je zuvor.

Natürlich sah ich nichts davon. Papa kaufte einen Fernseher, den er an einen lärmenden Dieselgenerator anschloss. In der Zeit, in der er sich Kricketspiele ansah und sich durch Kebabs rülpste, rollte ich mich zusammen und weinte leise. Was die Schule betraf, war Claire eine Frau mit einer Mission. Papa hatte Recht, ich war ihr nicht genug. Sie wollte die Verhältnisse ändern.

Claire begann zu backen. Sie appellierte an die indische Vorliebe für Süßes. Sie stellte Plätzchen und Kuchen her, alles, was sie konnte. Sie besorgte einen Tisch, Laken und Tücher, stand jeden Freitag vor den Toren und verkaufte ihren Kuchen. Und sobald die Eltern ihn aßen, legte sie los: »Haben Sie schon Ramesh kennengelernt? Ramesh, erzähl ihnen von deinem Leben, berichte ihnen, woher du kommst, erkläre ihnen, was du gelernt hast.« Langsam aber sicher, so dachte sie, würden wir die Eltern der Schule auf unsere Seite bringen. Vielleicht könnte von nun an ein Kind pro Jahr, vielleicht auch mehr als eines, eine Ausbildung, ein neues Leben erhalten.

Ich war charmant. Ich erzählte den Eltern alles. Ich ließ meine braunen Augen funkeln. Ich sah, wie ihre harte Schale weicher und ihr Lächeln breiter wurde.

Dharam Lal gefiel diese Entwicklung ganz und gar nicht.

Er war überall, dieser Dharam Lal, arbeitete im Verborgenen, hatte seine Spione, verbreitete Gerüchte, versuchte, mein Leben zu zerstören, bevor es überhaupt begonnen hatte.

Eines Tages saß ich hinten in ihrem Klassenzimmer, da schickte er einen Aufseher, um mich rauszuschmeißen. Unter Claires Augen wurde ich mit größtmöglichem

Aufsehen hinausgeschleift. Die Mädchen lachten. Ihr Verstand war von ihren Eltern vergiftet worden. *Verrückte Claire, irre Claire, unreine Claire.* Schon immer hatte etwas mit ihr nicht gestimmt, aber niemand hatte es angesprochen. Und jetzt war es zu spät.

Verdammt, ich hasste sie, hasste sie, hasste sie alle so sehr.

Einmal als Claire backte, verfluchte sie in langen französischen Lamentos unsere indische Butter, ihren Geschmack, ihre Konsistenz, die elende Hitze. Wie üblich half ich ihr, als plötzlich Dharam Lal auftauchte. Ich sah, wie Claire aschfahl wurde, ihre Hände zitterten.

»Für wen machen Sie das? Für den Jungen? Wessen Geld geben Sie dafür aus?«

Sie stand einfach nur da, diese Frau mit den großen Ideen und starken Idealen, und ließ es über sich ergehen.

»Schicken Sie ihn weg, Schwester. Schicken Sie ihn weg.« Dharam Lals Worte waren einschmeichelnd, tropften wie Honig. »Er ist keiner von uns. Er wird es nie sein. Nur ein Wort von Ihnen, und er wird entfernt. Schauen Sie, was er uns, was er Ihnen und dieser Schule angetan hat. Er hat Sie infiziert.«

Sie erhob sich, schüttelte den Kopf, erst langsam und dann immer schneller, als wollte sie jedes seiner Worte, jede Anschuldigung daraus verbannen.

»Gut, Sie wollen es nicht anders«, sagte er und starrte uns an.

»Ramesh, komm«, sagte Claire. Schweigend verließ sie die Küche. Ich wollte ihr folgen, da packte mich eine große Hand von hinten. »Verschwinde einfach«, knurrte Dharam Lal, er kam mir so nahe, dass mich sein Schnurrbart kitzelte, seine Stimme war tief und dunkel. »Wir wollen dich hier nicht. Sieh nur, was du mit ihr machst. Du musst gehen. Du musst das beenden.« Ich wollte weiterlaufen. Ich konnte nicht. Ich war unfähig, hilflos.

Ich wollte »Claire!« schreien, aber nichts drang aus meiner Kehle. Sie war nur ein paar Schritte vor mir. Ich drehte mich um. Dharam Lal glühte vor Hass. Nicht nur auf mich, sondern auch auf das, wofür ich stand. Möglicherweise wäre ich nur der Erste von vielen, und was würde dann aus seiner Welt, die er sich mühsam aufgebaut hatte?

Vielleicht tat er es auch nur, weil er es konnte.

Er ohrfeigte mich hart.

Er wäre noch weiter gegangen, hätte mich verprügelt, aber Claire stoppte ihn. Sie stieß ihn weg. Sie beugte sich über mich und half mir hoch.

Dharam Lal beobachtete uns. Dieses schmale, scharfkantige Gesicht. Dieses triumphierende Grinsen.

»Der Junge ist verflucht«, sagte er. »Er zerstört alles. Dies ist meine Welt. Niemand gab sie mir, die *goras* ganz sicher nicht. Ich habe sie mir genommen. Und kein kleiner Junge kommt hier rein und verwandelt das alles in eine verfluchte Armenschule. Ich war ein Nichts. Jetzt bin ich jemand. Das lasse ich mir nicht wegnehmen.« Er verschwand so unvermittelt, wie er aufgetaucht war.

Er war ein gesichtsloser Mann. Er war ein Dämon. Er hätte hundert Namen haben können. Er wollte mich zerstören, sie, uns beide, das, was wir zusammen aufbauen wollten.

Er war jeder Mensch, den ich je gehasst hatte, vereint in einem einzigen. Er verkörperte unsere Geschichte, unsere Kultur und unsere Tradition. Am liebsten hätte ich ihn umgebracht.

In diesem Land gibt es immer jemanden, der einen fertigmachen will.

In dem Sommer, als ich vierzehn wurde, ging alles zu Ende.

Sie wurde gefeuert. Es wurde auf die von Westlern bevorzugte Art eingefädelt: Sie wurde befördert, sollte ein mottenzerfressenes, ein oder zwei Meilen entferntes Kloster leiten. Die offizielle Version lautete, sie hätte sich entschlossen, ihr Leben nunmehr ausschließlich Jesus zu widmen. An einem Nachmittag erledigte ich ihren Umzug, so bescheiden ihre Habseligkeiten auch waren. Niemand sonst half ihr.

An diesem letzten Tag verzichteten sie am Tor auf die übliche Kontrolle meiner Hände. Sie ließen mich einfach durch.

Ich marschierte an Dharam Lals Büro vorbei, meine Augen sprühten vor Hass. Er sah mich vorbeigehen und eilte in den Kreuzgang hinaus. Er packte meine Schulter und drehte mich um. »Du musst ein ziemlich guter Fick gewesen sein«, sagte er, verzog die Lippen zu einem Grinsen und ließ mich stehen. Ich war entsorgt worden. Er hatte gewonnen. Das war unsere letzte Begegnung.

Ich sammelte ihre verbliebenen Habseligkeiten ein. Bücher, Bettzeug und Fotos. So viele Fotos. Von ihrer Familie, ihrer Heimat, ihren ersten Jahren in Indien und die von einem Kind. Ein Kind mit braunem Haar. Ein weißes Kind. Ich fragte sie nie, wer es war. Ich packte sie alle ein.

Wir nahmen ein Taxi, und das war das Ende von Claires Zeit am Sacred Heart.

Ihr neues Zuhause war das Kloster der Seligen Jungfrau Maria, ein kleines Backsteinensemble, erbaut von einem bußfertigen italienischen Geschäftsmann, in dessen Seele sich auf dem Sterbebett ein Funken Kindheitsglauben entzündet hatte. Es war ein Altersheim für die Vergessenen, die Hinfälligen, die Verstaubten; ein kleines Ziegelsteingefängnis mit einem winzigen geziegelten Innenhof, in dem ältere Nonnen auf dreibeinigen Plastikschemeln hockten und eines langsamen Todes starben.

Sie hatte mir ein neues Leben geschenkt im Austausch für ihres.

Ich verlor sie. Es hatte nichts mit ihrer Vertreibung zu tun. Der Krebs hätte sie ohnehin getötet. Aber damals fühlte es sich nicht so an. Es fühlte sich an wie eine einzige lange Elendsgeschichte, als hätte Dharam Lal sie eigenhändig vergiftet. Ich drückte an eigenen Körperteilen herum, bis sie rot wurden, als hätte ich selbst diese tödlichen Knötchen.

Sie verriet es mir erst, als die Krankheit bereits weit fortgeschritten war. Dennoch bemerkte ich früh, wie sie in sich selbst verschwand, wie ihr Zimmer langsam düsterer wurde, ihr inneres Licht erlosch, wie sie anfing, sich in Sätzen zu verheddern, ihre Stimme brüchig wie ein alter Tonkrug wurde, ihre Augen durch mich hindurchsahen und ihre Vergangenheit langsam realer wurde als die Gegenwart. Ich nahm wahr, wie sie immer öfter Ohnmachtsanfälle erlitt, die man der Erschöpfung durch die Hitze zuschrieb, wie sie ganze Tage im Bett verbrachte, körperlich und geistig geschwächt.

Ich absolvierte meine All Indias zwei Jahre vor der Zeit, nicht weil ich klug war, sondern aus dem üblichen Grund der Armen: Verzweiflung. Ich wollte, dass mein neues Leben begann – ein Stipendium an einer Hochschule, eine Zukunft, ein Leben frei von meinem Vater, so bald wie möglich. Ein Jahr lang tat ich nichts außer lernen. Keine Freunde, mit denen ich Spaß hatte – nicht, dass ich vorher welche gehabt hätte, aber vielleicht hätte ich welche gefunden –, keine sorglosen Kindheitsmomente, an die ich mich würde erinnern können, wenn ich eines Tages dick und arthritisch geworden war. Ich half am Stand mit, auch wenn Papa sich einen Dreck um mich scherte. Claire hatte mir erklärt, dass Väter und Söhne sich nahe sein sollten.

Ich schnitt gut ab bei den Prüfungen.

Oh, wie ich den Umschlag aufriss, als er endlich eintraf. Ich war im Begriff, aufzusteigen. Mein Leben war kurz davor, sich zu verändern.

Ich las das Ergebnis.

Unter den ersten Zehntausend.

Ich lächelte Claire an. Ich drückte ihr den Brief in die Hände.

Gut.

Aber nicht gut genug.

Sie umarmte mich ganz fest. Ich begann zu weinen.

Keine Stipendien für mich. Sie gehen immer an die Menschen, die sie gar nicht brauchen, die den Hunger nicht fürchten müssen, die keine Verzweiflung kennen, die um sich herum nicht immer nur Erwachsene mit erbärmlichen Zukunftsaussichten erleben.

Kein College. Mein Traum, so viele lange Jahre.

Jeder Tag mit meinem Vater war eine Tortur. »Immer noch hier, Herr Professor?«, wiederholte er unablässig. Vor den Kunden aus den niederen Kasten rügte er meine lächerlichen Ambitionen, spottete über meine Arroganz und meinen Intellektualismus, und sie lachten ihre fetten Lacher über meine Unbescheidenheit. Bei allen anderen, der Mittelschicht mit ihren neuen Fotohandys, rühmte er seinen gebildeten Jungen. Er war fast verärgert, weil ich kein College-Stipendium ergattert hatte. Was das für eine Story gewesen wäre! Der Mistkerl hatte sich ein Mobiltelefon zugelegt. Alt-Delhi war auf dem Weg in die Moderne. In den weißen Reiseführern stand, der ganze Zauber habe sich verflüchtigt. Was sie damit meinten war, dass wir jetzt eine 4G-Datenverbindung hatten.

Schwester Claire besorgte mir hinter meinem Rücken einen Job. Eine Tür war zugefallen, sie würde eine neue für mich öffnen, indem sie sich die Hacken ablief, an den guten Willen ihrer Ex-Schülerinnen und deren Ehemänner appellierte, bevor sich Gerüchte über ihre angeblichen Schandtaten unter ihnen verbreiten konnten.

Es war ein Job bei der Zeitung. Ich war der Stringer, fuhr Slalom durch Delhi, erledigte die investigative Laufarbeit für Journalisten, machte Fotos, besorgte Kaffee (ein neuer indischer Brauch, eine moderne Form des Trankopfers für die Älteren und Nobleren), erledigte bürokratischen Papierkram, erwirkte juristische Freigaben, machte Interviews mit jüngeren Polizisten und älteren Nachbarn, die behaupteten, Männer auf der Flucht gesehen zu haben. Eine gute Arbeit, die meiste Zeit des Tages nur auf mich allein gestellt, ein kleines Gehalt, aber jede Menge Möglichkeiten.

Tagsüber arbeitete ich, nachts lernte ich. Claire hatte die All Indias noch nicht abgeschrieben.

Im nächsten Jahr könnte ich die Prüfung wiederholen. Bis dahin würde ich die Zeit damit verbringen, zu arbeiten und zu lernen, zu arbeiten und zu lernen.

Mein Chef, Mr Prem, war eine gute Seele. Ein rundlicher Mann, mit einem lauten, glucksenden Lachen, das den Raum erfüllte, wenn er fröhlich war. Hatte er einen Minister beim Ficken seiner Sekretärin oder einen Filmstar beim Betrügen seiner Frau erwischt, vibrierte sein ganzer Körper vor Vergnügen, weil ein weiterer mächtiger Mann zu Fall gebracht wurde. Freitags kaufte er Süßigkeiten für die Angestellten, *laddoos, besan* und *peda*, ging um Tische und stopfte sie uns in den Mund. Seine Frau, eine ehemalige Kollegin von Claire, brachte ihm sein Mittagessen, wobei sie auch für mich immer eine kleine Portion daließ: »Alles für Claires Jungen«, sagte sie mit schallendem Lachen. Manchmal bekam ich es erst nach einem langen Tag unterwegs, dann verschlang ich es, obwohl es längst kalt war. Das war mein Leben. Kaltes Essen und unerbittliches Lernen. Das war mein Indien.

Jeden Samstag ging ich in den Tempel und brachte meinen Dank dar. Dank wofür? Dafür, dass ich mit nichts geboren worden war? Dafür, dass ich jede Minute des Tages schuften musste? Dafür, dass ich kein Leben hatte?

Claire lachte über meine Tempelbesuche. »Du solltest in die Kirche gehen, junger Mann!« Ihr Gesicht war verborgen in der Dunkelheit ihres Zimmers, umhüllt von Stoffbinden, ihre Stimme drang aus der formlosen weißen Masse hervor. Sie saß nie auf dem Hof – zu viel Zigarettenrauch, zu viele Klagen, zu viele Erinnerungen.

»Als junges Mädchen habe ich geraucht, Zigaretten und alles mögliche andere. Und sieh nur, wohin mich das gebracht hat. Hierher!« Sie versuchte, mir durchs Haar zu fahren und drückte mir einen zerknitterten Hundert-Rupien-Schein in die Hand. Und genau wie bei indischen Großmüttern in Filmen stritten wir uns endlos darüber, welche die schlimmere Sünde war, das Geld zu nehmen oder es abzulehnen, bis sie schließlich zu erschöpft war und das Geld zurücknahm, worauf ich es später in einer meiner Taschen wiederfand.

Als junge Frau hatte sie die Welt verändern wollen. Revolution, Zorn, Blut auf den Straßen, auf Polizei und Politiker geschleuderte Pflastersteine. Sie könnte immer noch etwas bewirken, in der wenigen Zeit, die ihr blieb, aber es müsste durch mich geschehen. Das war ihr Plan.

Wie lange arbeitete ich in der normalen Berufswelt? Sechs Monate? Sechs Monate Studium und Arbeit, Arbeit und Studium, im Wissen, dass mit einem erneuten Scheitern bei der Prüfung alles aus wäre. Gleichzeitig lebte ich fast sorgenfrei, konnte jederzeit mit Claire reden und genoss zum ersten Mal so etwas wie persönliche Freiheit.

Ich ging jeweils kurz ins Büro, zog sofort wieder los, um eine C-Schauspielerin für die Kamera posieren zu lassen, fuhr mit der Metro zu Anwaltskanzleien, machte Interviews mit Computermillionären, lauschte Mr Prems väterlichem Rat und verschlang das mit Kurkuma gewürzte *daal* seiner Frau. Nebenher quälte ich mich durch meine Studienunterlagen. Wie viele Monate des Glücks – nun, des Beinahe-Glücks – blieben mir, bevor der Krebs voll zuschlug, bevor wir begriffen, warum sie so bleich geworden war, sich schwach fühlte und alles schieflief?

Am Anfang war alles gut. Papa schaute dumm aus der Wäsche, als ich auszog, ihn allein in unserem dunklen Verschlag zurückließ, nur er und die Schaumgummimatratze, auf der ich Zeit meines Lebens geschlafen hatte, und das Leck in der Decke, wo der Beton aufgeweicht war. Er würde niemanden mehr haben, den er misshandeln konnte, niemanden, mit dem er angeben oder über den er sich lustig machen konnte. Ich dagegen würde das mondäne Leben eines modernen Großstadtmenschen führen, in einer schmierigen, fensterlosen, nach Frittierfett stinkenden Wohnung, die ich über eine Zeitungsannonce gefunden hatte.

Zuerst dachte ich, er würde mich kommentarlos abziehen lassen, einfach um mir zu zeigen, wie wenig ich ihm bedeutete. Aber gerade als ich gehen wollte, streckte sich seine glänzende Hand aus und er packte mein Handgelenk.

»Bildung bringt dich nicht weiter. Glaubst du wirklich, ich hatte früher keine Träume? Du Wichtigtuer, meinst du, du bist der einzige Mensch in dieser Familie, der es jemals besser haben wollte? Du hast doch immer gedacht, ich bin ein Idiot, stimmts? Weißt du, wohin mich das Träumen gebracht hat? Es hat mich hierher gebracht, zu dir, in dieses Loch, mit einer toten Frau. Sie hat einen idiotischen Sohn zur Welt gebracht, und dann hat er sie umgebracht.« Sein Blick bohrte sich in meinen, sein Griff war eisenhart, und ich sah, dass es ihm wehtat, seine Finger zu krümmen und die Sehnen wieder in ihre natürliche Richtung zu spannen.

»Deine Mutter hatte auch solche Träume. Und ich war so blöd, daran zu glauben. Ich bin in die Schule. Hatte einen Regierungsjob. Alles, was ich dafür bekommen habe, ist diese Hand. Ich hätte dich deinem Schicksal überlassen sollen. Stattdessen habe ich geschuftet. Dich ernährt. Dich gekleidet. Dafür gesorgt, dass du lebst.«

Er spielte also die Mutterkarte aus. Mehr war ihm nicht geblieben? Sollte er doch, nach all den Jahren des Grolls und der Frustration. Ich würde nie zurückkehren. Nie wieder diesen Raum betreten. Ich würde alles tun, um das zu verhindern.

»Sie ist wegen dir gestorben«, erwiderte ich. »Sie konnte es nicht ertragen, in der gleichen Welt zu leben wie du.« Ich verstummte. Mehr fiel mir nicht ein. Ich hasste ihn zu sehr, um es in Worte zu fassen. Kein Wort wäre auch nur annähernd ausreichend gewesen.

»Diese ganze tolle Ausbildung«, er lachte. »Und mehr hast du nicht drauf? Du hast sie auf dem Gewissen. Du zerstörst alles, was du anfasst. Ich habe von deiner Nonne gehört. Sie muss ja so glücklich mit ihrem Leben sein, kein Geld, keine Arbeit, aber wenigstens hat sie ihren kostbaren Ram-«

Ich schlug ihn.

Das war, was er mir beigebracht hatte. Ich zielte auf die Rippe, die er sich einmal beinahe gebrochen hatte.

Als er sich nicht mehr rührte, wusste ich, dass er genug hatte.

Wenn du jemanden schlägst, sorg dafür, dass er nicht mehr aufsteht. Das war sein Vermächtnis an mich.

Mehr hatte er mir also nicht zu bieten als eine nette kleine Geschichte, mit der netten kleinen Moral, dass man seinen Platz im Leben kennen sollte, alles hübsch umwickelt mit einer Schleife, und das nach all den Jahren stummen Leidens.

Was für ein Arschloch.

Die Lektion kannte ich bereits aus Büchern, aus all dem nutzlosen Büffeln über deutsche Architektur und römische Geschichte.

Meine Habseligkeiten zusammengerafft, meine Bücher, meine Papiere, ging ich. Und das wars.

Ich bog um eine Ecke und dann um noch eine. Ich betrachtete die Menschen, die die Straßen vor ihren Ständen fegten, betrunken in Türnischen lagen, die Welt durch Zigarettennebel vorbeiziehen sahen. Ihr Leben würde sich nie ändern.

Ich zog in meine neue Wohnung, für die ich pünktlich jeden Monat die Miete zahlte, und blickte nie zurück.

Endlich hatte ich Geld! Ich kaufte mir ein Motorrad. Ich hätte in Bars, Clubs und Fünf-Sterne-Hotels gehen können, hätte mir ein Wasser bestellen können, nur um ein bisschen anzugeben, und hätte die vornehmen Servietten stehlen können. Ich hätte den Leuten meinen Presseausweis unter die Nase halten können. Ich hätte Nachwuchspolitiker erpressen können. Tat ich aber nicht. Ich arbeitete. Ich verfolgte den albernen Traum, Claire alles zurückzuzahlen, ihr jeden Monat einen kleinen Betrag zu geben.

Reiner Hochmut.

Man versicherte mir, eine Operation könnte ihr helfen. Aber in einem staatlichen Krankenhaus? Jeder wusste, wie es dort lief. Desinteressierte Pfleger, überarbeitete Ärzte, Korridore voller wütender Verwandter, die Hände aus Haut und Knochen hielten, alle hockten da in und auf Lumpen, flackernde Neonröhren, die alle fünf Sekunden *Ping!* machten, der Geruch sozialistischer Versprechen, die sich in Scheiße verwandelt hatten.

Als ich sie besuchte, lag sie in einem Einzelzimmer. Das stand einem zu, wenn man weiß war. Ich beobachtete sie einige Minuten beim Schlafen. Vor ein paar Wochen war sie endlich zur Untersuchung gegangen, hatte vierzehn Tage auf die Ergebnisse warten müssen, und als sie endlich da waren, hatte sie mich angerufen, mit einer Stimme, die ganz weit entfernt und schwach klang, mit flachen Atemstößen zwischen den Sätzen.

»Nur ein kleiner Knoten in der Lunge«, erklärte der Chirurg, als er eintrat. Er schien wie aus einem Film entsprungen, als wäre Jackie Shroff direkt von der Leinwand gestiegen. Dichtes schwarzes Haar mit einzelnen grauen Strähnen. Üppiger Schnurrbart. Auf solche Bärte war ich immer schon neidisch, denn bei mir sprießt nur ein wenig Kinn- und Oberlippenflaum. »Wie lange Sie auf eine Operation warten müssen – wer kann das schon sagen? Sechs Monate? Ein Jahr? Aber in dieser Zeit wird der Tumor zweifellos ein wenig wachsen.« Er blickte auf Claires schlafenden Körper. Ich wusste instinktiv, dass sie diese Zeit nicht hatte. Er wusste es auch. Er sah die Verzweiflung in meinen Augen und winkte mich hinaus in den Flur. Ich kannte diesen Blick. Einzelzimmer, saubere Zimmer, durften nicht durch heimliche Machenschaften beschmutzt werden. Die waren den Korridoren vorbehalten, in denen sich das gemeine Volk tummelte. »Oder ich kann es auch privat machen«, sagte er. »Aber es wird Sie etwas kosten. Drei *lakh*. Es gibt nichts Kostbareres als die Gesundheit, *beta*.«

Er lächelte, als ich ausrief, das könnte ich mir niemals leisten. Er legte mir eine Hand auf die Schulter und erklärte mir ganz im Vertrauen, dass es Claires Tod bedeuten würde, wenn ich eine Operation im staatlichen Krankenhaus zuließe, wo die Skalpelle abrutschten und Arterien verletzten –, aber er könne sehen, wie nah ich ihr stand, und er habe ein kleines Angebot für mich.

Er war reich, aber er hatte ein Gewissen – das wusste ich, denn das waren die ersten Worte aus seinem Mund: »Ich bin reich, aber ich habe ein Gewissen.« Diese Reichen sind einfach Meister der Selbstvermarktung.

Er betrieb eine Privatklinik für reiche Hausfrauen,

doch er versuchte auch seinen Teil zum Wohlergehen der Nation beizutragen – das alte Indien und das neue, Tradition und Wohlstand, vedisches Karma und westlicher Kapitalismus, Hand in Hand. Ich kann mir gut vorstellen, dass er inzwischen im Vorstand einer Wohltätigkeitsorganisation sitzt, eine Instagram-Seite hat und viele Selfies mit weißzahnigen Kindern.

Der Teufel erscheint anfänglich immer in harmloser Gestalt. Das wusste ich aus langen Stunden des Bibelstudiums. Er bietet dir Milch und Honig an, lässt übles Tun ganz leicht erscheinen. Der Arzt hatte mit Schwester Claire gesprochen. Claire hatte ihm ein wenig zu viel von ihrem Leben erzählt, von ihrem Schützling, wie besonders er sei, wie wunderbar, gewissermaßen aus dem Nichts aufgestiegen. Tut so etwas niemals, meine Freunde. Das führt nur zu Schwierigkeiten.

Er schaute mir in die Augen, die rot und verheult waren, mein Hemdkragen gelb gefleckt nach einem langen Tag auf der Jagd nach Informationen, und er verkündete, er habe ein einmaliges Angebot.

Sanjeev Verma hatte ein kleines Problem, müsst ihr wissen, und das Problem war sein Sohn. Ein guter Junge, aber faul und nicht der Hellste. Und er hatte die All Indias vor sich. Vielleicht könne ich da helfen?

»Nachhilfe? Das habe ich noch nie gemacht«, sagte ich, worauf er lachte, und aus einen mir unerfindlichen Grund tat ich es auch. »Keine Nachhilfe«, sagte er, dann erklärte er mir, was ich zu tun hätte, und sein attraktives Gesicht ließ es als die einfachste und vernünftigste Sache der Welt erscheinen. »Nur ein kleines harmloses Rollenspiel. Du brauchst nur einen Morgen lang mein Sohn zu sein. Und die Operation wird komplett bezahlt.«

Also tat ich es.

Ich opferte meine eigene Wiederholung der All Indias. Ich vermag es zwar, viele wunderbare und unerklärliche Dinge zu vollbringen, aber selbst ich kann nicht in zwei Prüfungen gleichzeitig sitzen.

Ich gab meine Zukunft auf für Claires, genau wie sie ihre für mich aufgegeben hatte.

Ich arbeitete mich für das idiotische Kind der Vermas in ganz neue Wissensbereiche ein. Er war eines dieser künstlerischen Kinder, und er hatte Geschichte, Soziologie und Geographie belegt. Also musste ich für diese Fächer zusätzlich lernen, neben meinen eigenen vernünftigen Entscheidungen, Wirtschaft und Finanzen.

Immer häufiger verspätete ich mich bei der Arbeit. Mr Prem hielt mir lange Vorträge darüber, dass ich ihn wie einen Idioten dastehen ließe. Sein Stolz auf mich verkehrte sich ins Gegenteil. Er kam nicht mehr an meinen Tisch, um mir freitags Extra-*kulfi* anzubieten. Die Lunchpakete seiner Frau blieben aus. Die Journalisten verloren die Geduld – ihre Fotos wurden nicht geknipst, ihre Berichte waren voller Fehler. Aber ich musste so viel lernen. Die Leute sahen mich an und dachten: Wie zur Hölle hat er sich nur diesen Job erschlichen? Die elenden niederen Kasten bekamen immer eine Sonderbehandlung. Meine Augen waren geschwollen vom stundenlangen Büffeln. Ich erwischte kaum ein paar Stunden Schlaf pro Nacht. Ich fiel einige Male vom Fahrrad.

Ich weinte bittere Tränen, bettelte Mr Prem um eine zweite, dritte, fünfte Chance an. Natürlich wurde ich irgendwann gefeuert. Als ich meine Sachen abholte, wagte ich nicht, ihm in die Augen zu sehen.

Ich konnte mir gut vorstellen, wie er später zu jemandem sagen würde: »Einmal gab ich einem Jungen aus einer niederen Kaste eine Chance. Die Idee meiner Frau. Was für eine Katastrophe!« Schon allein bei diesem Gedanken schmeckte mein Mund nach Asche und Galle, weil ich so viele Menschen enttäuscht hatte.

Ich erzählte Schwester Claire nichts davon. Natürlich durfte ich es ihr nicht verraten. Sie hätte mich nie wieder angeschaut, wenn sie die Wahrheit erfahren hätte. Über die Operation, über das Geld, darüber, dass ich die All Indias aufgegeben hatte.

Ich weinte bis in die Nacht. Ich war damals derart dumm und dachte, sie hätte nur deswegen Krebs bekommen, weil sie mir geholfen hatte, weil sie sich für mich geopfert hatte. Vielleicht hatte ich andererseits damit auch gar nicht unrecht.

Ich absolvierte die All Indias.

Jeden einzelnen Tag hockte ich mich an den Tisch und schrieb die Prüfungen. Eigentlich hätte ich zur selben Zeit an einem anderen, drei Meilen entfernten Prüfungsort sein sollen. Aber Ramesh Kumar war abwesend. Nur ein weiterer armer Junge, der nie auftauchte.

Beim ersten Mal hatte ich noch Panik, erwischt zu werden.

Vergoss ich literweise Angstschweiß bei diesen ersten widerrechtlichen All Indias? Heulte ich? Ich habe die Erinnerungen verdrängt, ebenso wie alles andere, was mit diesen Jahren zusammenhängt, abgesehen die von Claires gebrochenem Lächeln und »Gott ist Liebe«.

Claire fragte mich, wie die Prüfungen gelaufen waren. Schlecht, erwiderte ich. Ich habe mich wohl nicht genug angestrengt. Ich war wohl nicht gut genug. Ich weinte.

Ich hielt ihre Hände und versuchte, ein ehrliches Gesicht zu machen.

»Nicht weinen, mein Kind, wenigstens hast du ja noch deine Arbeit«, sagte sie so erschöpft, dass sie nur noch seufzen konnte. »Ich weiß, dass du dein Bestes gegeben hast.«

Ich kam unter die ersten Tausend. So gut bin ich. Verma hielt sein Versprechen. Aber die Operation brachte nichts. Ihr Zustand verschlechterte sich weiter.

Das ist Karma, wie die Weißen gerne sagen. Das ist der Lauf der Dinge in diesem Land, wenn man arm ist.

Danach war sie nicht mehr dieselbe. Ihre Adern schimmerten bläulich durch ihr Fleisch. Die Weichheit ihres Griffs wich der Härte der Knochen. Keine schönen Geschichten mehr. Nur eine geflüsterte Stimme in einem dunklen, stickigen Raum. Haut, die sich in Leder verwandelte.

Nachts las ich ihr vergilbte Taschenbücher von den Hardy Boys und von Nancy Drew vor. Ich dachte, sie sei eingeschlafen, aber als ich fertig war, bat sie mich um ein weiteres.

Sie sprach abgehackt, in Stößen von ein oder zwei Worten. Als ich ihr Blumen brachte, sagte sie nur: »Das musst du nicht.« Croissants aus der französischen Bäckerei aus dem Gole Market: »Sündhaft.«

Wie recht sie hatte. Ich verkaufte meine Seele für sie, und es bewirkte rein gar nichts.

»Eigentlich sollte sie auf dem Weg der Besserung sein. Ich verstehe nicht, was los ist«, verkündete Verma bei der Untersuchung nach einem Monat. »Bei diesen Dingen ist der Verlauf schwer einzuschätzen. Habe ich es schon erwähnt? Rohit macht sich gut an der Delhi Universität. Herzlichen Glückwunsch, junger Mann!« Er erwartete offenbar, dass ich in Jubel ausbrechen würde. Habe er übrigens erwähnt, dass ein Kumpel von ihm, mit dem er öfter einen trinken ging, das gleiche Problem hatte? Hier war seine Telefonnummer, nur für den Fall. Sein Kumpel war informiert über meine wunderbare Leistung.

Ich war meinen Job los, würde demnächst aus meiner Wohnung fliegen, und hier war eine mögliche Zukunft, streckte ihre Hand nach mir aus.

Und so begann mein Leben aus Fakten, Zahlen und Namen, die sich in meinen Schädel ergossen wie Beton, ein Leben bestehend aus illegal heruntergeladenen PDFs, einem ungemachten, schweißnassen Bett, einem Zimmer und einem Gehirn, alles im weißen Schein eines Computerbildschirms. Fünf Jahre waren vergangen, und in meinem Hinterkopf fragte ich mich beständig, ob ich dem jemals entkommen würde. Würde ich mit fünfunddreißig immer noch in diesem Hamsterrad sitzen?

Wann würde ich zu alt aussehen? Würde ich dann wieder an einem Teestand arbeiten müssen?

Niemand außer mir kam Claire besuchen. Weder ihre Schülerinnen noch ihre Kollegen, niemand.

Ich fütterte sie. Ich hievte ihren Körper vom Bett in den Rollstuhl, um sie nach draußen zu fahren, wo sie den Nonnen bei der Blumenpflege zusehen konnte. Ich bandagierte ihren Körper. Ich hielt ihren Kopf, wenn sie Blut erbrach. Ich beobachtete, wie sie in zwanzig Wochen um ebenso viele Jahre alterte. Ich säuberte ihre Matratze vom Blut. Ich rieb ihre wunden Stellen mit Salbe ein. Ich badete sie, trocknete sie danach mit einem Handtuch ab, mit dem ich ihr nasses Haar rieb, und ich fühlte, wie schmal sie geworden war, nur noch Haut und Knochen.

Ich kochte ihr Tee und tupfte ihr Kinn ab, wenn die Flüssigkeit aus ihrem Mund rann.

Manchmal war sie ganz woanders. Sie rief mich mit einem mir unbekannten Namen. Sie nannte mich »Sohn«. Sie weinte, weil sie mich nicht hatte retten können, und sie wünschte, ich wäre am Leben und bei ihr. Sie weinte, weil sie alle Bilder aufbewahrt hatte, nie ein einziges weggeworfen hatte. Dann entschuldigte sie sich wieder und wieder und wieder.

Dann verstand ich.

Das war mein Schicksal. Immer jemandes Stellvertreter zu sein.

Ich höre noch Claires letzte Worte an mich, die seit Monaten fast die einzigen waren, die sie hervorgebracht hatte, als ob sie alle aufgesparten Worte gegen einen weiteren Tag eintauschen könnte. »Gott war. Gott ist. Gott wird sein. Gott ist Liebe.«

Was für ein Haufen Scheiße.

Sie starb in einem staatlichen Krankenhaus, umgeben von endlosen Bettenreihen, in denen die Armen lagen, diese Menschen, die sie so sehr geliebt hatte. Nach diesen letzten Worten hielt sie drei Tage durch, die schlimmsten Tage meines Lebens.

Sie verbrachte sie damit, zu schreien. Mitten in der Nacht schrie sie, und ich wachte auf, hielt sie an mich gedrückt, und sie schrie weiter. Ich schlief immer auf einem Stuhl neben ihr.

Als ihre Schreie in ein Keuchen übergingen, wusste ich, dass sie sterben würde. Dazu brauchte ich keinen Herzfrequenzmonitor, nein, Sir.

An ihrem letzten Morgen hatte sie Fieber. Ich konnte nichts tun, um es herunterzubringen. Es half kein in Mineralwasser getränktes Handtuch. Keine kalte Kompresse. Sie hatte Blut über ihr ganzes Bett erbrochen, und ich war in den Korridor hinausgelaufen auf der Suche nach jemandem, der kommen und helfen würde, aber niemand kam. Und als ich zurückkehrte, hatte sie mich verlassen.

Es ist seltsam zu wissen, dass der einzige Mensch auf der Welt, der sich je um einen gekümmert hat, schon lange tot ist, und dass dieser Mensch gar nicht stolz wäre auf das, was aus einem geworden ist, wenn er von oben zuschauen könnte.

SIEBEN

Rudi begriff rasch, dass ich der einzige Mensch auf der Welt war, dessen Schicksal direkt von seinem abhing. Schlaues Kerlchen. Ich bekam meine zehn Prozent, als Gegenleistung erledigte ich alles für ihn. Das Signieren, die langweiligen Meetings, die Lebensmitteleinkäufe, die Fahrdienste, außerdem durfte er mich in der Öffentlichkeit ungestraft runterputzen. Was für ein Deal!

Bald sorgten die üblichen Verdächtigen dafür, dass die *paise* nur so hereinströmten. Bournvita wollten Rudi zum Gesicht ihrer »Drink-Clever«-Kampagne machen. Für Coca-Cola posierte er in »Onwards India!«, währenddessen ich auf dem Filmset Gelegenheit hatte, mit Alia Bhatt abzuhängen. Dann kam Honda Hero – wo wir die halbe Kricket-Nationalmannschaft trafen und einige großartige Instagram-Fotos schossen, *#bharatrising*. Rudi entledigte sich seiner Brille und trug jetzt Kontaktlinsen. Natürlich nutzten wir auch das als Sponsoring-Gelegenheit.

Ich kontrollierte seine offiziellen Konten und verbrachte jeden Tag Stunden damit, etwas auf Snapchat, Instagram, YouTube und Twitter zu posten, um die Fans mit Rudis Gedanken, Bonmots, kulturellen Kommentaren und Kricket-Begeisterung zu unterhalten. Wobei ich versuchte, nicht zu glatt zu sein, kein manikürter, gelackter Promi. Ich versetzte mich einfach in einen normalen indischen Teenager hinein. Ich senkte meine natürliche Intelligenz um etwa fünfundsiebzig Prozent, mehr brauchte es dazu nicht. Und um die Menschen von Zeit zu Zeit daran zu erinnern, dass ich der All-India-Sieger war, ließ ich Rudi ein paar Fotos von französischen Schlössern oder maurischen Tempelanlagen uploaden, die die Community dann folgendermaßen kommentierte: *Sie sind so ein Intellektueller, Sir.* Ich war vierundzwanzig, und mir lag die Welt zu Füßen, auch wenn jemand anderes den ganzen Applaus einheimste.

Jeder Gedanke, Rudi könnte auf die Universität gehen, war längst abgehakt. Warum Jahre mit Abrackern verbringen, wenn man jetzt Geld scheffeln konnte, mehr als man für tausend Leben bräuchte? Die Abschlüsse könnten später kommen.

Es war perfekt. Das einzige Problem waren die aufdringlichen Fans, die Werbeleute, die Certified Commercial Investment Mitglieder, aber um all dem zu entgehen, besorgte ich uns einen Fahrer-Bodyguard, einen fröhlichen Ex-Armee-Soldaten, dem wir monatlich ein halbes *lakh* zahlten. Er nannte sich Pawan. Er war klein, hatte pralle Muskeln, war nicht weiter auffällig und ein zuverlässiger Fahrer. Seine Frau schien nichts anderes zu tun, als *achaar* herzustellen, deshalb schenkte er uns beiden jeden Freitag je ein Glas mit in Öl eingelegten Mangos, Tomaten oder Ingwer: »Sehr ayurvedisch, Sir, sehr gut gegen Lepra und Gicht«, oder welche Kombination von Beschwerden auch immer seine Frau in dieser Woche gegoogelt hatte. Die Gläser stapelten sich unter meinem Bett.

Sie rief ihn häufig während der Fahrt an, sie unterhielten sich tagsüber stundenlang. Sie fragte ihn: »Wie fühlt sich mein kleiner *pehelwan*?« »Wie geht es meinem *shahenshah*?« Bei jedem Kosenamen umklammerte er das Lenkrad fester, sodass seine Knöchel ganz weiß wurden. Immer wieder schaute er nach hinten. Er flüsterte: »Kann ich das Gespräch beenden, Sir?«, aber Rudi schüttelte den Kopf. Mir wurde klar, dass er hören wollte, wie Frauen ihren Liebsten süße Worte zuflüsterten. Er brauchte dringend eine Freundin, aber das stand nicht in unserer Abmachung. Ich war vieles: Ratgeber, Seelentröster, Beschützer, aber ich war kein mieser Kuppler.

Die meisten Männer wollen wissen, wie man eine Frau rumkriegt, die präzise Kombination aus Lügen, Aufschneiderei, Magie und Ritual, und nicht so sehr, wie man sie behält. Aber Rudi war da anders. Er wollte alles wissen, jeden Witz, jede kleine Neckerei, jedes Detail über Herzschmerz und seltsame Flecken auf der Matratze. Er war ganz verrückt danach.

Wir hatten also einen Chauffeur. Wir hatten die allgemeine Aufmerksamkeit. Wir hatten jede Menge Geld. Jetzt fehlte nur noch etwas, wofür wir es ausgeben konnten.

Rudis erste größere Anschaffung war ein Luxus-Apartment. Ein Penthouse in South Ex. Ich bekam ein kleines Zimmer, das ich als Büro nutzen wollte, am Ende wohnte ich aber die meiste Zeit dort. Für den Fall der Fälle behielt ich meine eigene Wohnung. Seine Eltern hatten ihm eigentlich verboten, das Apartment zu kaufen, und mir außerdem untersagt, dort einzuziehen. Rudi erzählte mir von ihrem Streit, in dem seine Eltern mich als niederkastigen Trickbetrüger hingestellt hatten, der ihm sein Geld abluchsen wolle. Wobei ich der niederkastige Trickbetrüger war, der das Geld überhaupt erst gemacht hatte für ihn. Sie hörten auf mit den Beschwerden, nachdem er ihnen einen Audi gekauft hatte.

Rudi und ich lebten in einer Art Wohngemeinschaft, ohne dass es einer von uns je laut ausgesprochen hätte. Ich kaufte ein, organisierte das Putzen und Kochen. Er schmückte Zimmer und Flure mit im Rausch getätigten Amazon-Einkäufen und Pizzakartons. Es war ziemlich perfekt.

Rudi war aus der Nähe betrachtet kein schlechter Kerl. Klar, er war mehr als nur ein bisschen verkorkst, aber das sind alle indischen Kinder. Wir waren ein gutes Team. Er war dick, ich war dünn, er war hell, ich war dunkel. Aber eine Sache hatten wir gemeinsam. Die Wut.

Nicht die übliche Frustration eines Teenagers darüber, nicht genug Sex zu kriegen oder nicht wie Dwayne Johnson auszusehen, sondern etwas Tieferes, Körperliches.

Da ziehst du in das Penthouse eines Multimillionärs in einem schicken Stadtteil Delhis und denkst, jetzt verbringst du die Zeit nur noch mit Feiern. Falsch. Du verbringst sie damit, hinter einem Teenager aufzuräumen …

Rudi stürzte sich in Meet-and-Greets mit Fans, in Interviews mit der indischen und ausländischen Presse, in protzige Partys, in europäische Alkohol- und DJ-Sets in schicken Malls, in das Zusammensein mit parfümierten, ockerhäutigen Mädchen namens Ruby, Kitty und Sweety. Sie umschwirrten ihn im Club. Er sprach eine von ihnen an. Dann machten sie Selfies zu viert. Schließlich nahm ich sie alle mit zu uns nach Hause. Ich ging schlafen. Am Morgen räumte ich die Flaschen aus seinem Zimmer. Die Mädchen waren weg. Ich wusste nicht, mit wie vielen von ihnen tatsächlich etwas gelaufen war. Jedenfalls hatte ich den Eindruck, er würde sich amüsieren.

Dann, eines Nachts, nachdem er ein weiteres seiner Mädchen weggeschickt hatte, spazierte er ohne anzuklopfen und mit einer Flasche überteuertem Wodka in der Hand in mein Zimmer, warf sich mit leeren Augen auf mein Bett und fing an zu reden. Die Suche nach der wahren Liebe war nicht gut verlaufen, wieder einmal. Er könnte sich doch einfach amüsieren, aber nein – er suchte jemanden, der ihn um seiner selbst willen mochte.

»Ich will keine Kinder, weißt du«, sagte er. Er starrte zum Deckenventilator. »Ich würde sie nur ruinieren. Schon zu viele abgefuckte Kids. Meine Eltern, Alter, die wollten immer mehr. Zu viel. Nichts war ihnen gut genug. Es war leichter, alles vor ihnen geheim zu halten.«

Er redete weiter, über Demütigungen, über sein Gefühl, nie genug gewesen zu sein wie er war, ein Einzelkind, das sie viel Geld und Mühen gekostet und das nichts zurückgegeben hatte, und ich hatte Mitleid mit diesem Achtzehnjährigen, der seine Traurigkeit so gut verbarg.

»Ramesh«, schloss er, »ich will nicht einfach nur Frauen. Ich will wahre Liebe, Alter. Ich will sie nicht kaufen. Scheiße, tut mir leid«, sagte er und schlurfte mit einem Seufzer davon, um chinesisches Essen zu bestellen. Noch etwas, was er vor seinem Promi-Ernährungsberater verheimlichen musste.

Ich verstand. Er wollte in die Augen einer Frau blicken, um dort das Eine zu sehen, was er niemals kriegen würde – dass sie ihn gewollt hätte, auch als er noch ein Niemand war.

Er wünschte sich etwas Echtes. Wenn man so reich und so berühmt ist, kriegt man nichts Echtes.

Morgens schlappte er in eines seiner beiden Badezimmer und duschte stundenlang. Der Warmwasserspeicher stöhnte vor Überlastung, und gelegentlich klopfte ich, um sicherzustellen, dass ihm nichts zugestoßen war.

Ich hätte ein solches Leben gehasst, wären da nicht die Muldenkipper voller Geld gewesen. Sogar die Saxenas vergaßen vorläufig die ganze »Wir machen dich fertig«-Geschichte, sie ließen mich einfach gewähren, damit ich für sie all das Geld scheffelte.

Immerhin war ich auf Rudis Seite. Ich hatte ein Interesse an seiner Karriere. Viele Leute wollten ihn am Boden sehen. Sofort verbreiteten sich Klatschgeschichten. Und Rudi benahm sich wirklich wie ein Arsch. Er ging auf Partys, die zu Orgien der Prahlerei und des Alkohols ausarteten, er warf bündelweise *gandhis* unter die Menge, um sich darüber zu amüsieren, wie sie sich darum prügelten; er vermasselte Werbeaufnahmen, benahm sich wie ein kleiner Scheißer.

Ich war immer an seiner Seite, um sicherzustellen, dass er nicht in größere Schwierigkeiten geriet. Ich begleitete ihn, damit er heil und in einem Stück zurückkam. Ich selbst amüsierte mich nie. Ich war nur wegen des Geldes dabei. Keine Ablenkungen, keine Frauen, kein gar nichts. Ich wurde nicht drogensüchtig. Keine Veränderung meiner selbst. Und schon gar nicht dieser Unsinn von wegen sich verlieben und Pläne für die Zukunft schmieden.

Wir waren in unserem Apartment, als der Anruf kam, der entscheidende Anruf, der alles verändern sollte. Rudi sah gerade fern. Ich postete gesponserte Beiträge auf Instagram, alle wunderschön präsentiert, alle pünktlich – ich machte einen fantastischen Job für mein Geld.

Wir kümmerten uns jeder um seinen eigenen Kram, Rudi beantwortete nebenher Anrufe von lange verloren geglaubten Freunden und Verwandten –

Das Fernsehen. Sie wollten Rudi fürs Fernsehen.

Und so wurden wir reicher als Gott selbst, oder als ein reformorientierter, unternehmensfreundlicher, das Weltwirtschaftsforum in Davos besuchender Ministerpräsident aus Bihar.

Der Anruf kam rein. Ein deutscher Akzent.

»Spreche ich mit dem Manager von Herrn Rudraksh Saxena?«

»Ja, ja, richtig.«

Die Stimme bot uns mehr Geld, als wir fassen konnten, die Art von Geld, die indische Kricket-Kapitäne für Whisky-Werbung verdienten, und plötzlich änderte sich alles.

Ich stellte Anwälte ein. Ich arrangierte Meetings.

Ich ging zu Iqbal Tailors am Connaught Place, bestellte einen maßgeschneiderten Anzug und erklärte ihnen: »Etwas Aktuelles, etwas mit Stil, etwas Modernes«, aber was ich eigentlich meinte, war: »Ich treffe mich mit Weißen, *bhai*, mach mir etwas, worüber sie nicht lachen werden.«

Ein paar Tage später betraten wir ein Büro mit Glasfronten. Die Damen am Empfang waren weiß.

Da wusste ich, dass ich es wirklich geschafft hatte.

Wir waren im dreißigsten Stock eines Wolkenkratzers, höher, als ich je zuvor gewesen war. Ich schaute aus dem Fenster, sah unten die kleinen Menschlein, die hetzten, sich verkauften, schwitzten, und plötzlich wurde mir klar: Wenn ich diesen Ort hier verlassen hatte, würde ich nie, nie wieder so sein.

Die Anwälte mit ihren Stanford-Abschlüssen kämpften alles untereinander aus. Die nächsten zwei Stunden saß ich neben einem gelangweilten, genervten Rudraksh Saxena und blendete außer dem Geld alles aus. Die Zahlen wurden immer astronomischer. Erst hundert Jahre Arbeit am Teestand, dann tausend, dann zehntausend. Rudi sollte nicht nur Moderator einer Quizshow werden. Sie wollten ihn zu einer Marke aufbauen, zum Gesicht der jungen Nation, zu dem Kid, das alles wusste.

Ich feierte mit einem Glas Champagner, betrachtete danach mein Gesicht im Badezimmerspiegel und war erstaunt, dass ich immer noch genauso aussah wie zuvor.

1,5 *crore*. Fünfzehn Millionen fröhlich lächelnde *gandhis*. Das war mein Anteil. (Zieh dir das rein, *Slumdog Millionaire*.)

Ich lernte die Männer hinter den Kulissen nie kennen, die Schweizer, die auf dem größten Fernsehmarkt der Welt Fuß fassen wollten, auf dem zehn Millionen Menschen ein normales Abendprogramm verfolgten. Trotz einer Investition von mehreren Millionen Dollar erschien es ihnen offenbar nicht der Mühe wert, selbst Zeit in Indien zu verbringen.

Mir war das egal. Ich sah ihr Geld, sah, was sie aufbauten, und es war wunderschön.

Am Morgen fuhr ein Wagen vor und holte uns ab. Der Chauffeur salutierte sogar.

Die Fahrt von unserem Apartment dauerte eine Stunde, aber wir bekamen kaum etwas davon mit. Rudi und ich unterhielten uns nicht einmal. Wir glotzten uns nur an und versuchten, nicht lauthals über das zu lachen, was sich um uns herum abspielte.

Ein leitender Angestellter empfing uns am Tor, ein Anzugträger, den ich danach nie wieder sah.

»Das ist Ihre Ecke der Delhi International Studios«, sagte er. Ecke? Es sah aus wie ein Palast.

Er zeigte uns den Schminkraum, den Regieraum, den Produktionsraum, in dem es nach Kaffee, Zigaretten und menschlichen Ausdünstungen roch, alles nur wenige Korridore von der zentralen Studiokantine getrennt.

»Sehr beeindruckend«, sagte Rudi, der nonchalant tat wie ein MBA-Absolvent.

Aber selbst er machte große Augen beim Anblick des Studios.

Der Anzugträger kostete den Moment aus. Er hielt vor der verschlossenen Tür inne und drehte sich zu uns um. »Willkommen in Ihrem neuen Zuhause, Mr Saxena. Ich denke, Sie werden sehr zufrieden sein mit dem, was wir geschaffen haben.«

Er öffnete die Tür. Zuerst sahen wir nur eine dunkle Höhle voller Kabel und Sitzreihen für das nervöse, verschwitzte Publikum. Ein Luftschwall drang heraus, so heiß, dass man sich wie in einem *tandoor*-Ofen fühlte.

Wir bewegten uns in den Raum, näher zur Bühne, und jetzt offenbarte es sich.

Pinkfarbene Scheinwerferlichter, Säulen, schwere Vorhänge, falscher Marmor, Elektriker, Kameraleute, die hin und her flitzten. Überall hektisches Treiben. Diese Schweizer hatten kapiert, wie Indien tickt. Wenn es möglich gewesen wäre, hätten sie sogar Tänzerinnen und Nummern-Girls eingesetzt, natürlich alle in Saris, aber ein wenig knapper geschnitten, mit der üblichen geschmackvollen Beinahe-Nacktheit.

Beat the Brain.

Was für ein beschissener Vater-fickender-Witz.

Live im Fernsehen, live, live, live, für zusätzliches *masala*, für erhöhten Druck, für dieses »Das musst du gesehen haben«-Gespräch in der Kaffeepause. Hunderte von staunenden Kandidaten aus allen Teilen Indiens würden jeden Monat antreten, und um den Zwölf-*crore*-Megapreis (der aus numerologischen Gründen gewählt worden war – man hatte den Schweizern versichert, die Zwölf sei eine Zahl mit großer kultureller Bedeutung für uns) zu gewinnen. Dafür musste man nichts anderes tun, als zwölf Fragen zu beantworten und den All-India-Sieger zu schlagen. Und mich und die Produktionsassistenten in seinem Ohr, die ihm die Antworten einflüsterten.

Uns blieben zwei Wochen Vorbereitungszeit vor den Dreharbeiten für die Show. Das Geld wurde auf unser Konto überwiesen, fünfzehn *crore* pro Jahr, und Rudi war von einem Schwarm Leuten umgeben, die ihm jeden Wunsch von den Augen ablasen. Wir verbrachten den Morgen des ersten Ausstrahlungstags im Schreibraum, in dem ein Haufen Arschkriecher und Produktionsassistenten die Witze vorstellten, die Rudi am Abend erzählen würde. Am Nachmittag folgte ein Fotoshooting für Kokoswasser mit einem Starlet im Bikini.

»Ramesh«, rief er zu jeder möglichen und unmöglichen Tages- und Nachtzeit. Ich erledigte die Endredaktion der Fragen, arbeitete die Werbeverträge aus, perfektionierte jedes noch so kleine Detail seines Lebens, bis ich das Knistern meines Walkie-Talkies hörte und losflitzte.

»Ja, Sir, Boss«, sagte ich, sobald ich bei ihm ankam.

Ich nannte ihn in der Öffentlichkeit nun Boss. Das war das Kreuz, das ich zu tragen hatte.

Wenn es den Leuten in seiner Umgebung Freude bereitete, den *lund*-Lutschern, Maskenbildnern, ayurvedischen Quacksalbern, den Mädchen mit Sonnenbrillen und rosa Lipgloss, umso besser.

Verschwendete er einen Gedanken daran, dass er das alles mir zu verdanken hatte? Würdigte er das? Streute er mir Blütenblätter auf den Weg?

Seine Beschwerde galt diesmal dem Tee, diesem miesen, lebensberaubenden Zeug.

»Dieser Chai ist scheißkalt!«, rief er.

»Okay, Boss«, sagte ich rasch, »ich kümmere mich darum. Was immer du willst.« Ich griff nach seinem Becher, aber er hielt ihn fest.

»Lass los, *bewaqoof*«, zischte ich leise. Er umklammerte ihn noch fester. Der Becher zerknüllte explosionsartig, als ich ihn aus seiner Hand riss, und die lauwarme Flüssigkeit spritzte über mich.

Wir starrten einander an.

Er grinste. Ich schwor mir, wenn er das nächste Mal in der Nacht zu mir käme und heulte, würde ich, ganz aus Versehen, Aufnahmen davon auf Instagram posten. Ihn zu einem Aushängeschild für psychische Probleme machen und zusehen, wie seine Karriere implodierte.

Ihm war klar, dass er mit mir nach Belieben umspringen konnte. Was hatte ich in der Hand, um ihn zu bestrafen? Wenn er fiel, würde auch ich fallen, und es käme kein Fünfzig-Millionen-*gandhis*-Angebot, um zwei Jahre nach Abklingen des Skandals bei *Bigg Boss* aufzutreten.

Ich ging seinen Tee holen, so wie ich es üblicherweise auch bei seinen Pommes Frites, seinen Kondomen und seinem Whisky tat. Ich verließ den Raum, ohne mich umzusehen, versuchte mich trocken zu tupfen und stieß dabei mit einer Frau zusammen, die gerade hereinkam.

Sie trug einen Stapel Papiere und Bücher, hatte einen Ohrhörer lässig über die Schulter geworfen. Ich erinnere mich noch sehr genau an diesen Moment.

»Ich bin, ähm …«

»Ich bin Priya. Die Produktionsassistentin. Sie sind Mr Kumar, richtig? Mr Saxenas Manager?«

Mr Kumar? Es war das erste Mal, dass mich jemand außerhalb von Restaurants und Taxis so nannte. Für einige Augenblicke wusste ich nicht, was ich sagen sollte.

»Äh, Ramesh, ja. Manager, ja. Sie haben recht. Nicht Assistent. Niemals Assistent. Wenn Sie jemanden dabei erwischen, wie er mich Assistent nennt, erschießen Sie ihn, okay?«

»Das mache ich vielleicht«, sagte sie mit einem verschwörerischen Augenzwinkern. Sie schob sich eine Haarsträhne hinters Ohr und kam näher. Ich wollte einen Schritt zurücktreten, was mir aber misslang. »Und ich habe noch viele andere Zielobjekte auf meiner Abschussliste«, flüsterte sie.

»Schlechter Tag?« fragte ich, und hatte keine Ahnung, warum ich hier Konversation machte. Ramesh du bist hier, um Kohle zu verdienen, Chai zu holen und mit heiler Seele und intaktem Herzen wieder herauszukommen. Jesus im Himmel, sprich nicht mit dieser Frau, sie ist viel besser als du, und mein Gott, du lächelst. Warum lächelst du so, Ramesh? Weil sie lächelt?

»Ich versuche nur, meinem Chef aus dem Weg zu gehen. Wie jeden Tag«, sagte sie. »Oh je! Meine Güte, Sie sind ja ganz voller Tee! Was ist passiert? Kann ich Ihnen helfen?«

»Nein, äh … Sie sind beschäftigt. Gehen Sie nur. Alles in Ordnung.«

»Sind Sie sicher? Ich werde bei der Show mitarbeiten, wir sollten in Kontakt bleiben. Hier, meine Nummer.« Sie reichte mir eine Visitenkarte, und dann schwebte sie davon, ihr Haar duftete nach Rosen, zwei Bücher und einen Stapel Papier in ihren Armen balancierend.

Treffen? In Kontakt bleiben? Für wen hielt sie mich? Für einen Collegejungen mit Karriereambitionen?

Immerhin hatte mir jemand seine Nummer gegeben. Immerhin interessierte sich jemand dafür, wer ich war.

Sobald Priya anfing, mit uns zu arbeiten, wurde ihr größtes Problem bald auch zu meinem. Wir hatten einen Scheißhaufen von einem Chef.

Sein Hauptproblem war, dass er ein Arschloch war. Alles Weitere folgte daraus.

Nichts konnte Shashank ›Shash‹ Oberoi glücklich machen, weder sein C-Klasse-Mercedes noch seine Ex-Model-Frau, weder das Anbaggern von Praktikantinnen noch die ihn umgebenden Speichellecker. Gar nichts. War er jemals glücklich gewesen, oder hatte er in dem Moment zu jammern begonnen, als er aus seiner Mutter gekrochen war, und hatte seither einfach weitergemacht?

Rudi konnte ganz erträglich sein, wenn er nicht gerade betrunken und ausfallend war oder Röcken hinterherjagte. Oberoi war wie ein ewiges Höllenfeuer der Wut in einem Button-Down-Hemd.

»Moderation nicht lustig genug, Rudi nicht charmant genug, blöde, lahmarschige Fragen, Kameraeinstellungen einfallslos, Beleuchtung hat die falsche Farbe, Kaffee nicht da, schlechter Ton, Ramesh quasi ein verdammter Unberührbarer, verfluchte Gewerkschaften, faule Draviden, schon wieder *sambar* zum Mittagessen, verfluchte Priya, verfluchte Inflation, wenn nur die Briten wieder das Sagen hätten, verfluchte Demokratie.«

Solche Sachen warf er uns bei den Produktionssitzungen an den Kopf, während er Papier in Streifen riss, sie zu kleinen Kegeln rollte, sein Ohrenschmalz damit auskratzte und Dinge sagte wie: »Indien ist so ein schmutziges Land. Zum Glück räumt Modi auf.«

Immer, wenn ich etwas sagte, schaute er mich überrascht an, wie alle diese reichen *lunds*, wenn sie merken, dass ich Englisch spreche.

Oberois Lieblingsbeschäftigung bestand darin, Priya vor allen anderen runterzumachen. »Ist das die beste Idee, auf die Ms Bachelorabschluss von der Uni Bangalore gekommen ist? Kein echter Knaller, oder?«, sagte er in Meetings. »Sind Ihre Eltern tot? Denn Ihre Unzulänglichkeit würde sie erneut ins Grab bringen, wenn sie es schon wären. Sie haben keine Kinder, oder? Also sind Ihre Gebärmutter *und* Ihr Gehirn unfruchtbar.«

Sie ließ es über sich ergehen. Es kostete sie jedes Quäntchen Kraft, nicht aufzuspringen und hinauszurennen, aber sie nahm es hin.

Oberoi war sehr stolz auf seinen Master-Abschluss an der Southern Illinois University, »einer sehr renommierten Institution«. Wir lieben dieses Wort. Renommiert. Alle amerikanischen Unis sind renommiert. Für die Heiratsanzeigen und Dating-Sites ist es sehr bedeutsam, dass sie »renommiert« sind, denn wie sollten verzweifelte Eltern sonst ihre haarigen, ungewaschenen, zweiunddreißigjährigen Söhne, die im mittleren Management arbeiteten, unter die Haube bringen? Ich glaube, es ist ein Code für: Jeder hat davon gehört. Du etwa nicht? Bescheuerter *anpadh*-Hinterwäldler.

Oberoi machte einen an sich leichten Job zur Herausforderung. Die Show war vom ersten Tag an ein Hit. Wir durften es nur nicht versauen, das war alles.

Jeden Tag diskutierten wir die Kandidaten, sortierten die Betrüger und Hochstapler aus, entschieden uns für die genetisch edlen, oder die, die es wirklich verdient hatten. Zum Beispiel eine Waschfrau aus Benares, die ihren Sohn im Dritten Kaschmirkrieg verloren hatte.

»Wie weit lassen wir sie kommen?«, fragte ein Produktionsassistent.

»Wie viele Auszeichnungen hat sich ihr Sohn verdient?«, wollte Oberoi wissen.

»Keinen für Tapferkeit«, antwortete der Junge, bei dem man jeglichen Flaum auf den Wangen vergeblich suchte. »Äh, eine Sekunde, Sir, äh, zwei Medaillen für Verwundungen. Er starb bei einem Hubschrauberabsturz. Beschuss durch eigene Truppen.«

»Hunderttausend«, spie Oberoi aus. Das waren eintausend jämmerliche US-Dollar. Er wandte sich ab und machte sich daran, etwas auf Instagram zu posten, über seine Kinder und ihr Renommee, ihre Schulzeugnisse, ihre Reitstunden, ihre Theateraufführungen, obwohl sie offenbar nie Fotos mit ihm gemeinsam machten; Bilder von jedem Fünf-Sterne-Essen, jeder Tasse Kaffee, als hätten wir 1995 und die Leute wären dadurch noch zu beeindrucken, und dann natürlich Schnappschüsse von jedem Filmstarlet, mit dem er auf einer Party unbeholfen für ein Foto posiert hatte, als wären sie ganz eng miteinander. *Beim Auffrischen alter Bekanntschaften*, schrieb er darunter, was ihm doch keiner abkaufte.

Wir schickten Kamerateams, um unsere Kandidaten in ihrem Elend zu filmen, wir brauchten Clips ihrer hoffnungsvollen Augen, in denen sich verlöschende Feuer spiegelten, Zeitlupenaufnahmen ihrer mageren, grau gekleideten, mit Fliegen bedeckten Kinder, die das Publikum zum Weinen bringen sollten. Das indische Fernsehen kennt keine Zwischentöne. Aber das westliche auch nicht, oder?

Einen ganzen Tag dauerte die Sichtung der Kandidaten, zwischendrin machten wir Pausen, damit Rudi, der zumindest körperlich anwesend war, am Telefon Fragen von Journalisten und Klatschkolumnisten beantworten konnte, oder um Aufnahmen vom Team zu schießen, wobei ich mich immer im Hintergrund hielt, mein unscharfer Kopf ragte kaum über einen Wald von Armen, Haaren und MBAs, immer darum bemüht, nicht fotografiert zu werden, eine Gewohnheit meiner früheren Karriere.

Rudi machte ständig Millionen von Selfies. Er war mitten im Reden, da rief er: »Ramesh! Selfie!«, ich gab ihm sein Smartphone, dann rannte ich in die entgegengesetzte Richtung. Bloß nicht fotografiert werden. Nicht gesehen werden, um keinen Preis.

Als nach einigen Wochen die Studioaufnahmen begannen, sahen wir endlich unsere Kandidaten, diese Bewohner Mittelindiens, die zuvor lediglich bittere Schicksale in den Produktionsnotizen gewesen waren.

Ich fütterte Rudi über Ohrhörer mit Fragen und biografischen Details.

»Sie wurde in der Nacht der Sonnenfinsternis von 1980 geboren. Frag sie nach ihrem Sternzeichen.«

»Sie wurden in der Nacht der Sonnenfinsternis von 1980 geboren. Was ist Ihr Sternzeichen?«

Gott stehe uns bei. So ging es die ersten paar Wochen.

Zum Glück lernte er dazu.

Zumindest geriet er nie ins Stocken, und er hatte diesen klebrigen, süßlichen Charme, den er in Nachtclubs und vor Fernsehkameras unvermeidlich anknipste, und den ich bereits bei seinem ersten Interview erlebt hatte, an dem Tag, als er All-India-Sieger wurde.

Endlich konnte er in die Haut eines anderen schlüpfen. Er konnte performen. Er war jetzt nicht mehr Rudraksh Saxena, ein nerviger indischer Teenager, sondern Rudi der Maharadscha der Gelehrsamkeit, der das Wissen seinem Willen unterwarf. Er konnte sich aufführen, wie er wollte, und jemand würde ein YouTube-Video darüber machen, wie das zu seinem unwahrscheinlichen Aufstieg beigetragen hatte.

Natürlich hatte er überhaupt nichts geleistet. Das wusste er.

Ich wiederum wusste, dass das Publikum ihn liebte.

»Ihr Sohn ist Pilot? Ma'am, Sie sind eine sehr glückliche Mutter. Wissen Sie, meine eigene Mutter sagt immer zu mir: ›Rudi, warum kannst du nicht Pilot werden? Warum machst du nur diese TV-Sendungen?‹ Haha, Mütter, wir können weder mit ihnen leben noch ohne sie. Ein Hoch auf die Mütter Indiens!« Dann blitzten seine frisch gebleachten Zähne auf, und überall in unserem großartigen Land wogten die Busen vor Rührung.

Frauen über dreißig, aus der unteren Mittelschicht und die soziale Leiter hochsteigend, waren seine größte Zuschauergruppe, und vermutlich auch überhaupt eine der wichtigsten Bevölkerungsgruppen dieses Landes. Aus ihnen setzte sich das Studiopublikum zusammen; einige von ihnen waren Hausfrauen, die mit ihrem knalligen Make-up die Strapazen langer, harter Arbeitsstunden überdeckten. Sie alle wollten so gut wie möglich aussehen und riechen. Rudi war kein Idiot. Er tauchte früh auf und erzählte ihnen Witze. Nach der Show blieb er noch, schoss Selfies und signierte Fotos, um sich anschließend, draußen im Flur, abseits der Kameras, in seine Bestandteile aufzulösen, woraufhin ich ihn wieder zusammensetzte und nach Hause verfrachtete. Dort wischte er stundenlang über das Display seines Handys, schrieb Textnachrichten und hörte seine Mailbox ab.

Sie kauften den ganzen Müll, diese Frauen, die zu Hause hockten und sich die Show ansahen: *chapati*-Mehl, Öl, Waschmaschinen, Saris, Rückenmassagegeräte, Make-up, ein Familienauto, das einer Todesfalle gleichkam als Ersatz für das klapprige Moped, den ersten Filipino-Computer; sie waren die Ehefrauen von hundert Millionen Büroangestellten, deren Väter noch Bauern gewesen waren, die nach Jahrtausenden ländlicher Existenz von ihrem Land vertrieben worden waren, von amerikanischen Pensionsfonds, die nach hohen Renditen jagten.

Diese Frauen hätten ihn gerne zur Welt gebracht, ihm in seine kleinen Pausbäckchen gekniffen, ihn geherzt und liebkost, wahrscheinlich alles auf einmal.

Im Leben dieser Frauen hatte es nie einen kompetenten Mann gegeben. Nur Väter, die nicht mit ihnen gesprochen und Ehemänner, die nie zugehört hatten.

Rudi hörte zu. Oberoi kläffte mir ständig ins Ohr, forderte »Tempo, Tempo, Tempo«. Rudi stand einfach da und lauschte den Erzählungen der Kandidaten. Er fragte nach ihren Meinungen, ihren Lieblings-Shows, nach Filmen, die sie gesehen hatten.

Man konnte ihre Seufzer förmlich spüren, wenn er sich vor älteren Kandidaten verbeugte oder eine Rede über das neue indische Jahrtausend hielt.

Man kann in diesem Land einen Haufen Geld verdienen, einfach indem man der perfekte, fette, kleine Sohn ist.

Rudi spielte mit dem Publikum. Er schaute durchdringend in die Kamera, während die Kandidaten von ihrem elenden Leben erzählten, und wann immer sich die Gelegenheit bot, hielt er mitreißende Monologe über die Stärke der Nation, über Eltern, Brüderlichkeit und das verfluchte Pakistan.

Vielleicht schaffen es andere Länder, Quizshows zu produzieren, ohne dabei viertausend Jahre Tradition und siebzig Jahre erbitterter geopolitischer Rivalität einfließen zu lassen. Wir ganz bestimmt nicht.

In den Werbepausen versuchte Rudi sich davonzustehlen. Um was zu tun, wollte ich gar nicht wissen.

»Das ist so öde, *yaar*«, raunte er mir ins Ohr. »Noch langweiliger als damals, als ich zehn war, meine Eltern von Religion besessen waren, und ich stundenlang auf dem verfluchten Tamburin die musikalische Begleitung zur *hanuman chalisa* schlagen musste.«

Nach unserer ersten Sendewoche feierten wir in einem pan-asiatischen Bar-Restaurant in Khan Market. Vor dem Lokal überfielen sie Rudi für Autogramme und Selfies. Drinnen waren alle Sushi-Pizzen mit Trüffelöl beträufelt, von dem ich nichts schmeckte, und alles, was ich sagen konnte, war »göttlich«! Priya schaute zu mir herüber und hob eine Augenbraue. Sie fragte mich, ob ich an der Bar etwas trinken wolle. Wir verließen den Tisch und bahnten uns einen Weg durch die Möchtegern-Filmstars, Anwälte und Erdölmanager. Die VIPs häuften sich an Orten wie diesem, den einige Bordmagazine als »Brooklyn Chic«

bezeichnet hatten. Keiner wusste genau, was das bedeutete, trotzdem kamen sie in Scharen.

Wir würden alles tun, um Ausländer zu beeindrucken. Wir haben eine lange Geschichte der indischen Kooperation mit jeder Nationalität. Sie sind Amerikaner? Ist Ihr Präsident X nicht einfach der Beste? Oh, Sie hatten die andere Partei gewählt? Auch ich bevorzugte den vorigen. Russe? Wir waren in den Sowjetjahren so gute Freunde, waren immer Verbündete, schauen Sie sich unsere MiGs an. Brite? Die Antwort liegt auf der Hand. Israeli? Nur noch ihr und wir gegen die Muslime, was?

Priya und ich bestellten gerade Mojitos, als hinter uns ein Account-Executive zu einem Geschäftspartner sagte: »Ihr Inder wisst, wie man Frauen unter Kontrolle hält. Nicht wie im Westen. Wir sind weich und dekadent geworden. Emanzipation und sexuelle Revolution waren eine Katastrophe für die Menschheit.«

Ich schaute zu Priya, meine Gesichtszüge leicht verzerrt vor Fremdscham. Ich wollte gerade etwas sagen, als sich Rudi und Oberoi unsere Getränke schnappten. »Bestellt einfach noch eine Runde«, bellte Rudi mich an.

Rudi wollte Hof halten, aber ›Shash‹ Oberoi duldete es nicht. Er war der Boss. Rudi war nur der Star. Es war ungeklärt, wer von beiden mächtiger war, daher rammten sie ihre Schädel gegeneinander, um es herauszufinden, so lief es schon die ganze letzte Zeit.

»Ich überlege gerade, mir ein Haus in Defence Colony zuzulegen«, verkündete Oberoi strotzend vor Selbstzufriedenheit, alle scharten sich um ihn. Die Ähnlichkeit mit Sumit, Mr Paco Rabanne, Mr »Ramesh, du hast keinen Ehrgeiz« war verblüffend, in Oberois Fall mit etwas mehr Fett und weniger Steroiden.

Die Lakaien stöhnten bewundernde Ohs und Achs.

»Defence Colony? Ja, vielleicht, wenn es 1985 wäre. Haha. Nur ein Scherz, Shashank«, konterte Rudi.

Oberoi lief rot an, versuchte sich zu fangen, legte den Arm um den Rücken eines Mädchens, das plötzlich aus dem Nichts aufgetaucht war, also offenbar die ganze Zeit hinter ihm bereitgestanden hatte. Sie blickte ängstlich und scheu in die Runde.

Diese unselige Konkurrenz zwischen Oberoi und meinem geschätzten Gebieter sollte sich später als – wie sagen die Anglos – »problematisch« erweisen.

Ich wünschte, ich hätte dieser Situation mehr Aufmerksamkeit geschenkt. Dann hätte ich vielleicht frühzeitig einen Waffenstillstand aushandeln können.

Aber ich versäumte es, denn die einzige Person, für die ich Augen hatte und die mich Rudis Kritik an Oberois Geschmack in Sachen Kleidung, Häuser, Whisky und Frauen vergessen ließ, war Priya.

Oh, ich war bis über beide Ohren verknallt.

Sie hatte diesen ersten Ausgehabend ohne viel Aufhebens arrangiert. Wir speisten, wo sie wollte. Wir tranken, wo sie wollte. Diese beiden Männer bildeten sich ein, sie hätten die Macht, aber sie wären nichts gewesen, wenn diese Frau sich nicht für sie krummgelegt hätte.

Sie organisierte eine Geburtstagsfeier für jemanden, eine Abschiedsfeier für jemand anderen, tat einfach alles, um die Show am Laufen und die Mitwirkenden bei Laune zu halten.

Es war ihr Selbstvertrauen, das sie für diese beiden begehrenswert machte.

An diesem Abend war es Oberoi, der den ersten Versuch machte, bei ihr zu landen. Er löste den Arm von der jungen Frau und näherte sich Priya. Mit einer einzigen lässigen Bewegung legte er seine Hand hinten auf ihren Hocker.

Ich bekam Atemnot wie normalerweise nur durch erhöhte Luftverschmutzung an *diwali*. Eifersucht? Das wäre wohl ein wenig vorschnell.

Priya rutschte unbehaglich hin und her, kippte mit dem Barhocker ein Stück nach vorne, aber Oberoi klatschte seine Hand erneut auf die Sitzfläche und drückte diese dann beharrlich nach unten. Priyas Blick blieb ruhig auf den neuen Drink fixiert, den der Kellner für sie bereitete, Oberois Pranke schob sich langsam nach vorne in Richtung ihres Oberschenkels.

Normalerweise halte ich mich aus allem raus. Ich bleibe ruhig. Ich bleibe im Verborgenen. Aber bei Priya konnte ich mich kaum beherrschen. Ich wollte ihn schlagen. Ich war tatsächlich kurz davor, ihn zu verprügeln. Ich hätte Geld und Ruhm geopfert, alles, wofür ich gekämpft hatte, Rudis Karriere, wirklich alles –

Und dann wurden wir durch ein Klingeln gerettet.

Es läutete in Priyas Tasche. Sie fischte ein Handy heraus und presste es ans Ohr. Sie lächelte. Sie war gerettet. Und durch wen? Es war die gebenedeite Macht, die indische Gemahlin, die Hüterin der Jungfräulichkeit, die Bewahrerin der Reinheit, seit unzähligen Jahrtausenden.

»Ihre Frau, Mr Oberoi«, sagte sie und sah ihm jetzt zum ersten Mal direkt in die Augen. »Sie sagt, Ihre Kreditkarte sei online abgelehnt worden?«

Sofort zog er seine Hand wieder zurück. Der aufgeblasene kleine Scheißer fiel in sich zusammen.

Eilig schnappt er sich das Handy und entfernte sich.

Sie nahm ihren frischen Drink von der Bar. Wir sahen

einander an, ich wollte immer noch etwas sagen, etwas tun, aber sie lächelte nur, hob ihr Glas, und ich hob meins.

Ich hätte ihr zur Seite springen müssen. Nicht nur, dass sie alles organisierte und dabei verhinderte, dass wir uns gegenseitig die Kehle aufschlitzten, sondern auch das noch?

»Priya«, sagte Rudi und versuchte, mit ihr anzustoßen. »Priya. Priya. Priya.« Dann verstummte er.

»Hey, Boss«, rief ich, »schau mal da drüben, jemand bietet dir einen Vertrag für deine Bildrechte!« Ich packte seine Hand und deutete über die Bar hinweg.

»Wovon zum Teufel redest du, Ramesh?« Also, nicht betrunken genug dafür. Ich änderte die Taktik.

»Ist da drüben nicht dein Freund Shivansh?«, fragte ich.

Er schaute sich um und wankte dann in die angewiesene Richtung davon.

Er durchquerte den Raum, wirkte verwirrt, tippte Leuten auf die Schultern und verzog das Gesicht, wenn sie sich zu ihm umdrehten. Sein Lächeln gerann. Ich hatte ein schlechtes Gewissen, zumindest ein kleines bisschen.

»War nicht da«, sagte er. Er setzte sich ein paar Meter entfernt auf ein Sofa und fing an, auf einen Mann im Anzug einzureden. Sobald der Mann zu einer Antwort ansetzte, schloss er die Augen und nickte ein.

»Danke«, sagte Priya.

»Kein Problem.« Ich lächelte sie an. Erneut hoben wir unsere Gläser.

In dem Moment kehrte Oberoi von seinem Anruf zurück.

»Priya«, sagte er, »wir hatten vorhin etwas besprochen, richtig? Etwas Wichtiges.«

Diesmal sprang ich in die Bresche: »Warum verdienen diese Filmstars bloß so viel Geld?«, und augenblicklich schäumte Oberoi über vor Meinungen und Geschichten, wie er einmal in einer Schlange vor einem Restaurant übergangen worden sei, wie der Sohn von Sowieso einen Elefanten gekauft habe, wie jemand Celine Dion für seine Hochzeit habe einfliegen lassen, und sofort war die Spannung verflogen.

Ein Mann an der Bar neben uns erhob Einspruch, irgendein ausgemachter Unsinn darüber, dass Oberoi Teil desselben Systems sei, woraus sich ein Streit entwickelte, sodass wir uns unbemerkt entfernen konnten.

Als wir uns anschickten, das Lokal zu verlassen und Rudi zusammenhangslose Befehle an meine Adresse lallte, nahm Priya mich zur Seite.

»Schaffst du es gut nach Hause?«, fragte sie. Ihre Augen waren voller Sorge. Echte Besorgnis. Für einen Moment war ich perplex. Sie redete und ich nickte.

»Kaffee? Morgen?«, fragte sie. »Es gibt da ein paar Ideen, die ich mit dir besprechen möchte.«

»Äh, ja«, sagte ich fassungslos. »Danke. Bis morgen. Lass uns in Kontakt bleiben.« Sie lachte.

Ich zog Rudi von der Couch hoch und versuchte, ihn auf den Beinen zu halten, als wir aus der Bar torkelten.

Später in jener Woche hatten Priya und ich in der Studiokantine unsere erste Verabredung zum Kaffee.

»Wie schön«, sagte sie, als wir uns setzten.

»Aber wir haben doch noch gar nichts geredet.« *Dumm, dumm, dumm,* hallte es in meinem Kopf wider.

»Nein, nur so, es ist einfach schön, mit jemandem reden zu können, ohne sich gejagt zu fühlen.«

»Gejagt?«

»Du weißt schon. An der Bar.«

»Oh. Eigentlich wollte ich einschreiten. Ich hätte es getan. Es tut mir leid.«

»Ich weiß«, sagte sie.

Sie lächelte mich an und schob ihren Stuhl näher, als wären wir Komplizen.

Sie lachte und stützte ihr Kinn auf die Hand, und ich kam nicht umhin zu bemerken, dass ihr Haar leicht nach Rosen duftete und dass ihre lilafarbenen Ohrringe blitzend das Licht reflektierten – und obwohl ich hier von ihrem Aussehen schwärme, beeindruckten mich vor allem ihre Intelligenz, ihre Entschlossenheit, ihr Elan und wie sie aufmerksam jedes meiner Worte aufsog, mir das Gefühl gab, der Mittelpunkt des Raumes zu sein.

Oh Gott, Ramesh, dachte ich.

»Ich weiß nicht viel über dich, Ramesh. Erzähl mir ein bisschen was«, forderte sie mich auf.

»Geboren in Alt-Delhi, umgezogen nach Neu-Delhi, hatte das Glück, auf eine Schule der Wohlfahrt zu gehen, dann wechselte ich ins Management für frühreife Intelligenzbestien, wie das eben so läuft«, sagte ich. »Und du?«

»Ich bin in Ahmedabad geboren, habe in Bangalore studiert und bin jetzt Fernsehproduzentin.« Sie lachte. »Nicht so spannend wie bei dir.«

Sie beklagte sich darüber, dass ihre Eltern sie unbedingt unter die Haube bringen wollten. »Liebling, wer ist heutzutage mit fünfundzwanzig noch ledig? Dürfen wir dir den Sohn von Group Captain Khurrana vorstellen?«, imitierte sie die beiden. »Es gibt immer einen Sohn aus der Finanzwelt oder der Politik, den ich ihrer Meinung nach heiraten sollte.« Dann senkte sie ihre Stimme ein wenig. »Sie sind alle ein wenig wie Rudi.«

Ich lachte.

Plaudernd hielt sie einen ihrer lilafarbenen Ohrringe zwischen Daumen und Zeigefinger.

Es war so verdammt schön, einfach nur ihrem Englisch zu lauschen, das von einem leichten Gujarati-Akzent gefärbt war, aber dann platzte natürlich einer von Oberois Lakaien herein und bellte sie an, sie müsse Blumen für den Neffen eines fetten Politikers kaufen, sich um die Kreditkartenrückzahlungen ihres Chefs kümmern, oder so was in der Art, und Priya nahm ihren To-go-Kaffeebecher und sagte: »Danke für den Drink, Ramesh.«

Als ich dann später dieser *bhosdike* von Oberoi eine satte Abreibung verpasste, war das einer der besten Momente meines Lebens. Aber ich möchte nicht vorgreifen.

Hey, ich würde bald fünfzehn Millionen *gandhis* im Jahr verdienen.

Und ich hatte etwas, was genau wusste ich nicht, mit einer schönen jungen Frau am Laufen.

Ich war glücklich.

ACHT

Möglicherweise lief es am Anfang auch für Rudi gut. Vielleicht gab es eine Woche, einen Tag oder eine Stunde, in denen er tatsächlich glücklich war: reich, gefeiert, prominent, ein Achtzehnjähriger, dem die Welt zu Füßen lag.

Wie auch immer seine mentale Verfassung war, anfänglich brillierte er in der Show. Die Kandidaten waren hingerissen. Nie saß eine Pointe oder ein Haar an der falschen Stelle.

Doch dann ließ er langsam nach, wurde immer schlechter, und ich startete Versuche, ihm den Arsch zu retten.

Er hatte mitten in der Show Blackouts. Manchmal starrte er mit glasigen Augen in die Kamera, zwar nur für eine Sekunde, aber etwas in seinem Gesicht verriet mir, dass er keine Ahnung hatte, was er tat oder wo er war, und unwillkürlich durchströmte mich eine seltsame, verbotene Erregung.

Einmal hatten wir eine Hausfrau aus Amritsar in der Show, die sich als Kind den Arm mit kochendem Wasser verbrüht hatte, offenbar ein üblicher Unfall in einer Punjabi-Kindheit. Rudi glotzte zehn Sekunden lang nur auf ihren Arm.

Die Frage, die sie beantworten musste, lautete: *Was ist der viertgrößte See in Maharashtra?*, eine der Schick-sie-nach-Hause-Fragen, die Oberoi so sehr liebte.

Sie stand da, brachte kein Wort heraus, sah nur zu, wie der Zähler nach unten klickte und die Lichter im Studio rot aufblinkten.

»Leider Pech gehabt«, hätte Rudi sagen sollen, um dann die richtige Antwort vorzulesen, nach ihrer Familie zu fragen und sie zurück in die Dunkelheit zu schubsen.

Stattdessen verharrte er regungslos.

Er starrte ihren Arm an, ihre zerfurchte, geschmolzene Haut. Die Sekunden vergingen, und er brachte keinen Ton hervor. »Bring ihn zum Reden, Kumar!«, schrie Oberoi.

»Rudi«, zischte ich ihm ins Ohr. »Rudi, frag sie, was sie mit dem Geld machen wird. Frag sie nach ihrem Ehemann. Rudi!« Oberoi spie mich von der Seite an. Meine Augen klebten am Monitor.

»Ihr Mann liebt Sie, sogar mit Ihrem Arm?«, sagte Rudi roboterhaft. Die Lippen der Frau begannen zu beben. Ihre Augenwinkel wurden feucht, und ich konnte mir den Grund dafür denken: die Tränen einer Frau, die sich sehr bemüht hatte, ihre Angst vor der Öffentlichkeit zu überwinden, die sich geschworen hatte, dass sie nie wieder weinen würde.

»J-ja«, sagte sie, »aber manchmal …« Sie griff nach ihrem Ärmel, um ihre Augen zu trocknen.

Rudi war wie gelähmt.

Das Publikum wurde unruhig. Ihr Junge fiel vor ihren Augen auseinander. Wir mussten schnell handeln. Wenn sie anfangen würden zu buhen, wäre seine ganze Karriere im Eimer, ein gefundenes Fressen für die Klatschspalten.

Ich erfasste die Situation sofort, doch Rudi stand einfach nur da und schaute verängstigt drein, sein Mund vor Staunen offen.

»Sag dem Arschloch, er soll verdammt noch mal was sagen«, rief Oberoi neben mir, sein Atem stank nach Bourbon. »Wenn er jetzt Scheiße baut, geht die Show den Bach runter, und ich bin total im Arsch, hörst du?«

»Rudi«, sagte ich. »Sprich mir nach: Ihr Mann liebt Sie, auch mit Ihrem Arm. Keine Frage. Das ist eine Aussage.«

Rudi wiederholte: »Sprechen Sie mir nach: Ihr Mann liebt Sie, sogar mit Ihrem Arm. Das ist keine Frage. Es ist eine Aussage.«

Scheiße.

Die Götter seien gepriesen, ihre Altäre geheiligt. Die Frau nickte. Was auch immer der Grund dafür war, ob kastenmäßige Ehrerbietung, Respekt vor dem Fernsehen, die Globalisierung, egal, sie nickte!

»Mein Mann liebt mich, sogar mit meinem Arm«, flüsterte sie leise.

»Denn darin besteht doch Liebe, nicht wahr?«, sagte ich. Rudi wiederholte es. Er war geistesgegenwärtig genug, um in die Kamera zu lächeln. »Wir nehmen die guten und die schlechten Tage gemeinsam an. Wir nehmen die guten und die schlechten Dinge an. Keine Liebe ist vollkommen. Wir alle haben unsere Probleme. Aber wir verdienen es, geliebt zu werden. Wir alle verdienen es. Von den Niedrigsten der Niedrigen bis zu den Höchsten der Hohen. Das ist es, was diese Welt am Laufen hält.« Die Frau weinte immer noch, aber jetzt waren es Freudentränen, Tränen über die glückliche Rückkehr eines Sohnes aus dem Krieg. Ich erlaubte mir einen Rundblick im Kontrollraum. Priya schaute mich aus der Dunkelheit der Kabine bewundernd an. Ihr Mund formte ein stummes: Danke.

Ich verlor mich in ihrem Blick, fast so wie es Rudi kurz zuvor passiert war. Dann verpasste mir Oberoi von hinten einen Schlag und kommandierte, ich solle mit der verfickten Übertragung weitermachen.

Das Publikum klatschte und jubelte, es stand auf, in seiner ganzen Sari-gekleideten Pracht. »Rudi, geh zu ihr und umarme sie«, zischte ich, und er folgte. Er hob sie von den Füßen und hätte der armen Frau beinahe die Luft abgedrückt.

»Danke, Indien, und gute Nacht!«, sagte ich, und er wiederholte es.

Katastrophe abgewendet.

Es war letztendlich ein fesselndes, schlangenbeschwörendes Fernsehereignis.

»Schwein gehabt«, stöhnte Oberoi, aber natürlich würde er den Vorfall als Munition in seiner wöchentlichen Nachbesprechung nutzen, auf dem Tisch vor sich das übliche Arsenal an Whisky-Minifläschchen, außerdem den klassischen Cocktail für Männer mittleren Alters aus CSE-Hemmern und Betablockern sowie ein winziges digitales Blutdruckmessgerät, das ihm amerikanische Verwandte auf sein Drängen hin bei ihrem jährlichen Besuch mitgebracht hatten. Sich über Rudi zu beschweren, verschaffte ihm eine Pause von seinem ewigen Lamento über Rechnungen, Hypotheken, die horrenden Ausgaben seiner Frau und all den andern Unsinn, den er lieber ignorierte.

Während der Arbeit gingen Rudi und Oberoi nie direkt aufeinander los. Sie beschimpften mich, Priya oder einen anderen Untergebenen, wobei sie sich an Abschätzigkeit und Gemeinheit übertrumpften.

Und nachts kam Rudi dann zu mir, in mein Zimmer, und heulte sich aus.

Es war eine von Oberois genialen Ideen gewesen. Er wollte die Show aufpeppen und weitere peinliche Aussetzer Rudis vermeiden.

Die Woche der Herausforderer. Drei Kids pro Show, in Rudis Alter, und alle hatten in dem Jahr die All Indias absolviert.

Sie würden in die Show kommen, würden versuchen, Rudis Krone zu erobern und – natürlich – verlieren.

Die ersten vier Tage dieser Woche der Herausforderer gingen ohne Probleme über die Bühne. Die Kinder waren alle bebrillt, unschuldig und stammten aus ärmeren Familien, und am Ende der Show kamen ihre Eltern auf die Bühne, und wir schenkten ihnen Kühlschränke und Geschirrspüler. Sehr süß.

Doch für den letzten Tag hatte Oberoi etwas ganz Besonderes geplant. Er teilte es uns beim Produktionstreffen mit, sobald wir um den Tisch versammelt waren: ich, Priya und ein paar Drehbuchautoren – Rudi war wie üblich abwesend.

»Ein echter Herausforderer«, verkündete Oberoi, »jemand, den das Publikum hassen wird.«

»Hassen?«, fragte Priya. »So funktioniert die Show nicht. Rudi gewinnt, doch wir demütigen keine –«

»Und genau da liegst du falsch, Priya. Unsere Quoten sinken. Die Leute haben die Nase voll von Nächstenliebe. Sie verlangen nach Demütigung. Rudraksh muss jemanden zermalmen. Jemanden, der reich und arrogant ist.«

Jemanden wie dich, dachte ich. Aber ich sagte nichts. Vielleicht war es wirklich keine gute Idee. Vielleicht würde Rudi mit so jemandem als Gegenüber selbst arrogant und unnahbar rüberkommen. Aber immerhin hatte Oberoi Ideen, wollte die Sache aufpeppen. Etwas, um Rudi von seiner Langeweile abzulenken, um frischen Wind reinzubringen? Das könnte funktionieren.

Der Name des Jungen war Abhi.

Sein Einführungsvideo war ziemlich großkotzig. Teure Autos, ausgefallene Drinks, Nachtclubs, viele junge Frauen, die Haut zeigen. Das Publikum war sichtlich angewidert. So weit, so gut.

Dann flimmerte sein Interview über die Studioleinwand. »Ich liebe es zu feiern«, erklärte er. »Hart arbeiten, hart feiern. Darauf steh ich.«

Das Publikum buhte.

»Ich werde Rudi auf seinen rechtmäßigen Platz verweisen«, fuhr er fort, wobei seine Augen von einer Seite zur anderen huschten. Der kleine Scheißer las seinen Text ab. Ich schaute hinüber zu Oberoi. Er lächelte. »Ich werde Rudi Saxena entthronen, und dann werde ich das *Brain of Bharat.*«

Der Junge machte sich nicht gerade beliebt beim Publikum. Und sein nächster Satz war wahrer Sprengstoff.

»Ich habe im Ausland studiert, aber jetzt bin ich nach Indien zurückgekommen, um den Menschen zu zeigen, wer der wahre Champion ist.«

Die Zuschauer begannen vor Wut zu kochen.

Im Kontrollraum strahlte Oberoi vor Freude.

»Das ist grausam«, sagte Priya. »Er ist noch ein Kind. Sie werden ihn in der Luft zerfetzen.«

»Ganz genau«, erwiderte Oberoi und zupfte an den

Spitzen seines Schnurrbarts. »Denkt daran, wie fantastisch Rudi im Vergleich zu dem rüberkommen wird.«

Ich warf einen raschen Seitenblick auf Oberoi. Er hatte großen Spaß. Vielleicht hatte er ein wenig zu viel Spaß, dachte ich. Möglicherweise bereitete es ihm Vergnügen, Rudi zu reizen.

Rudi betrat das Studio und wirkte angepisst.

Dann kam der Junge, Abhi, und winkte schüchtern. T-Shirt mit ausländischem Label? Ja. Designer-Schuhe? Ja. Ein Opferlamm in teuren Kleidern.

Er hatte ein hübsches Gesicht. Jugendlich, strahlend weiße Zähne, wie aus einer Milch-Werbung. Sein Haar schien eigens dafür entworfen, um gekrault zu werden. Rote Wangen. Unschuldiges Lächeln.

Dieses Lächeln überlebte im Studio keine Sekunde.

So etwas hatte ich noch nie erlebt. Das Publikum war kurz vor dem Aufruhr. Sie riefen: »Rudi, Rudi, Rudi!« Die Frauen heulten vor Zorn. Die Männer machten inkorrekte Bemerkungen über die Anatomie von Müttern. Warum traf es immer die Mütter? Was hatten sie verbrochen? Das ist ziemlich unindisch, finde ich.

Rudi hatte sich wie üblich das Video vom Green Room aus angesehen.

Er war außer sich.

Er fiel über den Jungen her, mit den bewährten Argumenten. Du ehrst deine Mutter und deinen Vater nicht. Du bist aus diesem Land weggelaufen. Du hast zu viel Geld. Du weißt nicht, wie das Leben für normale Menschen ist. Ich musste ihn nicht mal von außen anstacheln. Er schäumte regelrecht über.

»Und zu allem Überfluss«, schloss er, wobei sein Zeigefinger in Richtung des Jungen stach, der hinter seinem

Pult stand, »beleidigst du alle Menschen, die sich diese Show ansehen. Du beleidigst ihre Geschichte, ihr Leben und alles, wofür sie seit Generationen gekämpft haben. Junger Mann, du bist arrogant und ungehobelt und unindisch, und Rudraksh Saxena wird dich zu Fall bringen!«

»Rudi! Komm wieder runter!«, sagte ich. Aber er hörte mich nicht.

Das Publikum war regelrecht in Ekstase. Sie klatschten. Sie schrien. Sie trampelten mit den Füßen, und die Sitze bebten unter ihrem Rhythmus.

Rudis Augen waren vor Zorn weit aufgerissen, er atmete schwer, ein reiches Kind direkt vor sich, das ihn entthronen wollte. Er geriet außer Kontrolle. Wenn Oberoi es darauf abgesehen hatte, Leben in die Show zu bringen und peinliche Schweigemomente zu vermeiden, dann funktionierte es viel, viel zu gut.

Abhi versuchte zu antworten, wurde aber niedergebrüllt. Antinational, NRI, Verräter, Auslandsansässiger, religiös Unwissender: alle diese auserlesenen Beleidigungen wurden ihm aus dem Publikum entgegengeschleudert. Männer sprangen auf, schrien und konkurrierten miteinander um eine Nahaufnahme der Publikumskamera, die sie als Twitter-Profil-Bild verwenden konnten, direkt über ihrem auf den neuesten Stand gebrachten Steckbrief: *Medienkommentator. Pro-Indisch. Patriot.*

»Warten wir ab«, rief Rudi, »wer sich nach der Pause durch Bildung hervortut, und wer durch Einbildung.« Das hatte er sich selbst ausgedacht. Dafür übernehme ich in keiner Weise die Verantwortung.

Wir gingen in die Werbepause. Das Publikum verstummte augenblicklich.

Priya legte den Kopfhörer ab, warf Oberoi einen hasserfüllten Blick zu und lief hinaus in den Studioflur. Sie trat zu dem Jungen, der leichenblass war, und umarmte ihn.

»Was sollte das?«, fragte Oberoi, als sie zurückkam. »Er muss lernen, wie die Welt funktioniert.«

Priya biss sich auf die Zunge.

Wir kamen aus der Pause zurück. Sofort setzte das Publikum wieder mit seinem wütenden Geschrei ein, diese effekthascherischen Scheißer. Oberoi tippte auf seine Laptoptastatur, und Abhis erste Frage tauchte auf.

Was ist der größte Berg auf dem Planeten Erde?

Mauna Kea. Everest. K2. Elbrus.

»Du hast dreißig Sekunden«, sagte Rudi. Abhi hatte wieder etwas Farbe im Gesicht. Eine einfache Frage. Das kann ich schaffen, sah man ihn denken. Er hielt im Stillen eine kleine Motivationsansprache für sich, voller positiver Gedanken und anderer Bewältigungsstrategien, die ihm mit acht Jahren sein Therapeut empfohlen haben musste

»Sei bei den ersten Fragen etwas sanfter mit ihm«, sagte ich Rudi ins Ohr. Er nickte unmerklich. Priya warf mir einen dankbaren Blick zu. Ich grinste zurück.

Und dann sagte Oberoi: »Die Antwort ist Mauna Kea.«

Ich drehte mich um und sah ihn an wie einen Verrückten. Auf dem Bildschirm hob Rudi die Augenbraue.

»Die Antwort ist Mauna Kea. Nicht Everest. Der ist der Höchste«, sagte Oberoi. »Die gesamte Größe der Erhebung wird aber von der Basis aus gemessen, und der Mauna Kea steht zur Hälfte im Meer.«

»Sir«, sagte Priya und zog sich das Headset vom Kopf. »Sir, das ist eine Falle. Das können wir nicht machen. Das ist die erste Frage. Er wird zum Gespött der Leute.«

»Das wird ihm eine Lehre sein«, sagte Oberoi. »Denkt an unsere Einschaltquoten. Weiter, Ramesh. Sag ihm, was er sagen soll.«

»Die Antwort ist Mauna Kea, Rudi. Der Everest ist der höchste, aber nicht der größte«, wiederholte ich.

Natürlich antwortete der Junge: »Everest.« Er sah so zuversichtlich aus, so jung, so stolz auf sich. Und dann blinkten die Studioleuchten rot.

»Falsch!«, brüllte Rudi. »Falsch!« Das Publikum schnappte nach Luft. »Er hat gleich die erste Frage falsch beantwortet! So was ist noch nie passiert! Die Antwort ist Mauna Kea. Es ist die größte Erhebung, die zur Hälfte im Meer steht. Falsch!«

»Rudi, sachte«, sagte ich.

Rudi lächelte, ignorierte mich, oh, wie er das genoss, und schrie erneut: »Falsch! Dachtest du, du könntest hierherkommen und dich über uns kleine Inder lustig machen? Dachtest du, wir würden vor Ehrfurcht vor dir auf dem Boden kriechen? Hast du dir eingebildet, wir wären bemitleidenswert? Du bist der Bemitleidenswerte! Du jämmerlicher Versager.« Er bebte vor Aufregung. »Wir machen eine Pause, dann kommen wir mit einem weiteren Herausforderer zurück. Lasst uns hoffen, dass er mehr draufhat als dieser hier.«

Das Publikum lachte.

Der Junge schluchzte verzweifelt. Er blickte zur Menge auf, sein Gesicht war tränenüberströmt. Das Publikum klatschte und klatschte und klatschte.

Priya verließ den Raum und eilte ins Studio, wo sie sich um das weinende und gebrochene Kind kümmerte.

NEUN

Die Show lief jetzt zwei Monate. Unsere Einschaltquoten stiegen. Es wurden immer noch Waschmaschinen verkauft. Rudis Leben war immer noch ein Chaos.

Auf Facebook sah ich, dass Priya bald Geburtstag hatte. Als aufmerksamer junger Mann, der ich war, hätte ich ihr gerne etwas geschenkt. Aber ich hatte noch nie etwas für eine Frau gekauft. Was gefiel denen?

An einem Samstag irrte ich durch eine Shopping-Mall. Auf WhatsApp umtänzelte ich die Frage. Mochte sie Pralinen? In welchen Klamottenläden war sie kürzlich gewesen? Welche Musik hörte sie gerne?

Offenbar war ich nicht sonderlich subtil, denn schließlich schrieb sie: *Ramesh, wenn du mir etwas zum Geburtstag schenken möchtest: ich mag Blumen.*

Also kaufte ich ihr Blumen.

Nur kurze Zeit später stolperten Rudi und ich in die nächste Katastrophe.

Gegen uns wurde ermittelt.

Ein weiteres Schlamassel, zusätzlich zu allem anderen, mit dem ich mich bereits herumschlagen musste.

Wie ich Wind davon bekam? Ich schnappte Gerüchte auf, man habe Rudis alten Klassenkameraden telefonisch befragt. Ich erhielt eine E-Mail von einem kleinen Angestellten des Central Bureau of Investigation, in der um meine Mitarbeit gebeten wurde, dann einen mahnenden Anruf und schließlich einen Brief mit Stempeln, Unterschriften und wütenden Großbuchstaben übersät, den ich geflissentlich ignorierte.

Ich ging davon aus, es sei ein Spinner, vielleicht ein Journalist, ein Trickbetrüger oder jemand, der eifersüchtig auf Rudis Erfolg war und Schweigegeld zu erpressen versuchte.

Stimmte aber nicht.

Ihr Name war Inspector Anjali Bhatnagar, und sie war eine leitende Ermittlerin des Central Bureau of Investigation (Bildungsabteilung). Sie hatte uns in der Show gesehen, hatte dann die Schulzeugnisse eines gewissen Rudraksh Saxena hervorgekramt und war äußerst verwundert.

Da war dieser Junge, der früher keine besondere Leuchte gewesen war. Schlechte Zeugnisse in der zehnten Klasse, keine außerschulischen Aktivitäten, ein erbärmliches Vorprüfungsergebnis, und plötzlich war er der All-India-Sieger! Wie war das möglich? Ich konnte mir gut vorstellen, wie sie vor ihrem Computer hockte, Google geöffnet, und daneben ihre Unterlagen, und sich die Hände rieb, als die Details von Rudis Leben immer klarer in den Fokus rückten. Eigens um solchen Machenschaften einen Riegel vorzuschieben, war sie in den öffentlichen Dienst eingetreten. Aber vielleicht – so hoffte ich – wollte sie auch einfach nur Geld. Die Reichen, die Müßiggänger und Hellhäutigen, Leute wie Rudi, hatten schließlich immer schon getrickst, sich ihren Weg an die Spitze erschwindelt und erkauft. Ihr musste doch klar sein, dass eine einzelne Frau nichts daran ändern konnte.

Als Nächstes ging sie zu Rudis Eltern, die daraufhin panisch bei ihm anriefen. Das war ihm egal, natürlich war es ihm egal; sie bedeuteten ihm nichts mehr, waren nur noch eine lose Verbindung zu einer Vergangenheit, von der er vorgab, sie hätte nie existiert.

Dann tauchte sie im Studio auf, statt in der üblichen khakifarbenen Uniform in einem dunklen Hosenanzug, der sicher eine Stange Geld gekostet hatte, und sie verlangte – verlangte! – Rudi zu sprechen. Sie wedelte mit einer offiziell aussehenden Vorladung vor unseren Nasen. Wir waren noch nicht reich genug, um ihr ins Gesicht zu lachen. Ich drückte mich im Hintergrund seiner Garderobe herum und versuchte, unauffällig und unterwürfig zu wirken. Ich murmelte das Wort »Manager«, als Bhatnagar in meine Richtung blickte.

Diese Frau bedeutete Ärger, das sah man sofort an ihrer Haltung, an der Art, wie sie Rudi anstarrte, keine Höflichkeiten, kein Lob, nichts von diesem »Ich habe neulich Ihre Bournvita-Werbung gesehen«, mit dem ihn alle anderen anhimmelten. Für sie war er nur ein weiteres verzogenes, reiches Söhnchen und nicht die Urquelle allen Wissens. Sie war eine dieser Gesetzestreuen, eine unbestechliche Central-Bureau-Mitarbeiterin, resistent auch gegen den Druck der Regierung – und das war etwas so Seltenes wie eine Wahl ohne Wahlbetrug. Unglaublich.

Sie gehörte zu jenen klugen Leuten, die einfach nicht akzeptieren wollten, dass sich das Gesetz dem Willen der Reichen beugte.

Rudi hockte in der Garderobe, schlürfte einen Frappuccino und wischte sich durch Tinder.

Er nahm das Meeting zu lässig. Sein Gehirn war vernebelt durch zu viel Geld, zu viel von allem. Diese Frau könnte ihn vernichten. Sie stellte die größte Gefahr dar, mit der wir es bisher zu tun hatten. Das musste ich ihm klarmachen, ihm ein Zeichen geben.

»Wie haben Sie sich auf die All Indias vorbereitet?«, fragte sie.

»Gearbeitet«, sagte Rudi. Ich schrieb ihm eine SMS, in Großbuchstaben. *VERSAU DAS NICHT! DU WEISST, WAS SIE UNS ANTUN KANN?*

»Wer waren Ihre Tutoren?«

»Ich bin von Natur aus intelligent«, sagte er. Er sah von seinem Smartphone auf und sein Mund formte ein stummes »was auch immer« in meine Richtung. Ich hätte gelacht, wenn ich nicht so nervös gewesen wäre.

»Ihre Eltern erlaubten mir nicht, ihre Kontoauszüge einzusehen. Gibt es dafür einen Grund?«

Ich musste Rudi da rausholen. Ich zitterte vor Sorge. »Du wirst im Studio gebraucht«, sagte ich laut, aber es nutzte nichts. Er machte weiter.

»Vielleicht hat ihnen Ihre Nase nicht gefallen«, erwiderte er.

Anjali Bhatnagar atmete tief durch. »Mein Gott!«, rief sie aus, unfähig, ihre Wut zu beherrschen. Sie war eine der leitenden Ermittlungsbeamtinnen des Central Bureau of Investigation. Man legte sich nicht mit dem CBI an. Unter ihrem harten Blick brachen die Menschen üblicherweise in Tränen aus, offenbarten ihr Innerstes. Es gab niemanden über ihr, außer dem indischen Volk.

»Wenn Sie ein Date wollen, hätten Sie nur zu fragen brauchen. Ich hätte Ja gesagt«, witzelte Rudi und wischte weiter über sein Display.

»Date?«, sagte sie. Ein Lächeln erhellte Rudis Gesicht, das erste seit Tagen. Unfassbar, dass er so eine Nummer abzog, bei dieser Frau, die die Macht hatte, alles zu ruinieren, was wir zusammen aufgebaut hatten.

»Ramesh, schau mal nach, wie mein Terminkalender nächstes Jahr aussieht.«

Sie blieb äußerlich gelassen. Sie schob sich eine Haarsträhne hinters Ohr. »Ich kriege Sie«, sagte sie.

»Ins Bett?«, fragte Rudi.

Es war nicht einmal ein guter Spruch, was mich erst recht aufregte. Ich hätte ihm am liebsten ins Gesicht geschrien: *Das ist meine Zukunft, die du zerstörst, für einen dummen, hirnlosen Scherz*. Und ich will ehrlich sein. Ich dachte in dem Moment auch an Priya. Ich dachte an ein kleines Landhaus mit einem Haufen Kinder darin.

»Ich hab Malhotra erwischt. Ich hab Fernandez erwischt. Und Sie bringe ich auch zur Strecke«, verkündete Bhatnagar leise. »Ich werde nicht lockerlassen.« Man konnte spüren, dass sie es ernst meinte.

»Sollte mich das interessieren?«, fragte Rudi und inspizierte seine Fingernägel. »Tut es nämlich nicht.«

Sie ging ohne ein weiteres Wort.

»Mann, was für Titten«, sagte Rudi und grinste wie ein Schuljunge. Offenbar erwartete er von mir, dass ich mitlächelte, so wie alle anderen um ihn herum in letzter Zeit.

»Das war unverschämt!« Ich war stinksauer. »So darf man eine Frau nicht behandeln. Keinen erwachsenen Menschen, niemanden so Mächtigen! Überhaupt niemanden! Rudraksh!«

»Wie auch immer, Alter«, erwiderte Rudi.

Ich sage euch, Respekt vor Frauen, das kommt in diesem Land nur im Tempel vor, oder gegenüber reichen Erbtanten mit einem Herzleiden.

Rudi kramte in seinem Armani-Anzug, fischte einen Beutel hervor, irgendein weißes Pulver, ich wollte gar nicht wissen, was es war. Er sagte: »Verpiss dich!« Was ich dann auch tat. Ich hätte in seiner Nähe bleiben sollen. Ich hätte ihn stoppen sollen. Aber ich tat es nicht.

Ein paar Tage darauf erhielten wir unsere offiziellen Vorladungen, alle Formulare in vollständiger und korrekter Ausführung. Ich sorgte dafür, dass unsere Anwälte einen Aufschub erwirkten, Räder schmierten, die Dinge verzögerten, aber wir würden es nicht vermeiden können.

Eine weitere verfluchte Komplikation. Da denkt man, man schummelt ein wenig bei Prüfungen für reiche Leute, total im Rahmen, nur die übliche Korruption moralischer Werte, die wir Inder schätzen und lieben, und dann bricht so was über einen herein.

Priya und ich aßen nun regelmäßig miteinander zu Mittag, und nach ein paar Tagen fragte sie mich bei einem Sandwich in der Kantine: »Weißt du, wer Anjali Bhatnagar ist?«

Ich öffnete den Mund und schnappte nach Luft.

»Wie hast du von ihr erfahren?«, fragte ich.

»Ich bin gut in meinem Job«, sagte sie.

Sie legte ihr Handy vor mich hin. Seite um Seite über Anjali Bhatnagar: ein Fan-Forum, Fotoshop-Deepfakes auf Google Images, Facebook-Gruppen, Pressekonferenzen, auf denen sie korrupten Politikern drohte, sie und ihre Kinder vor Gericht zu bringen, Videos von einer Podiumsdiskussion über Anti-Korruptions-Initiativen auf dem Jaipur-Literaturfestival, im Publikum eine Menge sie verehrender Weißer, Talkrunden, bei denen sie auf andere Gäste losging. Indien ist das einzige Land der Welt, in welchem beide Seiten eines Arguments erörtert werden, indem man sechs bis acht Menschen vor laufender Kamera aufeinander loslässt, bis ihre Eingeweide auf dem Boden verstreut liegen. Es ist unser großartiger Beitrag zur Weltkultur, das und das *bhangra*-Lied, das sie auf *gora*-Hochzeiten spielen.

»Jeder Zweite in den Schlagzeilen ist der Sohn oder der Cousin oder die Geliebte eines *neta*. Man muss sehr vorsichtig sein, mit wem man sich anlegt«, sagte Priya. »Ich würde eine derart entschlossene Frau nicht auf meinen Fersen haben wollen.«

Reiche und Leute mit Verbindungen zieht man nicht zur Rechenschaft, ohne selbst etwas abzukriegen. Ich las die Artikel über Bhatnagars Werdegang, was sie alles hatte einstecken müssen. Sie war bei Beförderungen übergangen worden, hatte sogar Morddrohungen erhalten. Geschichten eines Insiders des CBI überschwemmten die Presse. Anonyme Leitartikel von Regierungszeitungen forderten Bhatnagars Entlassung.

Sie war der letzte Mensch auf der Welt, den wir im Nacken haben wollten. Sie hatte Resultate vorzuweisen. Sie hatte Reiche mit besten Beziehungen zu Fall gebracht. Und nun war sie vermutlich auf Blut aus, weil ihre Karriere davon abhing, und das war wirklich ein Grund zur Sorge. Rudi, ein All-India-Sieger, ein Fernsehstar, könnte der größte Fang ihres Lebens werden.

»Wir sind am Arsch«, sagte ich.

Priya sah mich an und neigte den Kopf zur Seite. »Nur wenn du etwas Falsches getan hast«, sagte sie.

Ich brachte kein Wort heraus.

Wir waren uns in letzter Zeit nähergekommen, und häufig nutzte ich das Schweigen, um eine Mauer zwischen uns zu errichten. Während sie mich wiederum durch ihr Schweigen zum Reden bringen wollte, wie ein Elternteil oder Produzent. Aber ich sagte nichts.

Schier endlos dehnte sich unser Schweigen, wie die zeitlose Ewigkeit vor der Erschaffung der Welt, eine geradezu kosmische Stille machte sich in der Kantine breit, in der Tandoori-Paella auf dem Speiseplan stand.

»Wir können offen reden«, sagte sie. »Ich weiß, dass du nicht wie die anderen bist.«

Leider war ich wie die anderen. Oh, man kann sich einreden, man habe lediglich aus Armut und Verzweiflung gehandelt, aber das funktioniert nur eine gewisse Zeit. Daher blieb ich immer noch stumm.

»Bitte, Ramesh«, sagte sie und nahm meine Hand. »Wenn etwas passiert ist, kannst du es mir erzählen. Ich werde es niemandem verraten. Du kannst mir vertrauen. Ich verstehe dich.«

Ich schaute auf ihre Hand, die in meiner lag.

Die Klingel verkündete das Ende der Lunchpause, worauf Hunderte Angestellte sich mit einem kollektiven Stöhnen erhoben. Ich tat das, was ich am allerwenigsten wollte. Ich zog meine Hand weg.

Für den Bruchteil einer Sekunde wirkte sie enttäuscht, dann sammelte sie rasch ihre Sachen ein. Ich murmelte eine Entschuldigung und ging. Ich hatte mich nicht verraten, aber ich wusste, ich würde es bei nächster Gelegenheit wieder gutmachen müssen.

Ich stand vor der Frage, was ich eigentlich wollte.

Ich wollte sie. Ich wollte keine Reichtümer ohne

Ende, das war klar. Nur echte Arschlöcher streben diesen Kram an – Autos, Geld, Ruhm. Was für ein unindisches Gefühl, ein perfektes Gefühl für einen Instagram-Post; ich fing an, mich jeden Tag ein bisschen mehr so zu fühlen.

Als ich an diesem Abend von der Arbeit nach Hause kam, bat ich sie um ein Date. Per SMS.

Ich wartete nervös auf ihre Antwort, wie ein Kind auf die Ergebnisse der All Indias – nun ja, eines, dessen Eltern mich nicht engagiert hatten.

Sie schrieb: *Ja.* Zwei kleine Buchstaben.

Bei meiner nächsten Begegnung mit Priya war der Zwischenfall beim Lunch kein Thema mehr.

Wir trafen uns am Wochenende in einer Shoppingmall, wie verknallte Teenager in einem amerikanischen Film.

An diesem Samstag war ich Rudi für ein paar kostbare Stunden losgeworden. War geflohen vor Steuerformularen, juristischen Unterlagen, den jüngsten Ermittlungsandrohungen, die über uns schwebten, vor dem Chaos seines neuen Lebens, den aufdringlichen Fans, dem Geld – einfach allem.

Ich betrat den Coffeeshop, und da saß sie, ganz hinten, in Jeans und selbstgestricktem Pullover. Ich nahm Platz. Ich wusste nicht, wie ich anfangen sollte.

»Also«, sagte ich.

»Also«, wiederholte sie.

Ich erwog, mich in eine faszinierende Erörterung der Strukturen von Rudis Monologen zu stürzen, als ein Mädchen hinter uns rief: »Er ist mein Boyfriend, Daddy, alle haben jetzt einen.« Kurz blickte ich Priya in die Augen, dann schauten wir beide weg.

»Alle haben jetzt einen«, wiederholte das Mädchen,

und ihre Stimme hallte durch den Raum. Der Vater murrte, das sei schlechter westlicher Einfluss, nur Inder aus der Unterschicht täten so etwas.

Priya bewegte ihre Augenbrauen auf und ab, nippte an ihrem Kaffee, und ich verkniff mir ein Lachen. Vater und Tochter stritten, schrien, ohne sich um ihre Umgebung zu kümmern. In Amerika hätte man sie sicher aufgenommen und den Clip sofort gepostet, aber hier lauschten die Menschen einfach nur heimlich.

Ich bebte vor Lachen, da spürte ich plötzlich einen leichten Schmerz. Ich schaute auf meinen Oberschenkel hinunter, auf dem Priyas Hand lag und mich in die Muskeln oberhalb des Knies kniff. Sie zwinkerte mir zu. Ich zwinkerte zurück. Dann kniff ich sie ebenfalls. Bald brannten unsere Oberschenkel, und wir hörten erst auf, als wir beide vor Anstrengung atemlos waren und ein paar Onkels am Nebentisch abschätzige Geräusche machten.

Um uns abzulenken, begannen wir, uns zu unterhalten, über Gott und die Welt. Was immer wir uns vorher zurechtgelegt hatten, es war vergessen.

Wir sprachen über unsere Eltern.

»Beamte«, sagte sie. »Und zwar ehrliche, kaum zu glauben, oder? Sie haben nur ihre staatliche Rente zum Leben. Ein Onkel von mir war bei der Polizei. Auch ehrlich. Immer knapp bei Kasse. Ich schicke ihnen allen jeden Monat ein bisschen was.«

»Keine Beamten«, sagte ich. »Nur mein Vater. Nicht ehrlich. Keine Onkels. Überhaupt niemanden. Auch kein Geld. Ich schicke ihm nichts. Tatsächlich habe ich ihn seit sieben Jahren nicht mehr gesehen.«

»Was ist mit deiner Mutter?«, fragte sie. Noch nie hatte mich jemand nach meiner Mutter gefragt.

»Starb bei meiner Geburt«, erwiderte ich. Priya verstummte, ging diesmal auf mein Schweigen ein, legte ihre Hand auf meine. Ich erwiderte ihren Händedruck und brach das Schweigen. »Erzähl mir mehr über deine absurd ehrliche Familie.«

Ich fragte mich, ob ich sie je kennenlernen würde. Was sie wohl von mir halten würden? Grob, unzivilisiert, nordindisch – im Grunde alles Synonyme. Sie wären elegant, kultiviert, wie ihre Tochter. Doch ich war vorschnell, wie eine Mutter, die sieht, wie ihr Sohn im Tempel zwei Worte mit einem Mädchen wechselt, woraufhin sie sofort die Vorhänge ausmisst, die Mitgift kalkuliert, Namen für die Enkelkinder aussucht und die Kinderbetreuung plant.

»Sie haben ein Haus gebaut, wurden von den Bauunternehmern betrogen, daher schicke ich ihnen jeden Monat Geld, und wenn ich nicht arbeite, fühle ich mich schuldig. Sie glaubten an den Sozialismus, wollten ein neues Indien aufbauen, ein besseres Land voller gleichberechtigter Menschen.«

»Ich kannte auch mal so jemanden«, antwortete ich.

Ich wollte ihr gerade von Claire erzählen, von all dem Elend und Herzschmerz, aber es schnürte mir die Kehle zu, und dann klingelte mein Telefon.

Rudi.

»Vergiss ihn, nur für einen Tag«, sagte Priya, nahm mir das Telefon aus der Hand und steckte es zurück in meine Tasche.

Wir verließen das Café und nahmen ein Taxi, um auf der anderen Seite Delhis einkaufen zu gehen. Wir durchstöberten eine Stunde lang gemeinsam in angenehmer Stille ein Einkaufszentrum, unsere Körper dicht beieinander, unsere Knie und unsere Arme berührten sich, als ich

Türen für sie aufhielt. Ich roch den Rosenduft ihres Haares und sah das Blitzen ihrer Ohrringe.

Am Abend musste ich zurück zu Rudi. Ich hatte ein Dutzend Anrufe in Abwesenheit erhalten.

»Oh Gott, kannst du mich nicht wenigstens einen Tag in Ruhe lassen, Boss«, raunte ich ins Telefon.

Rudi rastete aus. Ein hübscher Strom von Beleidigungen ergoss sich über mich.

Ich stellte ihn mir vor, wie er allein im Dunkeln saß, das Gesicht ausgehöhlt vor lauter Schlafmangel. Ich beendete das Gespräch so rasch wie möglich.

»Ich muss zurück«, erklärte ich Priya. Dann unternahm ich einen sehr kühnen Vorstoß westlicher Art. Ich ergriff ihre Hand. »Das war wundervoll.«

Woraufhin sie einen noch kühneren Vorstoß westlicher Art unternahm.

Sie trat dicht vor mich, legte mir eine Hand auf die Wange, zog mich zu sich heran und küsste mich.

»Das müssen wir bald wiederholen«, sagte sie.

Ich ließ sie nur sehr widerwillig los. Im Gehen blickte ich immer wieder über die Schulter. Sie winkte mir zum Abschied und formte mit dem Mund ein stummes »Beeil dich, beeil dich«.

Sie war das Beste, was mir seit langer, langer Zeit passiert war.

Ich bedauerte Rudi.

Die Show ging jetzt in ihren dritten Monat. Alles lief zu einfach für ihn. Jeden Abend drei Stunden im Studio herumhängen, vielleicht zwei Werbeaufnahmen pro Woche, jeweils zwei Stunden für fünfzehn *lakh*. Das Ganze stieg ihm zu Kopf.

Er kam nicht mehr zu den Produktionsbesprechungen, erklärte, wir bräuchten erst ein paar Stunden vor der Ausstrahlung mit ihm zu rechnen, er sei jetzt Profi.

Ich war sein einziger Freund. Wen hatte er sonst? Trotzdem versuchte ich, mehr Zeit mit Priya zu verbringen.

Er nahm wieder Kontakt zu seinen Schulfreunden auf, die zuvor nichts von ihm hatten wissen wollen, nun auf die Uni in Delhi gingen und freitags bei uns auftauchten, wenn sie in einen Club reinkommen wollten. Sie umschwirrten ihn wie Fliegen die Scheiße, redeten endlos über Grey Goose Vodka, wo sie ihren Master machen wollten und wo man die besten Clubnächte Delhis verbringen konnte.

An einem dieser Freitage kam einer seiner Trabanten, Shivansh, zu mir und fragte: »Wer bist du?« Und Shalini, die mit den Kajal-Augen und Henna-Tattoos an der Innenseite des Handgelenks, fügte hinzu: »Wo hast du Rudi kennengelernt? Du bist sein Diener, richtig?«

Natürlich waren wir uns vorher schon begegnet, aber dieses Spielchen wiederholte sich jeden Freitag. Vielleicht waren sie grausam, vielleicht hatten Drogen ihr Gehirn verwüstet, vielleicht übten sie sich darin, spitze Bemerkungen zu machen, für das Eheleben im mittleren Alter.

Kinder.

Reiche Kids, Instagram-Kids, in Dubai aufgewachsene Kids mit amerikanischem Akzent, Kids, die Rapper waren, Aufsteiger, »Nenn mich Purana Killa«-Kids, SoundCloud-Kids, sie alle zogen über mich her, sobald ich ihnen den Rücken zukehrte, als ob ich es nicht merken würde. Stellt euch mein Leid vor, das ich täglich erlitt, die geleistete Arbeit, das Geld, das ich verdient hatte – nur um dann in schummrigen Clubs blöd von der Seite angequatscht zu werden, von *chutiyas*, die in Delikatessengeschäften, Chocolaterien und paneuropäischen Fusion-Lokalen verkehrten.

Im Dunkeln waren wir ohnehin alle gleich – wo war da der große Unterschied?

In solchen Clubnächten kehrte Rudi nach einer Weile zu unserer Sitzecke zurück, zwei weiße Mädchen im Arm, die ultimativen Statussymbole, besser als der Bollinger, den sich nigerianische Kricketspieler über den Kopf kippen. Und sobald er wieder bei uns war, mussten alle wieder nett zu mir sein.

Dann nahm sein Drogenkonsum zu.

Ich hätte ein Auge auf die Drogen haben müssen. Wenn ich bei Werbeaufnahmen am Esstisch saß (sehr sozialistisch, dasselbe Essen für alle, genau wie in den *gurdwaras*), war er kaum mehr geistig anwesend. Verwirrt, weggetreten, bestellte er sich auf allen möglichen Apps Alkohol, den ich später für ihn abholen musste.

Nachts irrte er wie betäubt durch die Wohnung.

Ich wollte ihm wirklich helfen, aber wie? Man muss sich schon selbst retten wollen.

Die Quoten waren noch immer hoch, die Mütter schalteten brav ein, ich verdiente nach wie vor Geld, wir spendeten weiter an Tempel und Klöster, aber Rudi musste unbedingt ein Drogenproblem entwickeln, klar doch, Spaß muss sein, schließlich durfte man den westlichen Rockstars in nichts nachstehen: Indien ist ein Land der Intellektuellen, deshalb sind unsere Popstars die Quizshow-Moderatoren.

Wann begann der kleine Scheißer, regelmäßig zu koksen? Von wem bekam er den Stoff?

Vielleicht nahm er das Zeug, weil die Leute ihn runtermachten.

»Was soll dieser Rudi-Unsinn?«, kommentierten Ehemänner hinter ihren Zeitungen hervor. »Was stimmt nicht mit dem guten vedischen Namen Rudraksh?«

»Was tut er schon groß in dieser Show, außer kleine Geldbeträge an Waisen und arbeitslose, mittelalte Frauen zu verteilen?«

»Was hat er zu verbergen?«

Vielleicht nahm er den Stoff, weil er keine echten Freunde hatte. Und ich? Ohne das Geld wäre ich nicht geblieben. Ich fand die Tütchen mit dem weißen Pulver und warf sie weg. Ich fand andere, gefüllt mit seltsamen chinesischen Tabletten, schmiss sie ebenfalls weg. Dann tauchten neue auf. Ich hätte ihn zu einem Arzt schleifen müssen, aber ich unterließ es.

Und warum?

Keine Ahnung.

Ich fühlte mich schuldig. Ich hatte eine heiße Romanze am Laufen, und ich mochte ihn nicht zu hart rannehmen, obwohl ich wusste, dass ich die Verantwortung hatte.

Ich wollte mehr Zeit für Priya, für unsere gemeinsamen Mittagessen und Kaffeepausen, aber Rudi beanspruchte mich immer mehr. Ich brauchte sie. Es war das erste Mal, dass ich für jemanden so empfand.

Bald kümmerte ich mich rund um die Uhr um ihn. Nach unseren Ausgehabenden kehrten wir frühmorgens in die Wohnung zurück, dann musste ich ihn babysitten, sein Leben in geordnete Bahnen lenken, mir Gedanken über mein eigenes machen, zum Beispiel wann ich Priya endlich die Wahrheit sagen würde, denn es gab keinen

Weg drum herum. Sonst würde sie es selbst herausfinden, und dann würde sie mir nie verzeihen. Die Angst, sie zu verlieren, machte mich ausgesprochen unnachsichtig gegenüber Rudi und indischen Teenagern im Allgemeinen.

Ich ging dazu über, mir tagsüber Soap-Operas anzuschauen. Rudi krümmte sich im Hintergrund, den Eimer von mir feinfühlig an der richtigen Stelle platziert, genau im richtigen Winkel unter seinem verfluchten Rachen, um den Strahl von Erbrochenem aufzufangen.

Vor lauter Langeweile begann ich auch tagsüber zu trinken. Nur ein wenig, hier und da, aber trotzdem zu viel. Der Alkoholgeruch. Das Selbstmitleid. Nutzlos zu sein und nichts dagegen zu tun. Ich verdrängte jeden Gedanken daran, dass ich wie mein Vater wurde.

Elterliche Aufsicht war Mangelware, um es mal so auszudrücken.

Rudis Eltern waren gänzlich von der Bildfläche verschwunden. Sie hatten ihn auf die übliche Art indischer Eltern erpresst (wir haben alles für dich getan, wir haben Urlaube, SUVs und unseren Blutdruck für dich und deine Zukunft geopfert, und du tust rein gar nichts für uns), damit er ihnen ein Spesenkonto einrichtete, woraufhin sie in den Urlaub an einen italienischen See gefahren waren, zweifellos mit ausgedehnten Spa-Aufenthalten, Abstechern in Swinger Clubs, in neuen Markenklamotten von Dolce & Gabbana gekleidet, selbstverständlich kamen viele Operationen hinzu, Botox-Behandlungen und Lipos, und das betraf nur Mr Saxena.

Vor ihrer Abreise hatten sie tatsächlich ein letztes Mal versucht, mich loszuwerden. Ich war zu meiner alten Wohnung gefahren, die ich einmal im Monat aufsuchte, um die Luft auf der schmutzigen Seite Delhis zu schnuppern – schön, Sie wiederzusehen, Mutter Yamuna, immer noch voller Chemieabwässer, nicht wahr? –, und fand dort in meinem Briefkasten zwischen einem Berg von Werbemüll einen Umschlag. Darin befand sich eine Notiz, zusammengeschnippelt aus lauter einzelnen Zeitungsbuchstaben, klassischer Lösegelderpresser-Stil, ernsthaft, als wären es noch die Siebziger und hinter all dem würden Pran oder Amrish Puri stecken. *Wir kennen Ihr Geheimnis. Verschwinden Sie endlich. Lassen Sie ihn in Ruhe.* Es war so erbärmlich, es konnte nur von ihnen stammen. Sie waren keine Haifische. Er war Buchhalter im mittleren Management, und sie führte ein Modelabel für Ethno-Designs. Es war genau das, was man von solchen Leuten erwartete.

Danach gaben sie uns komplett auf, mich und ihr Kind.

In unserem Apartment stapelten sich schmutziges Geschirr, Gläser und Flaschen. Unsere Putzfrau kam nicht mehr, weil sie behauptete, in unserer Wohnung hausten Dämonen. Der Vermieter klopfte im Jogginganzug an die Tür, weiße Brusthaare quollen über den Kragen seines Polohemds, und er belehrte uns, dass wir »sehr schlechte Manieren« hätten.

Wir horteten haufenweise Bargeld unter den Matratzen, in Götterstatuen, im verdammten Kühlschrank, weil Rudi das in einem Gangsterfilm gesehen hatte.

Wir nahmen alles mit, jeden Dreh, jede Werbung, jede Shopping-Mall-Eröffnung; wir kassierten, und das Leben ging weiter. Ich versuchte, die Tütchen mit dem Pulver zu entsorgen, und hielt ansonsten meinen Mund. Vielleicht forderte ich ihm zu viel ab, aber ich musste ihn weiter Geld verdienen lassen. Wenn die Wahrheit aufflöge, wenn Anjali Bhatnagar uns am Arsch kriegte, was dann? Was würde aus ihm? Was würde aus mir? Wenn wir abstürzten, dann stand niemand bereit, um uns aufzufangen. Ich hatte keine Familie, und Rudi auch nicht mehr. Wir hatten einander und das wars. Ich wollte gar nicht darüber nachdenken.

Einige Wochen später, auf der Straße vor meiner Wohnung, kam überraschend Sumit auf mich zu.

Er sah anders aus. Oder ich war es, der sich verändert hatte.

Zuerst dachte ich, er sei ein Autogrammjäger oder ein gieriger Fan, einer von den Tausenden, die mich und Rudi belästigten und seinen Instagram-Account mit Spendenaufforderungen fluteten.

Aber nein, es war Sumit, der zu mir kam, um mich anzubetteln.

»Bruder«, sagte er mit etwas zu manischem Lächeln.

»Was willst du?«, fragte ich, denn er war nie zuvor nett zu mir gewesen.

»Ich hab ein bisschen Ärger«, sagte er. »Nichts Großes. Ein Kunde. Er verlangt sein Geld zurück.«

»Und was hat das mit mir zu tun?« Ich ging bereits auf den wartenden Wagen zu. Sumits Versuch aufrichtig und mitleiderregend zugleich auszusehen, misslang ihm gänzlich. Diese Haltung war absolutes Neuland für ihn.

»Lass uns die Vergangenheit begraben«, sagte er. »Du kannst mir helfen. Ich werde dir ewig dankbar sein. Die Vergangenheit ist Vergangenheit.«

»Ist sie das? Ich werde immer eine kleine Nummer bleiben, Sumit, ganz gleich, wie clever ich bin. Ich könnte alles Geld der Welt haben, und ich wäre immer noch eine kleine Nummer. Ist es nicht das, was du gesagt hast? Nein, Bruder, ich kann dir nicht helfen.«

Und dann ging ich.

Rudi und ich besuchten TED-Talks, weil sich Rudi zufolge dort all die heißen, schicken, arroganten Mädchen tummelten – seine Lieblinge. Minister mit Doppel- und Dreifachkinn interviewten ihn auf den After-Show-Partys über das Geheimnis seines Erfolges, woraufhin er verkündete: »Hör immer auf deinen Vater und deine Mutter. Arbeite hart, härter als ein Hund, härter als Hanuman, als er den Berg versetzte, um das Heilkraut zurück zu Ram zu bringen«, und die Minister nickten und bekräftigten, dass wir nichts wären ohne Kultur und Tradition, und die Zeitungen schrieben: *Lesen Sie Rudis überraschendes Geheimnis für den Weg an die Spitze,* und Onkel und Tanten im ganzen Land schimpften in der Familien-WhatsApp-Gruppe die Kinder, weil sie nicht häufig genug in den Tempel gingen, und kauften noch mehr Produkte mit Rudis Gesicht darauf.

Währenddessen wurde Oberoi durch den Erfolg von Rudi und *Beat the Brain* immer fetter. Und was tat das Arschloch? Er beschloss, in die Politik zu gehen, was gleichbedeutend damit war, mit der People's Party ins Bett zu steigen.

Es begann harmlos. Sentimentale kleine Tweets über vedische Traditionen, und dann *Bam!,* eine gefühlte Sekunde später tauchte er auf politischen Bühnen auf, verbeugte sich und krakeelte etwas über elitäre Intellektuelle und kosmopolitisches Ungeziefer, und auf den Unterzeilen im Fernsehen firmierte er als »Ideenführer«.

Er schleppte uns zu einer seiner Veranstaltungen, denn

obwohl er Rudi hasste, öffnete ihm dessen Name Tür und Tor.

Man beglückwünschte uns. Ein Golfclub, südlich der Stadt, neues Geld, Fähnchen, Girlanden. Eine der Vor-*diwali*-Feierlichkeiten, die jetzt immer früher im Jahr stattfanden.

Die rechtsgerichteten Safrangelben waren gut vertreten, man klopfte einander auf die Schulter, einen Johnnie Walker mit klirrenden Eiswürfeln in der Hand, überbot sich gegenseitig mit spontanen Kommentaren über die Poesie der Upanishaden und die Unantastbarkeit der indischen Sprache.

Oberoi hielt eine Rede auf dem Podium, hinter ihm thronte eine Schar fetter People's-Party-Minister. Er verbreitete den üblichen Unsinn: »Unser Land ist heute stark, so stark wie nie zuvor, und das liegt nur an einem Mann, dem Premierminister.« Alle klatschten. Er war richtiggehend berauscht von sich selbst. Endlich stand er im Rampenlicht. Er war nicht zu bremsen. Er sah seine politische Karriere vor sich aufblühen. »Dies ist ein Land auf dem Vormarsch, ein Land im Aufwind, ein Land, in dem ein bescheidener Produzent wie i–« Die Luft wurde ihm aus den Lungen gepresst, als eine riesige Pranke von hinten auf seinen Rücken donnerte.

»Lassen Sie jetzt ihn zu Wort kommen«, sagte der große Mann, ein Minister, mit tiefer dröhnender Stimme, Schweißperlen auf den Schläfen und einem durchschimmernden schweißnassen Kragen. Traue niemals einem Politiker, hatte Claire mir eingeschärft, ein Rat, den ich immer befolgt habe.

»Wen, Herr Minister, Sir?«, fragte Oberoi, wobei sich auf seinem Gesicht Furcht und Hass bekämpften.

»Rudraksh Saxena. Sie haben interessante Dinge zu sagen, Mr Oberoi, aber heute sind wir wegen ihm hier.«

»Ja, Sir«, erwiderte Oberoi leise. Er setzte sich auf einen Stuhl, sein Gesicht weißer als ein westlicher Ausschuss für ethnische Diversität. Ich lachte heimlich in mein Glas.

Auftritt Rudi, schwankend nach zu viel Whisky-Cola.

»Wir sind die Zukunft, ich bin die Zukunft, und dieser Mann hier«, er packte den Minister, dessen Namen er nicht kannte, dessen Körperfettanteil aber von Wichtigkeit kündete, »ist die Zukunft, nicht wahr?« Er begann, dem Mann in den Bauch zu pieken, und wiederholte immer wieder: »Sind Sie doch, oder?«

Dann sprang er von der Bühne und schrie: »Kellner!« Alle applaudierten. Sogar Oberoi, mit einem verzerrten Gesicht.

Es folgten weitere Reden von Mitgliedern der People's Party. Oberoi blieb auf der Bühne und versuchte wiederholt, nach dem Mikrofon zu greifen, wurde aber jedes Mal von jemand Wichtigerem, Mächtigerem, Fetterem abgedrängt. Sein großer Moment war vorüber. Ein Redner nach dem anderen beschimpfte NGO-Linke und verkündete, die Titanen der indischen Nachkriegsgeschichte seien zu säkular, zu liberal, zu muslimfreundlich gewesen. Oberoi hatte der sogenannten religiösen Toleranzstiftung des Premierministers großzügig Geld gespendet.

Den Rest des Abends stand Oberoi hoffnungsvoll und demütig herum, die Hände vor dem Unterleib verschränkt, wie ein Gefangener vor der Entlausung. Ständig verfolgte er Leute, wichtige Leute, bat um Visitenkarten, um Beteiligung an Investitionen. Er belaberte sie in einem fort wegen Selfies. All das Geld, all die Bedeutung, die er hatte, und er wollte immer noch mehr.

Ich verbrachte meinen Abend damit, sicherzustellen, dass Rudi nicht in Schwierigkeiten geriet, nicht endlos weitertrank und keine Leute beleidigte, die man besser nicht beleidigen sollte.

Alle meine Tage waren vergeudet, mit der Show, dem Geldverdienen für Rudi, und damit, ihn bei der Stange zu halten.

Alle meine Nächte waren vergeudet, sei es in Clubs, Restaurants oder Bars, wo ich dafür sorgte, dass er sich nicht sinnlos betrank, verletzt wurde oder Schlimmeres. Ich sorgte dafür, dass niemand mitbekam, wie daneben er sich benahm. Sorgte dafür, dass er nie erwischt wurde, dass die Zeitungen nie etwas enthüllten, damit seine Fans – Indiens Hausfrauen – weiterhin kauften, wofür er geworben hatte, um unser Wirtschaftswachstum weiterhin um sieben Prozent pro Jahr zu steigern.

Ich hätte bei Priya sein sollen. Ich hätte mein Leben leben sollen. Ich hätte mir so gerne mehr Zeit für sie genommen, aber Rudi war in einer kritischen Verfassung. Er stand am Abgrund, war zu einem echten Risiko geworden. Es war kurz vor dem Lichterfest, doch um Rudi schien sich alles zu verdunkeln.

Ich träumte idiotische Träume, wollte von all dem weglaufen, von den Gratisgetränken und dem Gratisgeld. Aber Träumen hat noch nie geholfen.

Also machte ich das Beste daraus. Auf meine Art.

Bei der Arbeit oder in Bars beantwortete ich ständig die blöden Fragen verschwitzter Autoren. Wir brauchten sie, damit Rudis Scherze frisch blieben, damit er glänzen konnte, nie um einen Spruch verlegen war, nie wieder erstarrte. Von ihm hingen Einnahmen von Dutzenden, Hunderten Millionen Rupien ab. Er war nicht einfach nur ein Junge. Er war ein Business. Er musste in Topform gehalten werden.

Diese Autoren hatten alle bescheuerte Namen wie Siddharta-nenn-mich-Sid oder Nikhil-nenn-mich-Nik. Sie hatten eine bescheuerte westliche Erziehung genossen und hatten bescheuerte westliche Luxusprobleme, wie von Frauen geghostet oder in einem Café nicht richtig bedient zu werden. Man hörte diese schrecklichen, schrecklichen Gerüchte über sie – dass sie E-Zigaretten rauchten. Inder. Elektronische Zigaretten. Stell dir das vor! Wie tief ist dieses Land gesunken, dass all unsere Probleme von Leuten mit einem amerikanischen Master-Abschluss gelöst werden müssen?

Manchmal ließ ich Tiraden vom Stapel, nur um sie ein bisschen zu verarschen. »Als ich ein kleiner Junge war, hatten wir nur Fingerbillard-Bretter, für die man viel Talkumpuder brauchte, damit die Steine schneller darauf rutschten, und wenn der Puder ausging, dann Gnade dir Gott, dann bluteten unsere Fingernägel.« Gelegentlich erzählte ich ihnen auch, dass damals mein einziger Freund ein Stock namens Pramod gewesen sei.

Priya gestand mir bei unseren Telefonaten und in Textnachrichten, wie mies Oberoi sie behandele. Bei ihren Treffen nannte er sie: »fette Gujju-Schlampe«, »*dhokla*-Fresserin«, die üblichen Beleidigungen.

Er wurde immer gemeiner zu ihr. Sie tat alles, um es ihm recht zu machen, aber es war nie genug.

Ich ballte unter dem Tisch die Fäuste. Hätten wir noch im Indien von vor zwanzig Jahren gelebt, hätte ich ihm eine verpasst, und die Sache wäre erledigt gewesen. Jetzt haben wir westliche Moralvorstellungen und Rechtsmittel, daher machen wir nur noch halbe Sachen.

Wie Priya das alles aushielt, werde ich wohl nie erfahren. Ich habe von ihr gelernt, was wahre Stärke ist. Der Armut konnte man entkommen, mit Glück und Verstand, und indem man alles wütend beschimpfte, was einem in den Weg trat. Aber eine Frau zu sein in diesem Land? Dem konnte man nicht entrinnen.

Alles, was ich wollte, war, Zeit mit ihr zu verbringen. Doch dazu kam es nie.

TEIL ZWEI

ZEHN

Da waren wir also, Rudi betrunken, derangiert, mit Erbrochenem besudelt. Ich neben ihm, eine Flasche in der Hand, unglücklich, überarbeitet, gestresst. Wir beide mit der Last der Welt auf unseren Schultern.

Es waren noch zehn Tage bis *diwali*, zum Lichterfest. Rudi stand unter enormem Druck, die TV-Rangliste anzuführen, in der profitabelsten Werbezeit des Jahres.

Und dann wurden wir gekidnappt.

Peng! Die Tür flog auf, ich wollte schreien, aber es kam nichts Nennenswertes heraus.

Ich starrte auf dieses Gesicht, diese gelben Augen, die Halskette. Der Mann schlenderte zu mir herüber, lachte über meinen hilflosen Protest. Ich wollte nach meinem Handy greifen, aber er kickte es weg. Er stellte die beiden faltbaren Rollstühle ab, die er unter den Armen trug, und schob mit dem Fuß unsere *diwali*-Geschenke, unsere Kisten mit Gratisproben, Bestechungsgeschenken und Blumen weg.

Wack! Ein Totschläger traf mein Gesicht. *Wack!* Rudi und ich wurden auf die Rollstühle gehievt. Der Mann rollte mich hinaus in den Korridor, ließ mich im Aufzug stehen, und eine Minute später kehrte er mit Rudi zurück. Er nahm sich alle Zeit der Welt. Als wären wir Insekten, die er einfach nach Belieben aufspießen konnte. Es war extrem erniedrigend.

Dann hinaus in den *shor sharaba* der Straße, bevölkert mit den üblichen jungen Männern mit kurkumagelben Fingern, die immer nur herumhängen und nichts tun – wir sind ein Land junger Männer und der damit verbundenen Probleme. Der Westen ist zu alt und fett für eine Revolution; hier sind wir nur einen einzigen, weiteren, demütigenden Konflikt mit Pakistan davon entfernt.

Ich schrie erfolglos in meine chirurgische Maske, gurgelte ein wenig Blut, ein Geräusch, das im Lärm der *paan*-Spucker und Autos unterging. Ein Gesicht beugte sich zu mir herab, gelbe Zähne, Mundgeruch schlug mir entgegen, ein Gestank nach nassem Büffel. »Kein Mucks, sonst ist der Junge dran, okay?« Er brauchte Rudi nichts anzutun, er war ohnehin schon fertig. Er brauchte ihn auch nicht k. o. zu schlagen. Das hatte Rudi mit seinen Drogen schon selbst erledigt.

Dieser Kerl ging ganz routinemäßig vor, kein albernes Filmgangster-Gerede, mit dem Rudi immer die Autoren einzuschüchtern versuchte. »Ich fick dich so hart, dass es noch deine Kinder spüren«, war sein Lieblingsspruch, und dann waren es die Enkelkinder, Mütter, Väter, alle zukünftigen Nachkommen, alle Vorfahren aus der Vergangenheit, dabei wurde er immer wütender auf die Niks und die Sids, würzte seine Beleidigungen mit hochklassigen Wörtern, Thesaurus-Wörtern und fortgeschrittenem englischen Vokabular, denn schließlich war er der All-India-Erstplatzierte und ein Intellektueller, und sie waren nichts.

Wir wurden in einen ramponierten Maruti-Van bugsiert, auf dessen Seitenwände hastig rote Kreuze gepinselt worden waren.

Ich sah meinem Entführer aus der Nähe in die Augen und wusste instinktiv, dass wir in der Scheiße steckten.

Augen wie die meines Vaters. Hungrige Augen. Augen von jemandem, der im Dreck geboren war, aber um keinen Preis mehr dorthin zurückwollte.

Er lächelte, zog eine Rolle Klebeband heraus, wickelte es oben um meinen Kopf, und dann noch ein paar Mal um meine Handgelenke und über meinen Mund. »Das runterzukriegen wird eine echte Schweinerei«, sagte er. »Wahrscheinlich musst du dich kahlrasieren, wie ein Baby.« Aus seinem Mund stank es nach blubberndem Abwasser. Der Gestank, die Angst, das war schlimm genug, aber das Klebeband über meinen Augenlidern, das war das Schlimmste. Jedes Mal, wenn ich meinen Kopf bewegte, litt ich Todesqualen. Ich versuchte, mich so ruhig wie möglich zu halten. Es funktionierte nicht.

Wir setzten uns in Bewegung, mit knirschendem Getriebe, Metall auf Metall. Um uns herum toste der Lärm. Ich hörte die Audis der Bankiersgattinnen, Straßenkinder, die an Kreuzungen in Plastik verschweißte Paulo-Coelho-Bücher feilboten, schmutzige Lumpen wurden quietschend über Autoblech gerieben, entweder um den Fahrer zu erpressen oder um den Wagen zu säubern, schwer zu unterscheiden. Die perfekte Tageszeit für eine Entführung.

Ich bekam Migräne von dem Klebeband. Mein Kopf brannte. Meine Handgelenke auch. Meine Wirbelsäule war steif durch das angestrengte Stillsitzen. Mir war heiß. Ich bekam keine Luft. Ich fühlte mich, als hätte ich einen Schlaganfall.

Wir fuhren weiter. Von vorne ertönten Flüche, weil eine Abzweigung verpasst wurde, dann plötzliches Vom-Gas-Gehen, scharfes Abbremsen, ruckartiges Zurückstoßen, kein Vergleich zur geschmeidigen Fahrweise unseres Chauffeurs Pawan.

Die Hitze brachte mich zum Schmelzen. Ohne Klimaanlage zu fahren ist die Hölle. Wie schaffen die Menschen das nur? Bei jeder Fahrt verliert man die Hälfte seines Gewichts und wahrscheinlich auch einen beträchtlichen Teil seines IQs. Hätten alle Inder eine Klimaanlage, würde die Kluft zwischen Haben und Nicht-Haben verschwinden. Das ganze Sack-Kratzen und ewige Jammern würden sich in wertvolle Arbeitsleistung zur Erhöhung des BIPs transformieren!

Wäre mein Mund nicht zugeklebt gewesen, hätte ich ein wenig Konversation gemacht.

Einen wirklich frischen Atem haben Sie da!

Machen Sie dieses Kidnapping freiberuflich oder haben Sie eine feste Anstellung?

Als Rudi schließlich erwachte, versuchte er es mit Geld. Ihm hatte der Fahrer den Mund nicht zugeklebt. Typisch.

»Ich kann Ihnen alles besorgen. Geld, Frauen, Frauen mit Geld, Geld durch Frauen, alles, nur lassen Sie uns gehen.« Keine Antwort. Kaum zehn Minuten später erklang der typische Aufschrei aller reichen Nervensägen weltweit: »Wissen Sie denn nicht, wer ich bin?«, und dann, Gott möge ihm beistehen, »Bitte, bitte, bitte lassen Sie mich einfach gehen. Es ist bald *diwali*«, wofür er ein paar Lacher erntete.

Einige Stunden später hielt der Wagen. Wir wurden nacheinander hinausgezerrt und über sandigen Boden geschubst. Bewundernswert, wie der Mann das alles allein hinbekam, würde ein Westler anmerken. Es war ein heißer, drückender Spätnachmittag. Wären meine Augen nicht verklebt gewesen, hätte ich vielleicht die endlose Weite des Landstrichs erblickt, aus dessen Boden wir Delhi-Bewohner alle entspringen. Als Bauer hätte ich hier vielleicht die Landluft und die Frische genossen; doch stattdessen roch ich nur Angst und Schweiß und mein eigenes Elend. Meine Füße stolperten über Erde, Stein, Marmor, ich stieß gegen Wände, Türen und Tische. Es war nichts mehr zu hören. Das war vielleicht das Schlimmste. Kein Verkehr mehr, keine Männer und Frauen, die sich brüllend ihren Weg durchs Leben bahnten, keine Verkäufer, keine Straßenhändler. Nichts als Stille. Als wäre ich tot. Kein Wunder, dass amerikanische Vorstadtbewohner so viele Medikamente nehmen.

Es wurde kühler, wir traten in einen Raum. Ich wurde gestoßen, stürzte auf kalten, staubigen Marmor. Ein oder zwei Minuten später zischte und schnaufte neben mir eine Matratze explosionsartig, als Rudi darauf landete.

»Hier bleiben. Klappe halten«, sagte die tiefe, raue Stimme des Fahrers direkt an meinem Ohr. »Oder ich mach aus euren *andas* ein Scheißomelett und das wars dann mit dem Nachwuchs.« Seine Hände machten sich an meinen zu schaffen, das Klebeband um meine Handgelenke lockerte sich ein wenig. Rasch riss ich es weg, dann den Streifen über meinem Mund, wobei ich mich vor Schmerz krümmte, als die Haut in Fetzen von meinen Lippen flog. Ich traute mich nicht, das Band von meinen Augen zu entfernen.

Es gab keinen Ventilator. Alle meine Kleider waren schweißnass und stanken.

Ich tastete um mich herum. An einer Wand stand ein verglaster Schrank, eine Holztür mit kunstvollen Schnitzereien führte nach draußen. Teuer. Und sehr solide, wenn man dagegen hämmerte. Ein Bauernhaus? Das Landhaus eines *goondas*?

Manchmal verblüffe ich mich selbst mit meiner Kombinationsgabe.

Jemand trat mich. »Was zum Teufel …?«

»*Yaar*? Mann? Alter?«

»Hör verdammt noch mal auf, mich ›Alter‹ zu nennen, Rudraksh.«

Er hörte nicht auf, mich zu treten.

»Herrgott, Scheiße, Rudi, hör auf. Hier ist niemand außer uns, Boss.«

Ich stählte mich innerlich. Langsam zog ich das Klebeband von meinem Kopf, riss mir dabei fast die Hälfte meiner Kopfhaare aus, meine Gesichtshaut wurde einer Low-Tech-Tiefenreinigung unterzogen, ich fluchte viel, weinte unfreiwillige Tränen, und dergleichen mehr. Dann kam Rudi an die Reihe, der bei jeder Bewegung aufkreischte. Ich brauchte nur zu atmen und er kreischte bereits. Vielleicht war ich tatsächlich ein bisschen gröber als nötig. Als meine Augen sich an die Dunkelheit gewöhnt hatten, sah ich mich um. Ein schmutziger Marmorfußboden, ein hohes vergittertes Fenster, in den Ecken türmte sich Gerümpel, alte Kleider, Kartons, Teppiche. Der Geruch nach Mottenkugeln stieg mir in die Nase.

»Alles in Ordnung, Boss«, beruhigte ich ihn. »Ist ja nicht so, als wärst du gekidnappt worden, was? Haha.« Das hätte ich besser unterlassen sollen. Der Damm brach.

Halb redete er, halb schluchzte er. Er jammerte über die Gefahren des Geldes, dass wir einen besseren Leibwächter hätten einstellen sollen, meine unzähligen Fehler und Versäumnisse, dass wir nach Amerika hätten auswandern sollen, meine Grobheit, das indische Bildungssystem, die Gefahren einer Ernährung auf Reisbasis, dass die Briten niemals hätten weggehen dürfen.

So wie er es sah, hatte eine lange Verkettung historischer Fehlschläge zu diesem Moment geführt. Unaufhörlich fuhr er sich mit den Händen durchs Haar, die Haare eines Filmstars, fünftausend *gandhis* der Schnitt, nicht mehr die fettige Matte, die er einst mit jedem Mopedkurier und zweitklassigen Schneider zwischen hier und Haridwar geteilt hatte.

Sein Gesicht war um die Nase herum geschwollen, seine Haut blass, entweder aus Angst, Schlaflosigkeit oder durch Drogen, aber immerhin war seine Stimme unvermindert laut.

»Ich wünschte, ich wäre nie reich geworden«, rief er, und mein Gott, was für ein Satz für einen Inder. Selbst Prügel sollten an einer solchen Grundeinstellung nichts ändern.

Meine einzige Gesellschaft waren seine Stimme, sein *gora*-Gesicht im Halbdunkel und der Schrank, der voller Lehrbücher, Romane, Matratzen und allerlei Plunder war. Gefangen in einer heruntergekommenen Hausmeisterkammer.

Ich betastete mein Gesicht auf bleibende Schäden hin. Aber da waren nur wunde Stellen und der Geschmack von Blut in meinem Mund.

»Zumindest ist Oberoi jetzt im Arsch«, sagte Rudi, als er sich beruhigt hatte. »Schwanzlutscher.«

»Ja, aber Priya –«, sagte ich, ohne nachzudenken.

»Priya? Ständig denkst du nur an sie. Wann immer ich dich brauche, bist du mit ihr beschäftigt. Vergiss sie. Sie ist weit außerhalb deiner … was auch immer«, zischte er.

»Verflucht, denkst du, das wüsste ich nicht?«, schrie ich. Das musste man dem Jungen lassen. Er hatte genau begriffen, wie er mir eine reinwürgen konnte.

Rudi riss die Augen auf. So offen, so heftig hatte ich noch nie die Fassung verloren. Normalerweise gab ich es ihm nur heimlich, still und leise zurück. Er schluckte und hielt die Klappe.

»Ruhe da drin!«, knurrte der Fahrer durch die Tür. Rudi erschrak sich fast zu Tode. Die Stimme war unverkennbar, ich hatte sie viele Stunden lang über den Verkehr fluchen hören. »Oder ich fange an, euch Sachen abzuschneiden, die nicht nachwachsen!«

Ich verharrte ein paar Minuten schweigend. Verfluchte mich dabei selbst. Kein Geschrei mehr von meiner Seite. Ich war die meiste Zeit meines Lebens so gut darin gewesen, keine Aufmerksamkeit auf mich zu ziehen. Nur noch ein bisschen durchhalten, Ramesh.

»Ich weiß, dass du mich gerne runtermachst. Weil du dich dann besser fühlst. Du bist einsam. Du bist verletzt, deprimiert und allein. Ich kann das alles nachvollziehen, okay?«, flüsterte ich. Ich bearbeitete ihn mit so viel Psychogeschwätz wie möglich, über Kommunikation, Achtsamkeit und all den anderen Kram, den ich im Reality-TV aufgeschnappt hatte. »Keine Wutausbrüche mehr. Wir müssen jetzt zusammenhalten, um hier lebend rauszukommen.«

Er zögerte einen Moment.

»O-*bloody*-kay«, sagte er schließlich.

In diesem Moment hätte ich ihm auch einen Mixer oder ein Messerset andrehen können. Eine weitere meiner neuen Fähigkeiten.

Schaut uns an: unterschiedliche Kasten, Klassen und Hautfarben, die unter krisenhaften Umständen zusammenkamen, wie in einem dieser Filme über den Krieg von 1971. Ihr kennt die Streifen, in denen der edle Sikh und der drahtige *dalit* in den Armen des jeweils anderen sterben, nachdem sie eine ganze pakistanische Panzerschwadron pulverisiert haben, mit kaum mehr als einem Gewehr, einem penetrant riechenden *daal* und der noch penetranteren Erinnerung an die unsterbliche Liebe ihrer Mütter.

Nach unserer großen Solidaritätsbekundung gab es nichts mehr, was wir nicht gemeinsam hätten schaffen können.

Wir laberten Scheiß, das übliche Teestand-Geschwätz über Schauspielerinnen aus den Neunzigern.

Rudi hatte eine Schwäche für Madhuri Dixit. Und ich? Ich war mehr so der Manisha-Koirala-Typ.

Wir machten kein Auge zu. Mein Gott, Rudi quasselte in einem fort, wie ein kleines Kind, das im Bett seiner Eltern schläft. »Werden wir heil hier rauskommen?« »Was wird jetzt aus unseren Karrieren?« »Ich brauche einen Whisky.« »Was ist mit dieser Bhatnagar-Tante?« Und so weiter und so fort, als säße er in einer dieser US-Talkshows, in denen man zufällig aus dem Publikum ausgewählt wird, dann nur eine Minute Zeit hat, um sich interessant zu machen, und wenn nicht, dann wird man niemals so berühmt, dass man seinen Instagram-Account nutzen kann, um im Direktvertrieb Massageöl zu verkaufen.

Und immer dieses »Alter«. Während ich eindämmerte:

»Alter …«; während ich schlief: »Alter …«; als ich diesen tollen Traum hatte, in dem ich und ratet mal wer auf Schweizer Almwiesen aufeinander zu rannten, uns umeinander drehten: »Alter … Alter … Alter …« In die Länge gezogen, und wenn ich nicht sofort antwortete, auch noch im beleidigten Jammerton. Keine Ahnung, wo er es aufgeschnappt hatte. Vielleicht als er mit den Drogen begonnen hatte. Ein weiterer Grund zu hoffen, dass er von diesem Mist loskommen würde.

»Ich spreche erst wieder mit dir, wenn du mich Ramesh nennst«, sagte ich.

»Ist das jetzt der richtige Zeitpunkt für so was, *yaar*?«, fragte er.

»Ja. Wir stehen unter großem Druck. Das ist der Moment, in dem sich Beziehungen verändern und Bindungen stärken, in dem Menschen erkennen, was sie einander wirklich bedeuten, und sie aufhören, sich gegenseitig ›Alter‹ zu nennen. Also denk darüber nach. Ich schlafe jetzt, okay?«

Rudi plapperte einfach weiter. Jedes Mal, wenn ich fast eingeschlafen war, ging es wieder los, und er stöhnte vor sich hin. Er hatte nichts, um sich abzulenken, kein Handy, kein Instagram, kein WhatsApp. Ich schlug die Augen auf und sah, wie er zitterte, schwitzte, wie er die ganzen Drogen und Social Media aus seinem System ausschied. Aber diese ständige Unruhe! Mein Gott! Ich war geradezu erleichtert, als am nächsten Morgen die Tür aufflog.

»Raus!«, rief der Fahrer, packte mich an der Hüfte und zerrte mich hoch.

Während ich aus dem Raum gestoßen wurde, versuchte ich durch Willenskraft meine morgendliche Erektion zum Schrumpeln zu bringen. Diese Typen hacken einem bevorzugt hervorstehende Teile ab, dachte ich.

Zum ersten Mal sah ich, wohin man uns gebracht hatte. Ich fand mich in einem mit Topfpflanzen begrünten Innenhof wieder, weißer Marmorboden, rotes Ziegeldach, in der Mitte ein plätschernder Brunnen mit nackten Nymphen aus hellem Sandstein. Die Luft war kühl und feucht. Ein Paradies. Ein Landhaus, das Anwesen eines reichen Mannes. Ich hatte mich nicht getäuscht.

Wir wurden um die Kolonnaden herum in einen weiten, eleganten Salon geführt. Dunkle Holzmöbel, weiche weiße Sofas, ein riesiger Flachbildschirm, das Ganze wirkte wie eine stilvollere Version von Rudis Elternhaus. Die Wände waren mit elektrischen Lichterketten für *diwali* behängt, und ein großes gerahmtes Gemälde von Lord Ram mit Filmstarmuskeln prangte unter der indirekten Beleuchtung.

»Ah, unsere Gäste«, sagte einer der beiden Männer auf dem Sofa. »*Namkeen*, rasch«, worauf der Mann neben ihm, eigentlich ein Junge, und ganz offensichtlich sein Sohn, sich erhob. Im Gehen warf er Rudi einen giftigen Blick zu.

Ach du Scheiße.

Ich kannte das Gesicht. Ich kannte den Jungen.

Es war Abhi, den wir gedemütigt hatten, den wir im nationalen Fernsehen gebrochen hatten.

Abhis Vater forderte uns auf, Platz zu nehmen. Mit seinem schönen, wachsglänzenden Sultansschnurrbart, weißen Chinos, einem Hemd mit offenem Kragen und einem Kummerbund um seine üppige Taille, strahlte er dieselbe Art wohlhabender Eleganz aus wie der Raum.

Er erinnerte mich an den Maharadscha, das Maskottchen von Air India, unserem Witz von einer nationalen Fluggesellschaft. Fett, weise und fröhlich, obwohl die Fluggesellschaft ständig knapp an Geld und Personal war, immer am unteren Ende des internationalen Rankings, eine weitere unserer großen nationalen Schanden, so wie der Krieg von ’62 und der Analphabetismus der Frauen.

»Lass sie hinsetzen«, wies er unseren Entführer an. Der Fahrer baute sich hinter ihm auf, wobei er den Raum nach potenziellen Bedrohungen absuchte. Er lächelte ein wenig, das Lächeln eines Mannes, der dich im Alleingang entführt, dich hilflos, schwach und wie einen kümmerlichen Wirtschaftsstudenten aussehen lässt.

»Sie haben sicher kein Problem damit, wenn ich Ihnen meinen Namen nicht verrate«, sagte Abhis Vater.

»Dafür werden Sie bitter bezahlen«, verkündete Rudi, der einen seiner Filmhelden nachäffte, bevor er wieder in Schweigen versank. Der Maharadscha drehte Däumchen, bis sein Junge mit einem Teller Snacks zurückkam, den er vor uns abstellte.

»Gut gemacht, Abhi«, sagte sein Vater. »Setz dich.«

Der Junge wirkte sehr verlegen und zugleich sehr, sehr sauer. Er sah niemanden direkt an. Alle paar Minuten griff er nach den *masala*-Erdnüssen. Er hatte die gleiche markante Nase wie sein Vater, die gleichen sanften braunen Augen, aber ohne dessen Selbstvertrauen und Befehlsgewalt. Sein Bein zitterte. Ich erinnerte mich an die letzte Begegnung mit ihm, wie zerbrechlich und klein er gewirkt hatte, umgeben von Hunderten von Menschen, die über sein Versagen lachten.

Sein Vater hatte sich also die Mühe gemacht, uns entführen zu lassen, nur um seinen Sohn zu rächen. Ich wünschte, ich hätte einen Vater gehabt, der sich so für mich eingesetzt hätte.

»Also, meine Herren, kommen wir zur Sache«, sagte der Maharadscha. »Sie wissen genau, warum Sie hier sind. Sie haben meinen Sohn gedemütigt. Also werde ich Ihre Show vernichten. Gefällt Ihnen mein Plan?« Er beugte sich vor zum Tisch und stellte sich einen Teller mit Biskuits zu zusammen.

»Da spielen wir nicht mit, auf keinen Fall«, sagte Rudi sofort.

»Das werden Sie. Ganz bestimmt. Nicht wahr, Pratap?«

Der Fahrer hinter ihm grunzte und starrte mich hasserfüllt an. Nicht Rudi. Nur mich.

Warum wurde ich nur so gehasst? Was hatte ich getan, außer zahlreiche Straftaten zu begehen, die mich in den Augen der Götter zur Schande machten?

»Und wenn Sie nicht mitspielen«, fuhr Abhis Vater fort und drehte sich zu mir, »wird die Welt erfahren, was Sie getan haben, Mr Kumar.«

»Heh?«, blökte ich wie einer dieser misshandelten Esel in Charity-Videos. Nicht die Tatsache, dass er mein Geheimnis kannte, löste meine Reaktion aus. Eher war ich von der direkten Ansprache überrascht. Niemand schien das je zu tun, abgesehen vielleicht von Priya.

»Ramesh Kumar, pädagogischer Berater. Sie haben nicht einmal Ihren Namen geändert. Dummkopf. Sie können sich nicht vor mir verstecken.« Der Maharadscha wackelte mit seinem golden beringten Zeigefinger. Er hatte zwei Ringe an jeder Hand, je einen Siegelring an den kleinen Fingern, aber keinen Ehering, wie mir auffiel.

Ach du Scheiße!

Ich sah Rudi an, aber durch seinen Gesichtsausdruck fühlte ich mich noch elender, also ließ ich es bleiben.

War ich beunruhigt? War ich verstört? Hatte ich Panik, bloßgestellt zu werden? Schreckte ich davor zurück, die Verantwortung für all das zu übernehmen?

Ja.

Mein Verstand konnte mich jetzt nicht mehr retten. Ich konnte mich nicht durch Lügen aus der Affäre ziehen oder jemand anderen beschuldigen. Ich hatte keine Beziehungen, keine Pläne, keine Informationen. Man hatte mich von allem abgeschnitten. Ich war machtlos. Alles, was ich tun konnte, war dazusitzen, abzuwarten und darauf zu hoffen, auf der anderen Seite heil wieder herauszukommen.

»Es wird folgendermaßen laufen«, fuhr der Maharadscha fort. »Wir machen ein Video und stellen es auf YouTube. Sie bleiben hier, bis das Lösegeld eintrifft. Dann können Sie wieder nach Hause. Das Ganze ist rein geschäftlich. Einverstanden?« Sein Blick verdüsterte sich. »Normalerweise beleidigt niemand ungestraft meinen Namen, meine Familie, meinen Sohn und mein Leben. Sie können sich glücklich schätzen. Betrachten Sie es als meine gute Tat für *diwali.*« Er nahm einen Bissen von seinem Biskuit und lächelte wieder.

Er wirkte äußerst zufrieden mit sich selbst. Geschmackvolle Einrichtung, geschmackvolles Leben. Nur zwei kleine Details trübten das Gesamtbild. Das erste war der Mann mit den hasserfüllten Augen hinter ihm. Das andere war sein Sohn, der aussah wie ein altes Kinoplakat in einer Zwei-Ziegen-Stadt: zerknittert, blass, aber zitternd vor Wut.

»Hast du noch etwas hinzuzufügen, mein Sohn?«,

fragte der Maharadscha. Er fragte seinen Sohn sogar um seine Meinung. Dieser Mann war ein echter Vater-des-Jahres-Kandidat.

»Es ist mir egal, ob sie leben oder sterben«, sagte Abhi.

»Ausgezeichnet, ganz ausgezeichnet.« Sein Vater strahlte und klopfte ihm auf den Rücken. »Siehst du, genau das meinte ich. Es ist der erste Schritt auf deinem Weg zum Erfolg. Eines Tages, wenn du berühmt bist, wirst du auf diesen Moment zurückblicken und mir danken.« Er sah wieder zu uns. »Nun denn, Ihre Leute haben zwei Tage, unsere Forderungen zu erfüllen. Danach … Pratap, was passiert danach?«

»Schlimme Dinge«, knurrte Pratap. Eine echte Drama-Queen.

Der Junge knabberte an seinen Fingernägeln und schob dann noch ein paar Erdnüsse hinterher.

»Möchte jemand ein Glas Lagavulin?«, fragte Abhis Vater und klatschte in die Hände.

Niemand wollte etwas.

Man verfrachtete uns zurück in unsere Abstellkammer.

Ein paar Stunden später flog die Tür erneut auf, und wir wurden zurück in den Salon geschleppt. Eine Kamera war auf einem Stativ aufgebaut worden, und vor einer großen weißen Klappleinwand standen zwei Stühle.

»Setzen«, kommandierte der Vater. »Abhi.« Er machte seinem Sohn ein Zeichen.

»Ja«, antwortete der Junge. »Wenn Rudi einfach sagen könnte, dass er entführt wurde und das Lösegeld fünfzig *crore* beträgt, okay?« Fünfzig *crore*? Sechs Millionen Dollar? Für Rudraksh Saxena? Für ihn? Mir war es egal, wie viel schicke elektrische Geräte er verkaufte. Es war ganz offensichtlich, dass sein Wert in der Welt seit unserer Zusamenarbeit gestiegen war.

»Man fragt niemanden, ob es in Ordnung ist. Du befiehlst es Ihnen«, sagte Abhis Vater. Seine Stimme wurde lauter, und er deutete auf Rudi. »Vor allem, wenn du mit diesem nichtsnutzigen, hirnlosen *haramzaada* sprichst.«

Abhi senkte den Kopf. Vermutlich hatte er als Heranwachsender viel in dieser Art zu hören bekommen. Immerhin galten die Beschimpfungen jetzt jemand anderem. »Ah, ja, okay, ich meine, ja.« Er setzte erneut an, dieses Mal funkelte wieder Hass in seinen Augen, und seine Stimme war fest. Wer sagt denn, dass Kinder heutzutage nicht mehr auf ihre Eltern hören. »Du wirst sagen, dass du entführt worden bist und sie einen Tag Zeit haben, das Geld aufzutreiben. Fünfzig *crore*. Los jetzt.«

»Besser«, sagte der Maharadscha und strahlte vor Stolz. »Räche dich für das, was sie uns angetan haben.«

Rudi wiederholte pflichtbewusst die Forderungen. Sie hatten sogar eine Zeitung gekauft, damit Rudi sie ins Bild halten konnte. Er nahm eine gelangweilte Haltung ein, als könnte ihm nichts etwas anhaben. Leider wurde dies durch seinen Gesichtsausdruck und das Zittern seiner Knie zunichte gemacht. Ein bisschen Demut. Besser gleich von Anfang an, bevor es zu spät war.

Abhi und sein Vater betrachteten das Filmmaterial auf einem Laptop.

»Er wirkt nicht sehr verängstigt, oder, mein Sohn?«, bemerkte der Vater. »Nicht so, wie er dich aussehen ließ, oder? Und es braucht etwas Musik und Effekte. Es muss professionell aussehen.«

»Musik wird das nicht bewirken, Papa. Sie wird kitschig rüberkommen. Ich finde …«

»Sie haben Musik und Effekte eingesetzt, als sie dich gedemütigt haben, nicht wahr, *beta*?«, sagte sein Vater, und der Junge verstummte. »Wenn du ein bedeutender Mensch werden willst, *beta*, wenn du ein Fernsehstar sein möchtest, dann musst du dich entsprechend verhalten.«

Abhi starrte zu Boden. Sein Gesicht, jugendlich, frisch, gut aussehend, war von Hass verzerrt.

Sie ließen es Rudi erneut aufsagen, und dieses Mal übertrieb er maßlos, seine Lippen zitterten, er fiel vor Schreck fast in Ohnmacht. Pratap schien nicht erfreut.

»Soll ich ihn schlagen?«, fragte er, wurde aber weggewunken.

Wir wurden wieder in unsere Kammer geführt.

Der nächste Tag zog sich endlos. Wir taten nichts als Trübsal blasen. Ich versuchte ein paar Mal, die Tür aufzubrechen, aber mir fehlte die Kraft.

Wie die Schlagzeilen wohl lauten würden? Was für eine Story! Eine Sensation. Rudi würde zur Legende. So ist das bei Entführungen. Du bist erst jemand, wenn man dich kidnappt. Was für eine Ehre! Besser als der Padma-Bhushan-Orden.

Ich gestattete es mir, an Priya zu denken. Ich hatte vorgehabt, den Gedanken an sie zu unterdrücken, sie in meinen Hinterkopf zu verbannen, weit weg von all dem, als etwas Geheimes, Wertvolles, nur für mich.

Beständig sah ich ihr Gesicht vor mir, das ganz krank war vor Sorge. Ich war verzweifelt. Könnt ihr euch das vorstellen?

Und jetzt wusste jemand von meinem Geheimnis. Und wenn in diesem Land einer etwas weiß, dann wissen es bald alle.

Was würde sie denken, wenn sie davon erfuhr? Dann wäre ich nicht besser als all die anderen. Ein Lügner, der mit seinem unrechtmäßig erworbenen Vermögen Frauen verführte. Es wäre unerträglich für mich, wenn sie schlecht von mir dächte.

Vielleicht wollte ich einfach nur einem Menschen in die Augen blicken können, ohne dort etwas anderes zu sehen als eine geschäftliche Transaktion.

Der Junge, Abhi, brachte uns Essen, wobei ihm Hass aus jeder Pore quoll. Er war, nun ja, hübsch. Hatte Manieren. War schlank, mit zarten Händen und schönen braunen, fast bernsteinfarbenen Augen. Kein Wunder, dass sein Vater ihn zum Promi machen wollte. Kein Wunder, dass sie dachten, es wäre sein Geburtsrecht, im Fernsehen aufzutreten. Pratap stand direkt hinter der offenen Tür und blickte finster.

»Ihr werdet zur Hölle fahren«, sagte Abhi. Was für eine Gesprächseröffnung. Am Satzende verfiel sein Akzent ins Amerikanische. Er sprach leise, zu leise für die zum Ausdruck gebrachten Emotionen. »Ich hoffe, ihr fühlt euch beschissen. Du hättest ein Nichts bleiben sollen, du Betrüger. Ich hätte an deiner Stelle sein sollen. Und bald werde ich deine Stelle auch einnehmen. Sobald deine Show finanziell ruiniert ist.«

War das auch Teil seines Selbstbehauptungstrainings?

»Nein, eigentlich fühle ich mich verdammt fantastisch«, erwiderte Rudi. »Als hätte ich gerade Aishwarya Rai gefickt. Du, Ramesh?«

»Äh, als wäre ich der weltbeste Kricketspieler. Du weißt schon, dieser Australier«, sagte ich. Es gibt manchmal Momente, da liegt eine gewisse Diskrepanz zwischen meinen Gedanken und meinen Worten.

Der Junge blickte auf die beiden Plastikteller in seinen Händen, die mit *roti* und *sambar* beladen waren, dann ließ er sie mit einem kleinen Lächeln zu Boden fallen.

»Oh, wie fucking großartig«, kommentierte Rudi. »Eine echte Scheiß-Drama-Queen! Ich sag dir was, das nächste Mal erzähl mir vom heimlichen Trauma, wie du deine Mutter verloren hast, ja?«

»Fick dich!«, sagte der Junge leise, ihm schossen die Tränen in die Augen.

Rudi machte einen auf bösen Bullen, also gab ich den guten.

»Es kann wirklich helfen, wenn man darüber spricht«, sagte ich mit meiner unterwürfigsten Niedere-Kasten-Stimme. »Bitte, *beta*, erzähl uns, was dich bedrückt.« Ich hätte noch hinzufügen können: *Leb lange. Sei glücklich. Jeete raho!*

Dem Jungen lag etwas auf der Zunge. Er musterte mich mit einem seltsamen Ausdruck, ein wachsendes Vertrauen, das konnte ich ihm ansehen. Ich war zu seinem weichen Kern vorgedrungen.

»Ich habe meinem Vater gesagt, es wäre besser gewesen, wir hätten euch töten lassen.«

Vielleicht auch nicht.

»Hey«, sagte Pratap, der uns nicht verstehen konnte, aber mitbekam, dass da nichts Gutes lief. Der Junge stolperte rückwärts, als wären wir Aussätzige, und knallte die Tür hinter sich zu, womit er eine weitere Trainingseinheit für den Aufstieg ins westliche Geschäftsleben absolvierte, oder war es einer zum Superschurken?

»Was sollte dieser Aishwarya-Unsinn«, fragte ich Rudi, nachdem ich vergeblich versucht hatte, unser Essen vom Boden aufzukratzen.

Rudi hockte mit dem Rücken an die Wand gelehnt, die Augen geschlossen, Schweißperlen auf den Wangen, weltenmüde. »Das kam gut rüber, oder?«

»Kam echt schräg rüber, Boss.«

»Oh«, sagte er und zuckte mit den Achseln. »Manchmal kann ich das echt nicht so genau unterscheiden, Alter.«

Zwei Tage vergingen. Nichts geschah. Einmal am Tag wurden wir hinausgeführt, um die Toilette nebenan zu benutzen, anschließend stieß man uns zurück in die Kammer. Keine Dusche. Der Raum stank nach panischen jungen Männern. Sehr hygienisch.

Rudis Körper dünstete weiterhin Drogen aus. Er versuchte, sich nichts anmerken zu lassen, wandte sein Gesicht von mir ab. Aber ich bekam mit, wie sich seine Kiefermuskeln ballten, wie seine Wirbelsäule sich vor Schmerz krümmte, wie er mitten in der Nacht, wenn er dachte, ich schlafe, um sich schlug und fluchte.

Ich versuchte, mir keine Sorgen zu machen – um ihn, um die ganze Situation, um Priya, um die Bhatnagar-Ermittlungen, aber der Erfolg hielt sich in Grenzen.

Wir bekamen regelmäßige Mahlzeiten, geliefert von Abhi. Er war immer noch wütend. Aber ich war zu müde, zu besorgt um Rudi und Priya, und mir war zu scheißheiß, um ihm die Hand zu reichen.

»Schon wieder *roti*? Hast du keine glutenfreien Optionen, du kleiner Scheißer?«, motzte Rudi.

Langsam bekam ich wirklich Angst.

Zwei Tage. Das Ultimatum war abgelaufen.

Die vom Sender hatten kein Lösegeld bereitgestellt. Ich malte mir aus, wie Priya mit streng zusammengebundenen Haaren, Stift und Telefon in der Hand, dringliche Argumente für die Lösegeldzahlung vorbrachte. Ich stellte mir vor, wie sie den Onkel anrief, von dem sie mir erzählt hatte, einen Polizisten, einen ehrlichen Polizisten! Was für eine eigenwillige Familie. Viel zu tugendhaft, als dass jemand wie ich Teil davon sein könnte.

Ich sah vor mir, wie sie für mich kämpfte, und fühlte mich fast wieder gut.

Wenn etwas schieflief, würden sie Rudi verschonen. Dann müsste ich herhalten. Ich dachte an Prataps Blick.

Unter uns gesagt: Nach dem zweiten Tag schiss ich mir in der Nacht vor Angst in die Hosen. Immer noch keine Nachricht. Nichts. Dabei musste die Produktionsfirma doch nichts anderes tun, als das verdammte Geld bezahlen. Ganz einfach. Wir würden allein mit *chapati*-Werbung das Doppelte wieder reinholen. Oder sie könnten einen Telefon-Contest starten, bei dem der Gewinner Rudis tränennasses Hemd erhielt. Oder vielleicht könnte ich die All-India-Prüfung auch für dessen Kind übernehmen.

Als gegen Mitternacht die Tür erneut aufflog, hatte ich kein Auge zugemacht.

Pratap kam hereingeschlendert, das Gesicht vom Mondlicht beschienen, den Blick auf mich fixiert.

Rudi wachte auf, sah Prataps Gesicht und erfasste sofort, dass mir etwas blühte. Die Gefahr kitzelte seine Instinkte wach. Das muss ich ihm lassen. In diesem Moment wurde er erwachsen.

Er rappelte sich auf. Stellte sich vor Pratap hin. Hob seine Fäuste. Pratap machte eine Finte und boxte ihm danach in den Bauch. Rudi ging nicht gleich zu Boden. Er richtete sich langsam wieder auf. Hob erneut die Fäuste, der Narr. Sein weicher Körper war Prataps drahtigen, durchtrainierten Muskeln nicht gewachsen.

Ein weiterer Schlag, dann brach Rudi stöhnend zusammen.

»Kein Lösegeld eingetroffen«, sagte Pratap. Er drehte sich zu mir um und lächelte. »Das wollte ich von dem Moment an tun, als ich dich sah.«

Es musste an meinem Gesicht liegen.

Er näherte sich langsam, ganz langsam. Ich sah seine kleinen gelben Zähne, seine roten Augen, die immer größer und größer wurden. Ich konnte nicht länger hinsehen. Mein Blick wanderte nach unten, zu den Gebetsperlen, die um seinen Hals geknotet waren. Ich krabbelte rückwärts, prallte gegen die Wand, wollte mich aufrichten, rutschte leicht ab. Er versetzte mir einen Schlag in den Bauch. Ich krümmte mich. Er zwang meine Arme hinter den Rücken, drückte mein Gesicht auf den Boden, meine Zunge schmeckte Staub.

»Welcher?«, fragte er.

»Welcher was?«

»Welchen sollen wir abschneiden?«

Ich schrie. Rudi wand sich wie ein Wurm und hielt sich die Seite. »Wenn du ihn anfasst, ficke ich dich härter, als ich Miss India gefickt habe«, sagte er.

Schau mal an, Rudi, dachte ich, schau, was doch noch aus dir geworden ist. Ich war richtig stolz, auch wenn ich nicht ganz einverstanden mit seiner Ausdrucksweise war.

Er kroch zu uns herüber, über den schmutzigen Marmorboden, mit aller ihm noch zur Verfügung stehenden Kraft, um mich vor meinem schrecklichen Schicksal zu bewahren – dann gab Pratap ihm einen Tritt in die Leistengegend, Rudi grunzte vor Schmerz und blieb liegen.

»Schluss mit dem Theater, *Brain of Bharat*«, knurrte Pratap, »oder du wirst nie wieder in deinem Leben jemanden ficken.«

Er packte meine Hände. Ich versuchte es mit Gegenwehr, aber er hockte sich einfach auf mich, raubte mir den Atem, so wie die verpestete Luft auf der ITO-Kreuzung. Aus den Augenwinkeln sah ich etwas aufblitzen.

Ein Messer: kein kleines, sondern ein langes und tödliches, halb Messer, halb Säge, eines, mit dem man Tomaten und *aloos* schneidet, wenn man ein *pav bhaji* zubereitet, ein Arbeitsmesser, rasierklingenscharf und preisgünstig, die Gattung Messer, die das evolutionäre Rennen vor allen anderen gewonnen hat, um Werkzeug der Armen in Delhi zu werden, um Nahrung zu schnippeln, Verbrechen zu begehen, sämtliche Lebensprobleme zu lösen.

»Ich glaube, der kleine Finger. Du wirst ihn nicht vermissen, oder, Junge? Mein Chef ist einfach zu weich, und das bringt einen nicht weiter, oder?«

Und dann schnitt er mir den verfluchten kleinen Finger ab.

In weniger als einer Sekunde war es vorüber. Hätte mein Finger doch mehr Widerstand geleistet. Ich sah, wie das Messer durch die Haut drang. Das war schlimm genug.

Es durchtrennte den Muskel, den Knorpel, die Krümmung meines Knöchels und glitt dann weiter, durch Muskeln und Haut.

So einfach. Eine einzige fließende Bewegung.

Blut pulste aus der Wunde, dickflüssig und lebendig, endlich befreit aus dem Gefängnis des Fleisches.

Ich schrie vor Schmerz. Unten auf dem Boden sah ich meinen Finger liegen, der Nagel zerschrammt und gezackt, die Haut faltig vom Krümmen und Biegen. Er war makellos, unversehrt, bis man zum unteren Ende kam, wo ein strahlend weißer Knochen hervorlugte, rundherum eine Blutlache.

Pratap stieß ein Triumphgeheul aus, seine Stimme dröhnte vor Vergnügen. Mir war schwindelig. Verschwommen sah ich, wie Rudi sich erbrach.

Meine Hände fühlten sich nass an. Pratap zog ein Tuch aus seiner Tasche und wickelte es um meine Hand. Dann verpasste er mir noch einen Tritt.

»Hoffe besser darauf, dass sie diesmal endlich bezahlen«, sagte er.

Die nächsten Stunden war ich weggetreten.

Ich erinnere mich noch an Rudis Gesicht. Viele Tränen. Sehr rührend. Außerdem an den Geruch eines Antiseptikums und an eine bittere Flüssigkeit, die ich auszuspucken versuchte, an Tabletten und Wasser, die mir eingeflößt wurden. Ich schrie mich in den Schlaf.

Am nächsten Morgen erwachte ich. Der Boden um mich herum war braun von getrocknetem Blut.

Rudi lag zu einem Bündel zusammengerollt in der Ecke. Meine Hand war bandagiert. Mehr schlecht als recht. Rudi hatte eine Rolle mit Klebeband neben sich.

Ich zählte meine Finger.

Eins. Zwei. Drei. Vier. Scheiße.

Ich wollte losbrüllen, aber es kam kein Ton heraus. Mein Mund war nutzlos, trocken, wund, als hätte ich den gesamten Wasservorrat meines Körpers ausgeheult, ausgespuckt und ausgepisst.

Ich dachte an Schwester Claire, an all das Geld, das ich verdient hatte, an meinen ganzen Stolz, diese dummen

Träume, an meinen Versuch, etwas zu werden … Was? Ein Geschäftsmann? Ein Unternehmer? Ein *Man About Town*? Und wofür? Wohin hatten mich meine Träume gebracht? Ein Finger fehlte, und wer wusste, was morgen an die Reihe käme. Wenn ich das hier überlebte, würde ich eine Schule gründen, für Waisenkinder, Slumkinder oder amerikanische Kinder aus Ohio, die nach Opioiden süchtig waren, sagte ich mir in diesen entsetzlichen Stunden, und ich würde keinen weiteren Gedanken an *gandhis* verschwenden. Mit Sicherheit würde ich nie wieder in Delhi oder in der Nähe Delhis leben. Sondern weit weg im Süden, üppiges Grün, Bäche im Hinterland, Kokosnussmilch in jeder Mahlzeit, oder sogar im Ausland, scheiß drauf, nur ich und Priya. Ich musste wirklich ernsthaft über unsere Zukunft nachdenken, darüber, wohin wir gehen würden, und weiß Gott, wenn ich Glück hätte, würde ich vielleicht wie ein Westler in einem Fünf-Sterne-Restaurant vor ihr auf die Knie gehen, ihr einen Ring entgegenstrecken und sie würde sagen: ja, ja, ja!

Ich hatte genug vom Küssen, Händchenhalten und all den anderen Dingen, ohne je die entscheidenden Worte auszusprechen. Genug der Schüchternheit, Ramesh! Genug der Feigheit! Sei ein Mann. Mach es offiziell! Erzähl es der Welt!

Nein! Lass sie da raus. Lass sie in Ruhe. Das reicht! Die andere Stimme in mir ermahnte mich. Die immer nur Zweifel hatte, die mir immer riet wegzulaufen, mich vor der Welt zu verstecken, die mir versicherte, ich sei nur in diesem Spiel, um Geld für mich selbst zu verdienen, nichts anderes zähle, diese ganzen Liebesdinge seien nur eine unsinnige Ablenkung und mein drohender Ruin.

Sei ein einziges Mal ehrlich, Ramesh. Wie würde unsere Zukunft aussehen, wenn wir zusammenkämen? Ich würde den Rest meines Lebens damit verbringen, die Wahrheit vor ihr zu verbergen, aus Sorge vor ihrer Reaktion. Ich würde sie jeden Tag anlügen und ihr erzählen, dass eine Wange Kaffee und die andere Schokolade sei. Ich wäre nicht besser als er.

Das alles ging mir durch den Kopf. Wenn ihr mich in dieser Situation erlebt hättet, wäre von außen nur leises, trockenes Schluchzen bemerkbar gewesen. Vermutlich war es bei den meisten Philosophen der Menschheitsgeschichte nicht viel anders.

Die Bilder und Gedanken in meinem Kopf waren äußerst plastisch, wie eine Traumsequenz in einem Film. Die Zeit flutschte so ungebremst dahin wie Döner in den Schlund eines zahnlosen *nawabs*.

Ich versuchte mich auf eine Phase meines Lebens zu besinnen, in der ich glücklich gewesen war, vielleicht die zwei Wochen im Jahr 1998, als ich drei Jahre alt war, wir die Atombombe hatten und die Pakistanis nicht, und dann führten sie ihre eigenen Tests durch, und wir waren wieder auf dem Boden der Tatsachen zurück.

Ich dachte über alle möglichen seltsamen Dinge nach. Sex, Tod, Geschichte und Familie.

Ich dachte an den Chor-Basar, in den jahrhundertelang all das Diebesgut Delhis angeschwemmt worden war, um wieder verkauft zu werden, an das Qutb Minar, das in den Himmel ragte wie die Erektion in einem Amateur-Skandalvideo, eines dieser Videos, die geleakt werden und wegen denen sich ganze Familien aus Scham umbringen. Ich fühlte, wie ich durch die Geschichte trieb, durch all die Brände, Aufstände und Großreiche, durch die Zeiten, in denen die Ghaznawiden aus ihrem türkischen Stammland Tod und Verderben über uns brachten, durch die brennenden Lustgärten der Mogule ihm Jahr 1857, durch die blutgetränkten Straßen nach den Unruhen der Teilung.

Es war ziemlich hochgestochener Kram.

Dann träumte ich von meinem Vater, der nicht auftauchte. Ich hatte mit ihm gerechnet, auch wenn sich meine Sehnsucht in Grenzen hielt. Er musste tot sein. Oder reich. Woran ich nicht zu denken wagte. Denn wenn er reich gewesen wäre, hätte Rudi ihn definitiv aufgetrieben und in die Show geschleift, nur um meinen Gesichtsausdruck zu sehen. Reiche Kinder in Clubs beschwerten sich immer über ihre Eltern, ihre erstickende Nähe, dass sie sich nur beklagten, ihnen die Spesenkonten kürzten, sie damit nervten, wann sie endlich heiraten würden. Ich dagegen hatte niemanden.

Ich fing an, wie Rudi zu denken: dass alles in meinem Leben, alles im Boden und in der Luft, zwangsläufig an diesen Punkt geführt hatte. Mein Verstand wanderte zurück in die Vergangenheit, vollzog jede Kurve und Wendung nach, um eine Abzweigung zu finden, an der ich diesem Schicksal hätte entgehen können. Ich löschte alle Erinnerungen an Priya, an Rudi, an Claire und an meinen Vater, suchte nach der Stelle, an der ich hätte einen anderen Weg einschlagen und gerettet werden können, fand aber nur Dunkelheit und Blut.

Es bot sich kein Ausweg an.

Ich musste mich selbst retten.

Ich richtete mich auf. Rudi entschuldigte sich ein paar Tausend Mal.

Wir setzten uns hin, redeten und schworen einander ewige Loyalität.

»Ich werde aufräumen«, sagte er. »Mein Leben war ein Saustall. Du warst mein einziger Freund, mein Beschützer. Ich habe dich abscheulich behandelt.«

Er versprach aufzuräumen. Das war doch was, oder?

Ich fand einen Ausweg.

Die verzweifelte Hilflosigkeit in meinem Traum brachte mich dazu, den ganzen Raum auf den Kopf zu stellen, das Innerste nach außen zu kehren. Was natürlich auch metaphorisch zu verstehen war. Der Schmerz hatte mein Niveau deutlich gehoben.

Die Lösung lag im Kleiderschrank.

Er war mit Dutzenden von verschimmelten Taschenbüchern vollgestopft. Robert Ludlum. Sidney Sheldon. Wilbur Smith. Lehrbücher zur vedischen Mathematik, zu den Naturwissenschaften und Englisch. Pokale für den dritten Platz bei Sportwettbewerben an der Schule.

Zunächst war ich nur auf der Suche nach etwas zur Ablenkung gewesen, etwas, das mich davon abhielt, ständig auf meine rechte Hand zu starren. Ich hatte mit Büchern umhergeworfen und darauf herumgetrampelt, wofür mir ein strenger Elternteil sicherlich die Prügel meines Lebens verpasst hätte. Rudi war bald mit eingestiegen.

Dann entdeckte ich das Werkzeug unserer Befreiung, versteckt hinter all dem Mist, in Zeitungspapier eingewickelt. Ich zog es heraus, lang, hart, schwer und geradezu perfekt.

Ein Kricketschläger. Ein Kricketschläger!

Und nicht irgendeiner. Ich las das schwarze Gekritzel darauf, die Autogramme der Helden aller indischen Jungen und Mädchen, wenn auch nicht meine. Ich pfiff Rudi zu, der gerade lustvoll Buchumschläge in zwei Hälften riss. »Dieser Ziegenficker«, sagte ich. Er drehte sich um und sah den Schläger. Sein Gesicht verzog sich zu einem geistesgestörten Grinsen.

Der Schmerz in meiner Hand ließ mich zittern. Der Verband war rostrot gefleckt, als wäre er allein, ohne mich, zu einem avantgardistischen, einfarbigen *holi*-Festival eingeladen gewesen.

Ich reichte Rudi den Schläger, wobei ich zusammenzuckte. Er schwang ihn mehrmals durch die Luft. Wir nickten einander zu. Mehr musste nicht gesagt werden. Wenn das nächste Mal jemand reinkäme, würden sie bezahlen.

Wie genau, wussten wir noch nicht. Das Lösegeld war offenbar nicht eingetroffen. Also blieb uns nichts anderes übrig, als zu handeln.

Wir legten uns wieder auf unsere Plätze am Boden, wimmerten, um einen jämmerlichen Eindruck zu schinden. Rudi versteckte den Schläger hinter seinem Rücken und gab ein abartiges Stöhnen von sich.

»Du brauchst überhaupt keine Geräusche zu machen!«, flüsterte ich, und sein Stöhnen ging in ein ziemlich bizarres Miauen über. Er grinste wie ein Idiot, furchtlos, wie ein Soldat vor einer Schlacht, der nur an die Beute denkt und den Gedanken an den Tod verdrängt.

Keine Worte wurden gewechselt, kein großer Plan ausgeheckt. Vielleicht hätten wir besser einen machen sollen.

Wir mussten lediglich ein paar Stunden warten. Abhi. Dieser dämliche Schwachkopf.

Er kam mit aufeinandergestapelten Tellern herein, wollte wahrscheinlich die Nummer mit dem Fallenlassen wiederholen, diesmal noch etwas theatralischer, aber ein

Blick auf meinen blutigen Verband reichte, und er wurde ganz blass vor Mitleid und Ekel.

Er stellte das *daal* und die *chapatis* vor mir ab, wobei er sich, im Versuch, mir nicht zu nahe zu kommen, fast bis zum Boden verbeugte.

Er bildete sich wohl ein, er tue damit einen wohltätigen Dienst, wie das verlogene Zeug, das Kinder in ihre Lebensläufe schreiben, um nach Stanford zu kommen.

»He, Junge, kannst du den Teller näher ranschieben? Meine Hand, meine Hand. Das ist deine Schuld«, begann ich zu wimmern. Definitiv überzogen. Und definitiv wirksam. Er kam näher. Er vermied jeden Blick in mein Gesicht und auf meinen fehlenden Finger.

»Näher, *beta*, näher.« Er war nicht einmal mit Pratap gekommen. Der dumme Bastard. Er würde eine Lehrstunde an der Kumar-Schule-der-erzieherischen-Züchtigung erhalten.

Neben ihm erhob sich Rudi und packte den Schläger.

»Hey, Kleiner«, sagte ich. Er war nah genug zum Küssen. »Beweg dich nicht vom Fleck.«

Er gaffte mich an. »Warum? Soll ich dir helfen? Tut mir leid. Ich –«

»Nein, weil Rudi mit einem verfickten Kricketschläger hinter dir steht.«

»Alles klar, *bhosdike*«, sagte Rudi, den Schläger über den Kopf erhoben, »raus hier. Fang an zu schreien. Und zwar laut. Jag deinem Papa einen ordentlichen Schreck ein.« Es war wichtig, dass er richtig Lärm machte. Es war wichtig, dass sein Vater uns für den Rest seines Lebens fürchtete. Nun ja, es war wichtig, dass er die Autoschlüssel rausrückte. Das kam auf dasselbe heraus.

Abhi begriff, dass er reingelegt worden war. Als er

mich ansah, sprach aus seinen Augen ein unbeholfener Vorwurf. Doch dann wurde sein Blick eiskalt. In diesem Moment hatte ich einen Mann aus ihm gemacht. Er würde für lange, lange Zeit niemandem mehr über den Weg trauen. Er war jetzt ein Mann wie ich. Ganz ausgezeichnet.

»Hilfe, Hilfe«, heulte er.

»Lauter«, sagte Rudi und stieß ihn mit dem Schläger an, während wir in den üppig begrünten Innenhof hinaustraten. Die Amerikaner haben recht. Grün ist die Farbe des Reichtums.

»Hilfe! Hilfe! Hilfe! Sie wollen mich umbringen!«, schrie der Junge. Dabei beäugte er uns voller Abscheu. Rudi nickte zufrieden.

Der Junge wirkte eher durcheinander als wütend. Seine guten Absichten waren spektakulär nach hinten losgegangen. Man würde ihn nie wieder den Geiseln Essen bringen lassen. *Das war das letzte Mal, Dad, versprochen*, würde er möglicherweise schwören. Ich fragte mich, wie viel Prügel er bekäme; vermutlich gar keine, und diese Vorstellung machte mich wirklich krank.

In den Räumen rund um den Innenhof regte sich Leben. Ich hörte Türen zuschlagen und Menschen verwirrt fluchen.

Unsere Entführer kamen heraus. Abhis Vater war blasser als ein Leichentuch. Gut. Was für ein Idiot aber auch. Uns in sein Zuhause zu verschleppen. Seinen Sohn allein herumlaufen zu lassen. Ein reicher Mann, der das Spiel des armen Mannes spielen wollte.

»Abhi! Lassen Sie ihn los!« Die Stimme des Maharadschas war heiser, seine Kleider in einem Zustand hastig zugeknöpfter Unordnung. Seine Augen waren feucht.

Nicht aus Sorge um sein Kind, wie mir klar wurde, sondern weil er ausgetrickst worden war, weil er in seinem eigenen Haus gedemütigt wurde, aber das Schlimmste von allem war, dass sein wertvollstes Eigentum, sein Sohn, sein künftiger Fernsehprinz, ihm direkt vor der Nase geraubt wurde.

Ich hielt Abhi mit meiner Linken fest, umklammerte sein Polohemd an der Taille. Meine bandagierte rechte Hand presste ich an meine Seite.

Pratap stand hinter seinem Herrn und trug eine mottenzerfressene Weste. Sie zischelten sich etwas zu. Pratap näherte sich, seine scharfen, kleinen Zähne glänzten vor Spucke.

»Lass ihn los, oder ich schneide dir noch was ab.« Er hielt ein Messer, matt und grau, vermutlich ein weiteres aus seiner Sammlung. Jetzt bräuchte er sich nicht mehr zurückzuhalten, müsste seinen Arbeitgeber nicht mehr von einer härteren Gangart überzeugen. Er konnte jetzt schalten und walten, wie er wollte. Er war im Himmel.

»Verpiss dich«, sagte Rudi, »oder ich zieh dem Jungen den Schläger hier über die Rübe. Welches Genie kam eigentlich auf die Idee, uns in einem Raum mit einem Kricketschläger einzusperren? Wir machen jetzt einen kleinen Ausflug mit Ihrem Sohn.« Seht ihr? Der Plan stellte sich quasi wie von selbst ein.

»Nein!«, rief Abhis Vater. »Ich gebe Ihnen alles. Halt! Mein Junge!«

»Idiot, bringt ihnen allein das Essen«, knurrte Pratap. Er warf seinem Boss einen giftigen Blick zu. Abhis Vater wäre in diesem Moment wohl am liebsten im Erdboden verschwunden, im Sita-Stil, weg von den irdischen Sorgen, hinein in die warme Umarmung der Erdgöttin.

Aber so einfach läuft das nicht, Mann!

Ich schob Abhi in Richtung Rudi, hielt ihn dabei wie einen Schild vor mich, und rief dem Maharadscha zu: »Sagen Sie Pratap, er soll das Messer weglegen, *madarchod*, oder ich verpasse Ihrem süßen *rasgulla* eins in die Eier. Vielleicht lieber mitten in die Visage? Aber keine Sorge, *madarchod*. Die Kieferchirurgie vollbringt heutzutage echte Wunder.«

Abhis Vater erstarrte vor Zorn.

Pratap sagte nichts, kam nur schleichend näher.

»Sagen Sie ihm, er soll das Messer weglegen«, wiederholte ich.

»Leg das Messer weg, Pratap!«, rief der Maharadscha.

Pratap schüttelte den Kopf.

»Okay, Rudi«, sagte ich. Er verstand, schwang den Schläger über den Kopf und gegen die Rippen des Jungen.

»Aargh!«

Nur war das nicht Abhi. Das kam von mir. Rudi hatte meine beschissene Hand getroffen.

»*Bakchod*, Rudi!«

»Tut mir echt leid, Alter«, sagte er. »Sorry!«

Ich hielt Abhi mit meiner linken Hand immer noch fest, obwohl er sich heftig wand und mein verletzter Daumen schmerzte, als wenn mir eine Ziege den *lund* abbeißen würde.

»Versuch ihn diesmal richtig zu erwischen«, spie ich aus. »Fünf, vier …«

»Pratap, leg das Messer weg«, donnerte der Maharadscha. »Sofort!«

Pratap sah ihn hasserfüllt an, legte dann aber das Messer auf den Boden und kickte es weg, wobei ihm die

Gebetsperlen aus der Weste fielen. Zweifellos würde er später auf Amazon gehen, um eine Shopping-Therapie in der Abteilung Verstümmelungswerkzeuge (Klingen) für niedere Kasten zu machen.

»Die Autoschlüssel! Und zwar alle«, rief ich. Ich spähte aus dem Tor. Drei Autos standen davor. Der Maruti, in dem wir gekommen waren, ein Jeep und ein SUV.

Abhis Vater rief nach den Schlüsseln, und irgendein verdammter Diener kam von irgendwoher mit drei Sets angehumpelt, wich meinem Blick aus, reichte sie mir und verschwand wieder.

Bisher verhielten sich während des ganzen Geschreis und der Entführung alle ruhig. Genau wie ich an ihrer Stelle.

»Wenn sich einer bewegt, ist der Junge dran, ihr Schwanzlutscher«, rief Rudi. Er schwang den Schläger im Windmühlen-Stil wie Dhoni, gab sich der Gewalt hin, geübt durch das Schauen zahlreicher Tarantino-Filme und das aggressive Anfeuern von Kricketspielen.

Gebt einem Jungen einen seltenen Kricket-Schläger, signiert vom gesamten Team des unsterblichen Eden-Garden-Sieges von 2001, und seht, was aus ihm wird. Gebt auf der anderen Seite einem Jungen eine Ausbildung bei einer französischen Nonne, und schaut, was aus ihm wird.

Pratap rückte wieder ein Stück vor.

»Rudi, können wir tauschen? Dieser Junge fängt an, mich zu nerven, und wenn Pratap noch näher kommt, WERDE ICH DIESES KIND SCHLAGEN«, rief ich. Mein Gott, der Schmerz brachte mich beinahe um, und es war verdammt anstrengend, diesen widerspenstigen Jungen festzuhalten, während das Blut in meiner Hand pochte. Abhi schwitzte, ich spürte seinen Atem laut und heiß an meinem Ohr, und mein Finger, mein Finger, mein Finger. Sein Vater wurde noch blasser und murmelte Gebete aus seiner Kindheit.

Ich übergab den heulenden Jungen an Rudi. Rudi ging mit ihm rückwärts in Richtung Tor. Derweil schwang ich den Schläger mit meiner Linken, jetzt ein Stück höher, haarscharf an Abhis Kiefer vorbei. Sein Vater sah aus, als bekäme er gleich eine Herzattacke. Sein Sohn war ein Aktivposten, seine Investition, die durch einen Kricketschläger quer übers Gesicht dauerhaft entwertet würde.

Pratap hatte etwas von einem Tiger, der eine *memsahib* auf einer Sänfte beäugte.

»Steig in den Maruti«, befahl ich Rudi. In Delhi gab es etwa zehn Millionen dieser schäbigen alten Karren. Der Geländewagen war verlockender, aber selbst unter den schwierigsten Umständen muss man wissen, wer man ist und woher man stammt. Ich war nicht geboren, um SUV-Fahrer zu werden. Das war vom Schicksal nicht vorgesehen.

Rudi stieß Abhi auf die Rückbank und kletterte hinter ihm her. Ich sprang auf den Fahrersitz.

Ich erwog, zu Pratap zu gehen, um ihn ein paar Mal zu schlagen, dabei vielleicht ein paar Filmzitate zu sprechen, in der Art wie: Ich werde auf dein Grab pissen, wenn du tot bist. Aber ich entschied mich dagegen. Gut möglich, dass er ein weiteres Messer versteckt hatte; besser man spielte nicht den Helden und starb am Ende.

»Wenn Sie die Polizei einschalten«, rief ich durchs Wagenfenster, nur um die Rahmenbedingungen zu klären – ich bin ein großer Freund eindeutiger Vertragsregelungen –, »dann kriegt Ihr hübscher kleiner Sohn noch eine verpasst. Aber diesmal mitten ins Gesicht. Und das wars dann mit seiner Fernsehkarriere!«

Ich drehte den Zündschlüssel und los gings. Knirschend schaltete ich durch die Gänge. Aus jahrelanger Erfahrung mit Mopeds besaß ich gewisse Grundkenntnisse der Kupplungsschaltung. Außerdem habe ich eine sehr schnelle Auffassungsgabe.

»Dieser Scheißer wird nicht lockerlassen«, sagte ich, als der Wagen durch ausgetrocknete Bachbetten und über die Gräber von Bauern rumpelte. »Pratap. Er wird uns töten oder bei dem Versuch sterben. Ich kenne die Sorte.«

»Wir haben keine Wahl«, schrie Rudi. »Ich bin dafür, wir gehen ins Studio, erzählen ihnen, was passiert ist und erstatten Anzeige bei der Polizei –«

»Die Polizei wird uns nicht helfen, Rudi. Und willst du wirklich bei Oberoi aufkreuzen mit dieser Geschichte? Er wird dich über den Tisch ziehen. Und wer auch immer Abhis Vater ist, er ist reich und hat sicher Kontakte bei der Polizei – Hey, Junge, wie heißt dein Vater? Verrat uns seinen Namen oder ich schneid dir den Finger ab!« Ich fing an zu lachen. Brüllte regelrecht. Meine Hand zuckte vor Schmerz. Beinahe wäre ich von der Straße abgekommen.

Rudi glotzte mich an wie einen Irren.

»Nein«, fügte ich hinzu, nachdem ich mich beruhigt hatte. »Ich habe Kontakte. Dort gehen wir zuerst hin. Wir können noch nicht zu Oberoi oder ins Studio.« Oder zu Priya, dachte ich. Am liebsten wäre ich gleich zu ihr gerannt, hätte mein Geld genommen und wäre mit ihr weit, weit weggelaufen, in ein Land, in dem sie die Christmette feierten, Kastanien direkt vom Feuer aßen und Eltern ihren Kindern abends heiße Schokolade brachten. Ich musste sie unbedingt da raushalten.

Zudem konnte ich das Rudi nicht antun.

Ich konnte ihn hier nicht verrotten lassen. Ich mochte den kleinen Arsch, das war mir klar geworden.

Ich hielt das Lenkrad mit meinem Daumen, damit die Vibrationen nicht an meiner Wunde rüttelten.

Ich fluchte in einem fort, wegen der Schmerzen, der beschissenen Straßen, wegen der Bauern, damit sie ihre Kühe von der Fahrbahn verscheuchten, wegen allem.

Ich fuhr weiter durch das elende Drecksloch Uttar Pradesh, Brutstätte der Hälfte aller Mörder, Vergewaltiger, Schwachköpfe und Quizmaster der Welt. Ich erreichte die Hauptstraße. *Delhi, 70 Meilen.* Ich fuhr im Weltrekordtempo zurück.

Wollt ihr einen Menschen wirklich kennenlernen? Dann schaut ihm beim Autofahren zu. Beobachtet, wie er auf Leute reagiert, die ihm die Vorfahrt nehmen oder gegen Verkehrsregeln verstoßen. Achtet auf sein Tempo, wie oft er seine Spiegel kontrolliert.

An diesem Tag müssen die Fahrer auf der Strecke zwischen Agra und Delhi gedacht haben, sie seien neben einem Irren unterwegs.

ELF

Wir fuhren zu meiner alten Mietwohnung. Ich parkte den Maruti und überprüfte die Umgebung auf bekannte Gesichter hin. Nur Männer, immer nur Männer, die sich um ihren eigenen Scheiß kümmerten, ihren üblichen bescheuerten Mittagsbeschäftigungen nachgingen, die Köpfe gesenkt hielten, YouTube schauten, aßen und spuckten. Mein Viertel befand sich in diesem Spannungsfeld zwischen Arm und Reich, in dem die Leute wussten, dass man besser keine Fragen stellte und nirgendwohin schaute, wo man nicht hinschauen sollte. Wenn man sich einmischen will, braucht man entweder viel Geld oder gar keines.

»Nun, Junge, wirst du kooperieren?«, fragte ich unser kleines Prinzchen. Was völlig unnötig war. Er sah aus wie eines von Krishnas Kälbern, süß und unschuldig. Er nickte, dann kehrte der Hass zurück.

»Das solltest du verdammt noch mal auch«, sagte Rudi, der beschlossen hatte, sich in Arnold Schwarzenegger zu verwandeln, nur fetter und weniger furchteinflößend. Der Junge nickte erneut, wobei seine Brauen einen durchgehenden Balken bildeten und er jeden Blickkontakt mit uns mied. Er hasste uns. So wie man nach einem verlorenen Kricket-Heimspiel den Gegner hasst. Ich musste unbedingt ein ernstes Wort mit Rudi reden.

»Okay«, sagte ich, öffnete die Wagentür und schaute mich um, ob jemand in der Nähe war – schließlich befand ich mich in Gesellschaft eines Fernsehstars. »Auf mein Zeichen hin rennen – wir – los.«

Sobald die Straße leer war, eilten wir zur Tür. Rudi und ich schleppten Abhi zwischen uns die dunkle Treppe hinauf, vorbei an den Wohnungen von depressiven, selbstmordgefährdeten Buchhaltern, Angestellten der Gaswerke, städtischen Planungsbeamten, die sich ausmalten, wie sie ihre Kollegen wegen einer entwendeten Mittagsmahlzeit totschlugen.

Wir stolperten in meine winzige Einzimmerwohnung. Ich sah sie mit ganz neuen Augen: Da war das alte Bett, der Schreibtisch, der Computer, das Leben, das ich vor Rudi gelebt hatte. Es wirkte alles so klein, so erbärmlich.

Ein Elefantenscheißhaufen von Post lag herum, Rechnungen, Werbung für Webseiten Heiratswilliger und astrologische Prophezeiungen, die ich mit dem Fuß aus dem Weg schob, wie Kinder es mit Katzen machen. Den Jungen stieß ich auf mein Bett. Ich nahm den Kricketschläger und küsste ihn. Vielen Dank, Dravid! Danke dir, Tendulkar! Es war das erste und einzige Mal, dass ich mich für Kricket interessierte.

»Hier sind wir fürs Erste in Sicherheit«, sagte ich, weil es zutraf, aber vor allem, weil Filmstars das in solchen Situationen von sich gaben. Da meine wichtigsten erzieherischen Einflüsse Filme und Nonnen waren, ist es nicht verwunderlich, dass ich zu dem wurde, was ich heute bin.

Mir war klar, dass ich wie ein Irrer wirken musste. Die Haare verschwitzt und zerzaust, so als wäre ich kürzlich gekidnappt worden, was allerdings den Tatsachen entsprach. Ich warf einen Blick auf Abhi. »Mach dir keine Sorgen, kleiner Mann, bald wirst du wieder bei Papa sein, *diwali* feiern, Videos schneiden und Finger abhacken. Nichts für ungut wegen all dem, ja?«

»Fick dich«, sagte er, und der Rotz lief ihm übers Gesicht und auf sein Polohemd.

»Was haben wir dir denn getan?«, fragte Rudi. Wobei ich es ziemlich offensichtlich fand, was wir ihm angetan hatten.

»Ihr habt mein Leben ruiniert. Ihr habt alles zerstört«, rief Abhi. »Alle halten mich für einen Witz.« Seine Heftigkeit ließ Rudi verstummen, und sein Filmstar-Gehabe löste sich in Luft auf.

»Mein Vater hält mich für einen Witz«, platzte es Abhi schließlich heraus.

Rudi und ich sahen einander an.

Väter, was?

»Nun«, sagte ich sanft, »es tut uns sehr leid. Nicht wahr, Rudi? Wir biegen das alles sehr bald wieder hin. Wir werden dich zu deinem Vater zurückbringen. Wir werden es wiedergutmachen. Wir sind zu weit gegangen, nicht wahr, Rudi?«

»Ja«, bestätigte er. Er warf dem Jungen diese seltsamen, brennenden Blicke zu. Ich bemühte mich, deren Bedeutung zu begreifen – tatsächlich, es war Mitleid. Er wurde reifer. Er war erwachsen geworden. Was für ein Silberstreif am Horizont in dieser ganzen Scheißgeschichte.

»Fickt euch beide«, sagte Abhi.

»Eine sehr verständliche Reaktion«, sagte ich. »Aber wir brauchen Informationen. Wir können eine Vereinbarung treffen, die die kostbare Familienehre eines jeden unbeschädigt lässt, oder so ähnlich. Dann kehrst du nach Hause zurück, okay?«

Der Junge grunzte. Er drehte das Gesicht zur Wand. Verfluchte Obere-Mittelschicht-Teenager. Aber wenn ich sie nicht ausstehen konnte, warum hatte ich dann ein Leben gewählt, das sich gänzlich um sie drehte?

»Dein Papa ist also …? Hm, *beta*? Bitte«, fragte ich mit meiner Claire-Stimme.

»Himanshu Aggarwal«, sagte er schließlich, den Blick immer noch zur Wand. Ich schaute zu Rudi. Beide schüttelten wir den Kopf. Abhi wandte sich zu uns. »Himanshu Aggarwal? Bauunternehmer? HA-Bau? ›Lehnen Sie sich entspannt zurück, HA-Bau übernimmt den Rest –‹«

»Schon gut!«, unterbrach ich ihn, bevor er den gesamten »Über uns«-Artikel von der Unternehmenswebseite rezitierte.

Leute im Baugeschäft – das sind die Schlimmsten. Sie sind zu allem fähig. Dieses: der Welt einen Stempel aufdrücken, einen kleinen Pickel am Arsch der Schöpfung hinterlassen. Das zieht die übelsten Menschen an.

Genau die Art Menschen, die man nicht zum Feind haben will.

Ich winkte Rudi, und wir zogen uns in die entgegengesetzte Ecke des Raumes zurück.

»Du musst netter zu dem Jungen sein«, sagte ich. »Du hast ihn im nationalen Fernsehen gedemütigt. Hast du die GIFs nicht gesehen? Die Reaktionsvideos? Den *bhangra*-Remix? Wir müssen ihn auf unsere Seite bringen. Bitte, Rudi.«

Er blickte über die Schulter zu Abhi, der uns anstarrte wie ein Onkel bei einem Hochzeitsbuffet, auf dem das Butterhuhn ausgegangen war. Ja, so wütend war er. Rudi nickte bedächtig, und zum ersten Mal seit Monaten wirkte er wie der Achtzehnjährige, der er war.

»Gut, Boss. Dann übernimm du das mit dem Jungen. Ich kümmere mich um einen Kontakt, der uns helfen kann, aber wir müssen schnell handeln.« Ich hatte Sumit vor den Kopf gestoßen. Das war ein Fehler gewesen. Ich würde ihm sämtliche Paco-Rabanne-Vorräte Delhis kaufen müssen, damit er mir aus dieser Sache heraushalf.

»Was tun wir jetzt?«, fragte Rudi. »Was ist unser Ansatz?«

Was ist unser Ansatz? Ernsthaft?

»Wenn wir den Jungen zurückgeben, lässt uns sein Vater in Ruhe. Klar, er kennt unser Geheimnis, aber du hast ihn gesehen. Er ist ein Amateur. Ein Amateur, der sich einen Psychopathen als Haustier hält. Ein reicher Mann, der uns in sein eigenes Haus verschleppt. Und der uns zudem verrät, wer er ist. Wir selbst halten uns aus allen Schwierigkeiten raus. Wir benutzen meinen Mittelsmann Sumit. Vielleicht versüßen wir den Deal mit dem Vater ein wenig. Du brauchst doch nicht wirklich all diese Instagram-Werbeverträge, oder, Boss? Vielleicht helfen wir Abhi ein wenig auf die Sprünge. Und danach heißt es wieder: richtig geile Zeiten für dich und mich.«

Ich zählte an den Fingern die einzelnen Schritte auf, versehen mit ein wenig *masala*, um es weniger nach etwas aussehen zu lassen, das ich mir gerade aus dem Arsch gezogen hatte. »Meine Kontaktperson treffen. Einen Deal machen. Den Jungen freilassen. Wie durch ein Wunder tauchst du wieder auf. Und in höchstens zwei, drei Tagen verkaufst du wie gehabt Waschmaschinen im Fernsehen. Alles klar?«

Rudi wirkte angemessen beeindruckt. Oder panisch.

Selbst nach all der Zeit fiel es mir schwer, den Unterschied auszumachen.

»Ich habe nachgedacht«, sagte er und setzte eine grüblerische, introspektive Miene auf, und bei Gott, ich wusste, was dieser Satz bedeutete, nämlich eine Gewissenskrise und dass er demnächst freiwillige medizinische Hilfsdienste im Kongo anbieten würde. »Ich war so materialistisch eingestellt. Ich war so außer Kontrolle. Ich muss mich wieder den elementaren Dingen zuwenden. Ich muss mich besinnen, was in meinem Leben wirklich wichtig ist.«

Er war erfüllt von Nächstenliebe, Freude und anderen Dingen, die keinen Cent Geld einbrachten.

»Absolut«, sagte ich. »Ich stimme dir zu. Ich werde uns gleich als Nächstes für ein buddhistisches Gebets-Retreat in Sikkim anmelden.« Drei Tage Vegetarismus, Gesang, verwesende Leichen am Berghang, im verfluchten Wind flatternde Gebetsfahnen, und er würde darum betteln, wieder nach Hause zu dürfen.

»Du bist mein einziger echter Freund, Ramesh. All das Geld, dieser falsche Gott, es spielt keine Rolle. Niemand will mich um meinetwillen. Sie wollen mich nur wegen meinem Ruhm. Wir müssen mit unserem wahren Selbst Kontakt aufnehmen. Was wollen wir wirklich vom Leben? Was ist Glück?«

Wer auch immer für die YouTube-Videos verantwortlich war, die er sich reingezogen hatte, ich würde ihn umbringen. Irgendein östlicher Mystiker, der im bescheuerten Kalifornien lebte, wo er von einem Strand in Malibu aus über die Übel des Materialismus dozierte.

»Das ist wunderbar«, sagte ich. »Wirklich ergreifend. Aber ich muss jetzt los.«

Ich war im Begriff zu gehen. Dann verstand ich, was aus meinem Leben mit Rudi geworden war, schon vor der Entführung. Ein Versteckspiel vor der Welt. Jetzt wurde ihm klar, dass die Dinge eskaliert waren. Er wollte etwas ändern.

Ich kehrte um. Er befand sich in einer Krise, und ich musste ihm ein Freund sein. Ich musste ihm beistehen. Diese Entführungsgeschichte könnte der Anfang von etwas Besserem sein, für ihn, für uns beide.

»Kannst du bitte mit dem Jungen anfangen?«, sagte ich. »Sorg dafür, dass er uns weniger hasst. Ich weiß, du kannst es.« Ich klopfte ihm brüderlich auf die Schulter. »Du bist gut darin, Leute für dich zu gewinnen. Versuch es, in Ordnung, Boss?«

Er nickte und lächelte mir grimmig zu. Er zitterte nicht mehr, war auch nicht mehr blass. Ein ganz anderer Mann als noch vor ein paar Tagen. Keine Drogen mehr, dachte ich, ich würde dafür sorgen, dass er nie wieder an Drogen kam.

Ich setzte mir eine Sonnenbrille auf und fischte eine meiner Perücken aus alten Tagen hervor. Im Badezimmer stellte ich mich auf einen Eimer, zog ein paar tausend Rupien unter einem Ziegelstein im Lüftungsschacht hervor und rutschte beim Hinunterklettern fast auf dem Marmorboden aus.

»Ah, Ramesh«, sagte Rudi, als ich gerade gehen wollte. »Könntest du mir eventuell ein Handy kaufen? Ich will nur meine Nachrich-«

»Nein! Du würdest uns in fünf Sekunden verraten. *Lass mich nur kurz die Trends checken*, dann käme, *ich poste nur kurz was über das Kidnapping*, und am Ende machst du einen Livestream. Kein Smartphone. Keine sozialen

Netzwerke. Davon brauchen wir von jetzt an weniger, Rudraksh.«

Ohne seine Reaktion abzuwarten, ging ich hinaus auf die Straße. Ein paar Leute musterten mich. Die Nachbarschaft war offensichtlich wohlhabender geworden. Die örtliche Schwarzbrennerei war verschwunden, der Schneider, der Metzger, ihr wisst schon, die ganzen nützlichen kleinen Geschäfte, sie waren alle ersetzt worden durch Blumenboutiquen und Fitnessstudios.

Im Gegensatz zu Rudi konnte ich problemlos das Haus verlassen. Mein Gesicht war nie in den Nachrichten aufgetaucht. Ich war nur der Diener, der Assistent, der Handlanger. Er war ihm treu ergeben, hieße es in den Nachrichten von mir, wenn man mich ohne Kopf auffände, falls ich überhaupt einen Bericht wert wäre. Es gab keine verwendbaren Fotos von mir. Kein Facebook, kein Instagram, gar nichts. Gerade so, als würde ich überhaupt nicht existieren.

In einem kleinen Elektronikladen kaufte ich mir ein billiges Smartphone, gegen Bargeld, in Ost-Delhi verlangt man keine Ausweise, nein, Sir! Regierungsvorschriften um pakistanische Undercover-Agenten zu stoppen? Maßnahmen gegen geheime Wahlkampfspenden aus Dubai? Ha! Wir spucken ins Gesicht der nationalen Sicherheit, wenn es Geld zu verdienen gibt. Wir leben in unserer vormodernen Welt, wir widersetzen uns dem Staat und seinen schmutzigen Klauen, die unsere Freiheiten einschränken. Zumindest für den Augenblick.

Und dann tat ich, was ich von der Minute an tun wollte, als ich gekidnappt wurde.

Ich rief Priya an.

Das Gefühl war überwältigend. Ich saß in einem Lokal und trank Kaffee, indischen Kaffee, genoss seinen verbrannten, billigen Geschmack von Zichorien, sah zu, wie kleine Leute um mich herum ein sorgenfreies Leben führten, riesige Familienportionen *dosas* verschlangen und Lassis mit der Zufriedenheit der unteren Mittelschicht schlürften. Aber ich stand nicht über ihnen. Ich war sie und sie waren ich. Ich war gerade erst etwas wohlhabender geworden, und meine Moral und meine Werte mussten sich noch an meinen neu gewonnenen Reichtum anpassen.

Möglicherweise brachte ich Priya in Gefahr, ihr Leben, ihre Karriere, ihre Zahlungen an ihre Eltern, aber ich musste ihre Stimme hören. Ich musste sie wissen lassen, dass es mir gut ging.

Viel zu lange hockte ich da, lauschte den aufgeregten Stimmen der Kinder, die ihre Eltern anbettelten, ihnen Spielzeug, Kracher und Wunderkerzen für *diwali* zu kaufen. Eines Tages würde ich vielleicht die Stimmen meiner eigenen hören.

Ich schluckte meine Ängste hinunter. Ich rief sie an.

Natürlich hatte ich mir ihre Nummer gemerkt, einer der Tricks, die die Reichen mit ihren Smartphones verlernt haben.

»Ramesh?«, sagte sie. »Ramesh! Mein Gott, du lebst.« Dann begann sie zu lachen, dann schluchzte sie und schließlich schniefte sie vor Erleichterung. »Du lebst!«

»Ja«, sagte ich. Ich hatte einen merkwürdigen Kloß im Hals, der mich am Reden hinderte. Entweder war das die Liebe oder mangelnde Wasserversorgung.

»Wo bist du? Ich komme sofort –«

»Nein!«, widersprach ich. »Unmöglich. Es ist kompliziert. Wir sind in Sicherheit. Wir sind entkommen.«

»Wir haben das Lösegeld sofort bezahlt«, sagte sie, »und dann haben wir nichts mehr gehört. Ich dachte schon, du –«

»Was?« Abhis Vater hatte uns hintergangen. Hatte mir den Finger abgeschnitten. Und das Lösegeld gestohlen.

Ich atmete tief durch.

Mein Finger – umsonst geopfert. Für das Drama, um eine Show abzuziehen, um Eindruck zu schinden.

Ich war zu vielen Dingen fähig, aber so etwas hätte ich nie getan.

»Ich tue alles, um zu helfen«, fuhr sie fort. »Wo bist du? Ich möchte helfen, Ramesh.«

»Nein«, sagte ich, obwohl ich sie dringender sehen wollte als alles andere. Ich wünschte, sie würde zu mir gerannt kommen, mir versichern, dass alles in Ordnung war. Für einen Augenblick genoss ich den puren Egoismus. »Ich melde mich morgen. Versprochen. Ich wollte nur, dass du weißt, dass ich am Leben bin.« Dann legte ich auf.

Ich hatte ihr nicht gesagt, was ich ihr wirklich sagen wollte, diese »Lass uns zusammen weglaufen und nie mehr zurückblicken«-Geschichte, einfach weil es da noch diese »Viele Dutzend Leichen in meinem Keller«-Geschichte gab.

Außerdem hatte ich ihr nicht gesagt, dass ich sie liebe. Aber ich wollte es ihr sagen. Ich würde es tun. Nichts würde mich aufhalten, wenn das alles durchgestanden war.

Das Lösegeld war also bezahlt worden. Oberoi hatte sich doch für uns eingesetzt. Vielleicht war er gar nicht so übel. Vielleicht hatte er sich schuldig gefühlt, weil er es gewesen war, der Abhi überhaupt erst in die Show gebracht hatte.

Ich saß da und dachte auch an Rudi. Es schien, als

hätten Entführung und Gewalt meine fürsorgliche Seite zum Vorschein gebracht. Letztlich war ich der einzige Freund des Jungen.

Es war mein Job. Mehr als das. Es war meine Berufung. Es war meine Erfüllung des *sanatana-dharmas*, mein Weg aus dem Fegefeuer, aus dem Leben, das ich mir aufgebaut hatte, aus diesem einsamen, kleinen, bedeutungslosen Leben.

Ich brauchte ihn, um mich gut zu fühlen.

Das war es, was verantwortungsvolle Manager taten.

Das war es, was Freunde taten.

Es musste getan werden.

»Sumit? Rat mal wer dran ist?«, sagte ich, als der Anruf durchgestellt wurde.

Es war riskant. Bei unserer letzten Begegnung hatte ich ihm die kalte Schulter gezeigt. Ich hatte ihn abblitzen lassen.

Sumit blieb lange Zeit stumm. »Scheißkerl«, sagte er schließlich lachend. »Ich dachte, ich wäre dich los. Alle suchen nach Rudraksh. Hast du das Entführungsvideo mit der schrecklichen Musik gesehen?«

Ich atmete erleichtert auf. »Wie ist das mit deinen Kontakten? Mafia-Dons? Unterstaatssekretäre? *Samosa-wallahs*?«, sagte ich.

»Willst du meine Hilfe oder willst du mich beleidigen?«, gab er sofort zurück.

Gute Frage. Ich wusste, dass ich mein Glück strapazierte, aber er durfte nicht mitkriegen, wie sehr ich ihn brauchte. Bei Gelegenheit musste ich mir ein paar YouTube-Videos über zwischenmenschliche Beziehungen ansehen.

»Ich will einen gewissen Himanshu Aggarwal kontaktieren. Bauunternehmer. Ein großer Fisch. Er soll erfahren, dass wir etwas haben, das ihm gehört.«

»Worauf hast du dich da eingelassen?«, fragte er. »Weißt du, wer das ist?«

»Können deine Leute ihm die Nachricht übermitteln?«

»Gib mir ein paar Stunden.«

»Danke, Sumit *bhai*«, sagte ich und fühlte mich nicht einmal schmutzig wegen meiner Nettigkeit. Ich legte auf. Vielleicht war es zu einfach gewesen. Auf dem Rückweg machte ich mir Sorgen, dass er mich verraten könnte.

Ich kaufte mir eine Zeitung und war froh, uns – na ja, Rudi – auf der Titelseite zu sehen, ganz oben in der Mitte. Schließlich bekam ich zehn Prozent Provision, schon vergessen? Ich besorgte einige westliche Snacks für die Jungs, voller Cholesterin und Zucker, Gatorade und Milchshakes, Maggi-Nudeln von einem der Millionen Stände. Maggi mit Soja, Maggi mit Chili, Maggi mit Ei. Ein paar ehrliche, billige *rotis* für mich.

Es war ein anderes Indien hier. Ich war erst seit einigen Monaten weg, um das neue High Life zu leben. Trotzdem, ich hatte mich schon an die andere Seite gewöhnt, obwohl sie höchstens, wie viel, fünf Meilen entfernt war?

Klimaanlagen, Fahrer, bewaffnete Wachleute vor den Geschäften und umzäunten Wohnkomplexen. In den Läden dort war es wie in einem blitzsauberen Himmel, übervölkert mit hilfsbereitem Personal, äußerst liebenswert in seiner vollkommenen Verlogenheit.

Aber das hier war mein Indien. Hier gab es faulige Gerüche, Schlachter, die vor deinen Augen Hühnerhälse durchhackten, während die kleinen Mistflitzer krächzend ihr Leben aushauchten; hier musste man sich mit Zähnen und Klauen den Weg zur Theke bahnen, um bedient zu werden; hier gab es nach Einbruch der Dunkelheit unerklärliche Geräusche, potenziell giftige Gerüche, Schreie der List und des Schmerzes.

Und das war noch der nettere Teil, der strebsame Untere-Mittelschicht-Teil Delhis, das Delhi, das im Kommen war, das Halbfertige-Metro-Delhi, für das ich drei Jahre lang hatte schuften müssen, um mir eine Wohnung leisten zu können. Ich rede nicht einmal über die wirklich üblen Gegenden, wo selbst ich noch nie war, wo die Menschen lebten wie Mücken auf dem Hodensack eines Lemuren, wo allen Zähne, Organe oder Beine fehlten, wo nichts besser wurde, selbst wenn die BIPs und die HDIs auf sämtlichen PowerPoint-Folien der Vereinten Nationen nach oben wiesen, immer nur nach oben.

Als ich in die Wohnung zurückkehrte, waren Rudi und Abhi gerade dabei zu reden.

Genauer gesagt, sie hockten da und starrten in verschiedene Ecken des Raumes. Rudi versuchte Smalltalk zu machen: »Was hast du vor, wenn du älter bist?« »Was ist dein Lieblingsvideo auf YouTube?« »Es tut mir leid, dass ich dich vor Hunderten von Millionen Menschen beschämt habe.« So in der Art.

Zumindest bemühte er sich. Ich zeigte ihm kurz einen erhobenen Daumen. Doch zuerst musste ich noch eine weitere Sache erledigen. Ich musste hart sein.

»Abhi«, rief ich. »Steh auf.« Er gehorchte sofort. »An die Wand.« Seine Familie hatte mich verarscht, und ich wollte mich ein wenig für diese zärtliche Fürsorge und Aufmerksamkeit revanchieren.

Ich zog das Handy heraus, das ich zuvor gekauft hatte, und öffnete die Kamera-App.

Abhi zitterte.

»Erzähl, was ihr getan habt«, sagte ich. »Spuck es aus, oder ich verpass dir eine in dein hübsches kleines Gesicht.«

Rudi sah mich verwirrt an. »Ramesh, was machst du da?«

»Nur eine kleine Zusatzversicherung. Fang an zu reden, Abhi, in die Kamera, sag, was ihr getan habt, du und dein Vater.«

In wenigen Minuten war es vorüber. Eine nette Videodatei, die darüber Auskunft gab, wer uns entführt hatte. Ich zog eine Kopie auf eine Speicherkarte, nur zur Sicherheit, und schob sie in meine Tasche.

Danach verstummte Abhi. Er saß auf dem Bett und schmollte.

Rudi sprach weiter mit ihm.

»Ganz ehrlich, ich weiß, was ich getan habe, war schlecht. Ich werde es wiedergutmachen.« Er schaute mich an, worauf ich ihm zuzwinkerte. »Ich war nicht fair. Ich habe es wegen der Quoten getan. Ich habe sie dazu gebracht, dich zu hassen.«

Abhi starrte weiter an die Wand. Ein mir sehr vertrautes Gefühl. Auch ich hatte viele Stunden damit verbracht, an die Wand zu starren und dabei eine grundsätzliche Feindseligkeit gegenüber Rudraksh Saxena zu verspüren. Aber das war Vergangenheit.

»Ich kann dir alles ermöglichen«, bot Rudi an. »Du willst Politiker werden? Ich kann das organisieren. Du willst berühmt werden? Willst Bollinger trinken? Willst den besten Tisch im *Indian Accent*? Oder mit Starlets ausgehen? Sag mir einfach, was du willst, Alter.«

Was für ein Auftritt! Die Worte tropften geradezu von

seinen Lippen. Er war ein Mann von Welt, einer, der in den besten Restaurants der Stadt einen Tisch bekam, der Kontakte zu Filmstars hatte. Es war zwar immer noch besser als drogensüchtig zu sein, aber, mein Gott, wie nervig!

Doch dann veränderte sich seine Stimme, und ein ganz und gar anderer Rudi kam an die Oberfläche.

»Ich weiß, du hasst mich. Ich möchte dir helfen. Ich habs versaut. Ich bin ein Versager. Ich bin nur berühmt, weil ein anderer die Prüfung für mich geschrieben hat. Ich tauge rein gar nichts. Aber ich habe jetzt Geld, und ich kann dir helfen. Lass mich einfach helfen, bitte.«

Abhi drehte sich zu uns um. »Du hast nicht genug Geld, um das wiedergutzumachen.«

Rudi war den Tränen nahe. Nicht gut für einen Kidnapper.

»Essen!«, rief ich, weil das normalerweise die Situation auflockert. »Esst. Schlaft. Genießt es, lebt ein wenig, ihr beiden.« Ich warf den Berg von Snacks auf das Bett. »Meine Kontaktperson wird in ein paar Stunden anrufen.« Ich erwähnte weder Priya noch das bezahlte Lösegeld.

Ich loggte mich in den Computer ein. Rudi unternahm einen letzten Versuch, mit dem Jungen ins Gespräch zu kommen. Wir sahen uns Videos an. Ich verteilte Gläser und Teller, als würde ich eine Kindertagesbetreuung leiten. Vierundzwanzig Jahre alt, und das war mein Leben.

Im Laufe des Nachmittags rief Sumit an. Die Jungs schliefen, das Adrenalin war längst verflogen. Rudi hatte über Marvel-Kram gelabert. Abhi hatte nur einsilbig geantwortet, aber das war immerhin etwas.

Eigentlich hätten sie gut miteinander klarkommen müssen. Dasselbe Alter, dieselben Klagen über die Eltern, derselbe emotionale Missbrauch in der Kindheit – langweilig, langweilig, langweilig. Ich wünschte mir, ich hätte geraucht, oder sonst was anderes, um mich vom Schwitzen und dem verfickten Scheißfinger abzulenken.

»Du hast also Himanshu Aggarwals Sohn entführt?«, fragte Sumit am Telefon.

»Ich musste etwas unternehmen.«

»Dazu braucht man Eier, die ich bei dir gar nicht erwartet hätte.« Er seufzte. »Ich habe ein Treffen arrangiert. Ich werde dich zum Vater bringen. Du gibst ihm sein Kind zurück. Alles wird gut.«

»Erklär ihm, dass ich weiß, was er getan hat«, sagte ich, wobei ich an das Lösegeld dachte, es aber nicht laut aussprechen wollte, falls Rudi aufwachte. Er sollte es nicht erfahren. Er stand schon genug unter Druck. »Wenn er noch mal doppeltes Spiel treibt, fliegt er auf. Wir haben ein Video gemacht. Wir werden es überall veröffentlichen, wenn er uns verarscht. Wo finde ich dich?«

»In zwei Stunden. Metrostation Karkardooma. Bei den Fahrkartenschaltern.«

»Wir werden da sein. Weißt du, Sumit *bhai*, ich habe mich getäuscht. Ich könnte in Zukunft einen Macher wie dich gebrauchen. Wie wär's?«

»Klingt nach einem Plan, Bruder«, sagte er und legte auf.

Ich weckte die Jungs. Schickte sie unter die Dusche. Abhi sah aus wie der Tod in Person.

»Bald bist du wieder bei Daddy«, versicherte ich ihm. Er nickte, immer noch verängstigt, wütend und verwirrt. Er verdiente ein friedliches Leben, altersgemäßen Spaß und Auslandsreisen, um sich dann, in ein paar Jahren, in seinen Vater zu verwandeln und sich bis zu seinem Tod selbst zu hassen. Ihr wisst schon, der normale Lebenszyklus eines männlichen Inders der Oberschicht.

Nach dem Gespräch mit Sumit ging ich erneut einkaufen. Ich hatte eine geniale Idee und wusste genau, wo ich alles für die Umsetzung bekommen würde. »Etwas für die fülligere Dame«, sagte ich, schüttelte mich dabei vor Lachen, konnte es mir einfach nicht verkneifen, und der Ladenbesitzer hatte ganz offenkundig Mitleid mit der armen Ehefrau dieses Mannes, der vor ihm stand.

Als ich zurückkam, hatten die Jungs bereits geduscht und geschissen. Ich warf Rudi mein Paket zu.

»Mach es auf.« Dann ging ich zu meinem Kleiderschrank, um nach einer langen schwarzen Frauenperücke zu suchen, die ich einige Jahre zuvor aus einer Laune heraus gekauft hatte. Ich selbst würde eine mittellange Männerperücke tragen, im Stil eines Filmstars aus den Siebzigern.

»Das zieh ich ganz sicher nicht an«, hörte ich Rudi schreien. Ich trat wieder ins Zimmer, er schaute mich entgeistert an.

Er hielt ein superschickes, pinkfarbenes Sari-Set in den Händen.

»Du bist der berühmteste Mann Indiens«, sagte ich und warf ihm die Perücke zu. »Betrachte es als Kompliment.«

Abhi begann nervös zu kichern.

Endlich ein Fortschritt.

ZWÖLF

Wir fuhren mit dem Taxi vor. Aus der Metro-Station Karkardooma strömten scharenweise genervte Büroangestellte direkt in die einladende Umarmung eines Heeres von Rikscha-Fahrern. Gelangweilte Chauffeure verbeulter Autos Baujahr 2005 warteten auf ihre Chefs aus dem mittleren Management. Männer und Frauen eilten hin und her und versuchten verzweifelt, vor den *diwali*-Feiertagen ihr Einkommen ein wenig aufzubessern. Es war noch nicht einmal Rushhour, aber schon quollen Tausende von Menschen aus der Station. Karkardooma war der Ort, den Sumit gewählt hatte, um mich zu verarschen.

Die transparente Außenfassade der Haltestelle war mit Werbung für Veranstaltungssäle, Cateringfirmen, Festgärten, Elefantenverleih, Schneiderwerkstätten übersät – alles Produkte der Hochzeitsindustrie, die in dieser Zeit des Jahres noch mal einen Gang hochschaltete, eine Branche, die im Alleingang unser Wirtschaftswachstum am Leben hielt. Hochzeiten für Arme, Hochzeiten für Milliardäre – jeden Tag gab es in Delhi mindestens einhundert –, man konnte das ganze Jahr über kostenlos schlemmen, wenn man einen guten Anzug besaß und die Fähigkeit, sich unauffällig unter die Gäste zu mischen.

Wir marschierten vom Taxi in Richtung Station, vorbei an *paan*-Spucke auf dem Bürgersteig, Spielzeugverkäufern, die nach kleinen Kindern Ausschau hielten, Kokoswasserverkäufern, Dieselabgasen, Erdgas-Tanks, die jeden Moment explodieren konnten. Alle schwitzten. Ich dachte an die Angst meines Vaters vor Schrittfäule. Schneller als man blinzeln kann hätte er eine Flasche Talkumpuder gezückt.

Rudi war stinksauer, aber er sah fantastisch aus, zart und süß, wie eine Traumschwiegertochter, oder wie Hema Malini in einer Tanznummer, kurz bevor es regnet und alles durchsichtig wird.

Im Inneren der Metro-Station führte eine steile pyramidenförmige Treppe hoch, mit endlos vielen Stufen. Ich schob Abhi hinauf bis zur Rolltreppe, die in die Schalterhalle führte. »Es dauert nicht mehr lange«, sagte ich. »Bald ist alles vorüber, sofern niemand eine Dummheit begeht.«

»Genau das befürchte ich«, erwiderte er flüsternd, wobei er Rudi und mich ansah.

In Polohemd und Jeans, das Gesicht sorgenvoll, wirkte er wie jemand, der auf dem Golfplatz versehentlich seinen Chef geschlagen hatte. Rudi in seinem Sari, ständig über sein *dupatta* stolpernd, erntete viele bewundernde Blicke kurzsichtiger älterer Herren. Ich trug eine Perücke, deren Ponyfransen knapp über meinen Augenbrauen endeten. Was für ein seltsames Trio wir abgeben mussten. Wir fuhren die Rolltreppe zur Schalterhalle hinauf, die selbst durch riesige, ächzende Klimaanlagen nicht gekühlt werden konnte.

Oben angekommen entdeckte ich Sumit am anderen Ende der Halle, in der Nähe weiterer Rolltreppen, die zum Bahnsteig führten. Er war allein. Wo war seine Armee von Gefolgsleuten, gekleidet wie schlechte Kopien seiner selbst?

Wir bewegten uns in seine Richtung. Ich packte Abhi bei den Schultern und schob ihn weiter vor mir her. Rudi folgte mir, wobei er ständig die Hände von Männern wegschlug, die seine Taille zu begrapschen oder ihn zu kneifen versuchten. »Fick dich, fick dich«, hörte ich ihn alle paar Sekunden jemanden anzischen, entweder mich oder die Grapscher, das war nicht ganz klar.

»Sumit«, sagte ich, als wir schließlich vor ihm standen, umwogt vom Getöse einer Million grauer Hemdträger mit Schweißflecken unter den Achseln.

»Wer ist die Dame?«, war das Erste, was er fragte. Sehr müde sah er aus. Und sehr zufrieden. Viel zu zufrieden. Ich bemerkte den siegesgewissen Ausdruck in seinem Gesicht. Mir fiel sein zerknittertes Hemd auf, die Art, wie es an seinem Körper hing. Er roch nicht nach Paco Rabanne. Er roch nach Metro-Station.

Er wirkte hungrig. Er wirkte abgebrannt. Er wirkte wie ein junger Mann, der im Begriff stand, einen Mord zu begehen. Er war nicht mehr der alte Sumit. Keine Lakaien, kein Geld, kein Parfüm. Nur nackte Verzweiflung.

Ach du Scheiße.

Er lächelte, dann zückte er ein Messer, ein kleines zehn Zentimeter langes Ding. Um uns herum nahm niemand Notiz davon. Männer, die herumschrien, gestikulierten, drohten? Das war Normalität im Berufsverkehr in der Delhi-Metro.

Wie verhält man sich, wenn jemand in der Öffentlichkeit ein Messer zückt? Auf keinen Fall den Helden spielen.

»Er kommt mit mir«, sagte Sumit.

»Du *ullu ka pattha*«, sagte ich. »Du mieser betrügerischer *tees maar khan*.«

Sumit lachte. »Weißt du, wie reich sein Vater ist?« Mehr erklärte er nicht. Und ehrlich gesagt, brauchte es noch mehr?

»Du Arschloch«, sagte ich.

Das war ein Fehler. Ich führte es auf mangelnde Übung im Umgang mit meinen Gefühlen zurück.

»Nach dem, was du mir angetan hast, Bruder?«, entgegnete Sumit. »So wie du mich abserviert hast? Ich hatte nichts, aber jetzt habe ich diesen Jungen. Und sobald sein Vater das erfährt, verdiene ich ein Vermögen.«

Rudi geriet in Panik, sein Gesicht wurde pinker als sein Sari. Abhi begann zu stottern. Sumit schob sich an mir vorbei, wich der kompakten, kugelrunden Form eines fetten Büroangestellten aus, hielt dabei das Messer an meine Rippen gepresst.

Er packte Abhis Hand. Dann sah er Rudi ins Gesicht, eine Sekunde zu lange. Er kniff die Augen zusammen, dann schüttelte er den Kopf.

Stellt euch vor, er hätte Rudi erkannt. Unser bescheuerter, kleiner Plan wäre ruiniert gewesen, ausgerechnet durch Sumit. Darüber wäre ich nie hinweggekommen.

»Mehr Glück beim nächsten Mal, Ramesh!«, sagte er. »Jetzt wirst du am eigenen Leib spüren, wie mein Leben in den letzten Monaten verlief.«

Abhi flennte schon wieder. Wenn er das Geschäft seines Vaters übernehmen wollte, müsste er wirklich härter im Nehmen werden. Ich verfolgte sein jämmerliches Gesicht, als er von Sumit in die Menge gezerrt wurde, wo er sich auflöste wie Zucker im Tee.

»Fuck! Was zum Teufel machen wir jetzt?«, plärrte Rudi direkt in mein Ohr. Mein Finger pochte.

Verdammt großartige Frage.

»Wir schauen, wohin sie gehen«, sagte ich und pflügte durch die Menge. Rudi rannte hinter mir her, wobei er die Berufspendler mit seiner tiefen Stimme und seinen klobigen Adidas-Turnschuhen überraschte, mit denen er ihnen über die Füße trampelte.

Links von mir schrie jemand – es war Abhi, der uns von der Rolltreppe aus verzweifelt zufuchtelte. Männer fluchten und stürzten übereinander, als Sumit sie aus dem Weg stieß.

»Rolltreppe«, rief ich. Rudi und ich rannten durch das Gewühl aus feuchtem, fettem Fleisch, den dichten Dunst aus Körpergeruch und Schweiß. Meine Finger packten Schultern, ich entschuldigte mich tausendmal, ich roch Magensäure und schlechten Atem. Ich hatte nur Augen für die Rolltreppe.

Wir drängten uns durch die nach oben fahrende, sich lautstark beschwerende Menschenschlange. Abhi war auf dem Bahnsteig verschwunden. Ich hörte das schrille elektrische Pfeifen einer einfahrenden Metro.

»Aus dem Weg«, brüllte Rudi vor mir, rempelte die Leute beiseite und hielt gleichzeitig seinen Sari mühsam zusammen, eine ziemliche Leistung. Wir sprangen über die Eingangssperren, stürzten auf den Bahnsteig – und direkt vor unserer Nase schlugen die Metro-Türen zu. Ein geisterhaftes, weinendes, kreidebleiches Gesicht huschte an uns vorbei, der Zug schoss davon, dreißig Sekunden zwischen Stopp und Start – danke, Delhi-Metro, danke, Regierung, danke, Zivilisation, fuck fuck fuck fuck.

Ich prallte von hinten gegen Rudi, sodass er fast auf

die elektrischen Schienen gestürzt wäre. Wie peinlich das gewesen wäre, was für eine schockierende Schlagzeile, Rudraksh Saxenas verkohlter Körper in Frauenkleidern gefunden, und das ausgerechnet in Ost-Delhi, was für ein entsetzliches Ende für einen Multimillionär.

»Und jetzt?«, fragte Rudi. Strähnen der Perücke klebten schweißnass an seinem rot angelaufenen Gesicht.

»Da draußen ist ein sehr aufgebrachter Baumagnat, dessen Sohn zweimal gekidnappt wurde und der einen extrem psychopathischen Handlanger hat. Dummerweise haben wir gerade das Eine verloren, was ihm mehr bedeutet als alles andere – und das uns davor bewahrt hätte, tot und entehrt zu enden.«

Ich schaute Rudi an.

»Oberoi?«, fragte er.

»Ja«, antwortete ich.

Warum sollte der nicht auch in der Scheiße landen?, dachten wir beide.

Und los ging's.

DREIZEHN

Ich holte meine gesamten Ersparnisse aus dem Badezimmer meiner Wohnung: 192000 *gandhis* in frischen, rosafarbenen Zweitausendern.

Wir mussten sofort verschwinden. Rudi beschwerte sich über seine Aufmachung. Zu heiß, zu eng, überall zwickte und kniff es. Ich versprach ihm, das nächste Mal dürfe er die Farbe des Sari selbst auswählen.

An einer Ecke beim Markt zwei Straßen weiter winkten wir einem Taxi und fuhren in Richtung Gandhi Nagar.

Gandhi Nagar ist ein Ort, an den sich die Bewohner Delhis gerne begeben, wenn sie untertauchen wollen. Das, und um auf dem Kleidermarkt einzukaufen, einem der letzten, der nicht von weißen Mädchen übervölkert ist, die auf der Suche nach Hippie-Haremshosen sind. In den Filmen gehen sie immer nach Paharganj, das inzwischen aber leider vollgestopft ist mit drogenabhängigen Rucksacktouristen, die nach Romanideen suchen.

Ich wählte das nächstbeste Hotel aus. Das Geeta Rest House, dessen Besitzerin eine Sikh-Dame mittleren Alters mit steinernem Gesicht war.

Sie musterte meine rosa verhüllte, frisch rasierte Braut,

und ich konnte mir gut vorstellen, was sie dachte: Nicht wirklich ein Hingucker, aber zumindest ist sie heller als er. Sie verlangte das Geld für drei Nächte im Voraus. Ich gab ihr ein bisschen mehr. »Keine Zimmerreinigung«, sagte ich. Sie steckte es ein, ohne eine Miene zu verziehen. So mag ich die Menschen. Direkt, ruppig und moralisch flexibel.

Hinter ihr plärrte es aus einem Fernseher, etwas über Pakistan, über Terrorismus, gefolgt von Shah Rukh und Aishwarya in Cannes, bei den Oscars und in Filmen weißer Männer.

Oben im Zimmer erstellte ich einen Plan. Einen neuen, angesichts der Tatsache, dass der letzte brutal den Bach runtergegangen war. Rudi schmiss sich aufs Bett, riss sich die Perücke vom Kopf und begann sich zu kratzen. Wäre das Hotel im Besitz eines Mannes gewesen, hätte er uns wahrscheinlich mit einer versteckten Kamera gefilmt, als zukünftige Wichsvorlage, und wir wären am Arsch gewesen.

»Wir müssen an Oberoi rankommen«, sagte ich. »Der einzige Weg, den ich im Moment sehe, ist über Pawan. Er hat unser Auto, er soll uns reinschmuggeln. Einfach ins Studio spazieren geht nicht. Aggarwal und Pratap sind keine Idioten. Sie werden dort jemanden postieren. Und wenn sie das mit Abhi herausfinden, sind wir erledigt. Wir müssen Pawan benutzen.«

Mein Leben wäre ruiniert, wenn unser kleines Geheimnis aufflöge. Ich wäre auf ewig geächtet. Keine Priya, keine fetten kleinen Kinder, keine Zukunft.

Das *Brain of Bharat* dachte einen Moment nach. »Aber warum Pawan? Er war uns immer ein guter Fahrer. Er könnte in Schwierigkeiten geraten.«

Der Junge hatte recht. Aber offenbar wirkte ich unbeeindruckt, denn Rudi schien durch meinen Gesichtsausdruck endgültig verwirrt.

»Gut«, sagte ich. »Wir fahren selbst zum Studio. Du versteckst dich, ich schmiere die Wachen am Tor. Wir treffen Oberoi. Er kann jeden bestechen, der bestochen werden muss. Wir sind wieder im Rennen und –« Rudi wollte etwas einwenden. Ich hob die Hand. »Nur für ein paar Monate. Danach können wir Sadhus oder Yogalehrer oder was auch immer werden.« Er warf mir einen beleidigten Blick zu. »Ja, wir werden unser Leben umkrempeln. Das verspreche ich. Nicht mehr gekidnappt werden, niemanden mehr kidnappen, keine Bhatnagar-Ermittlungen. Wir verdienen noch etwas Geld, dann machen wir den Abgang. Alles klar?«

Er nickte. »Woher wissen wir, dass Oberoi uns nicht verarschen wird?«, fragte er.

»Oh, da besteht keine Gefahr«, sagte ich lachend. »Du bist das stärkste Zugpferd im indischen Fernsehen. Auf dir basiert seine Karriere. Er wird dir nicht schaden. Er hat gerade ein Lösegeld von fünfzig *crore* bezahlt, um deinen Arsch zu retten.«

»Ich bin das Doppelte wert«, sagte Rudi. Schlagfertig war er ja. Vielleicht würde er eines Tages doch noch ganz brauchbar.

Wir aßen unten auf der Straße ein nettes Punjabi-Abendessen in unseren Verkleidungen: Sari und Sonnenbrille. Wir hatten hauptsächlich Ghee mit einer Ghee-Beilage und spülten alles mit Ghee herunter. Anschließend gingen wir einkaufen: Fackeln, Taschenlampen, Messer, Allzweckmesser, Hackmesser, Sägemesser – ich hatte eine plötzliche Vorliebe für Messer entwickelt – und einen weiteren Sari für Rudi. Wir mussten gut vorbereitet sein. Ich hatte keine Ahnung, wie lange wir untertauchen würden. Besser, wir besorgten ihm Ersatzkleidung, solange es noch möglich war.

Wir brauchten auch etwas Make-up, denn obwohl er auf den ersten Blick eine einigermaßen attraktive Frau abgab, wusste ich nicht, wie viel wir rennen, springen und schwitzen würden. Der Weg zur Metro-Station war relativ kurz gewesen. Die Verkleidung musste wirklich funktionieren, wenn Rudi mehr Zeit darin verbringen sollte.

In der Schneiderei griff ich nach Rudis Hand, um den Eindruck eines jungen Paares auf Besuch in der Stadt zu erwecken. Wisst ihr, was er tat? Er schlug meine Hand weg, der kleine Mistkerl. Ich schenkte dem älteren Ladeninhaber ein schiefes Lächeln, so ein »Was willst du machen?«-Lächeln. Ein Riesenfehler, denn daraufhin langweilte er mich die nächsten zwanzig Minuten, in denen Rudi sich umzog, mit einem endlosen Redeschwall über die Flatterhaftigkeit der Frauen zu Tode.

»Sie ist temperamentvoll, Ihre Frau, Sie müssen sie bändigen«, sagte er, seine Zunge mit *paan*-Rückständen gesprenkelt und mit zittrigen Händen Schere und Maßband umklammernd. In Gedanken versuchte ich zu erraten, wann ihn seine Frau verlassen hatte.

»Sie wissen nicht, wie recht Sie haben«, sagte ich unüberlegt, und weiter ging es über östrogenreiches Fastfood, sinkende Spermienzahlen, und dass alle Frauen heutzutage so unzüchtig gekleidet seien, dass sie es sich selbst zuzuschreiben hätten, wenn ihnen was zustoße.

Als wir wieder beim Hotel anlangten, ließ ich Rudi unter einem Vorwand allein dort zurück und ging weiter die Straße entlang. Fast hätte ich Priya angerufen. Aber ich hielt durch. Rudi hatte recht. Wir hatten schon genug Menschen geschadet. Ich hatte schon genug Menschen geschadet. Sie durfte um keinen Preis dazugehören.

Nur weil man sich nach der Stimme von jemandem sehnte, nur weil man verzweifelt die Versicherung eines Menschen brauchte, dass man ihm etwas bedeute, hieß das noch lange nicht, dass man tun konnte, was man wollte. Was glaubte ich denn, wer ich war? Ein Amerikaner? Wir waren in Indien. Wir pflegten hier Pflicht und Ehre und alle möglichen anderen Dinge, die uns unglücklich machten.

Auf dem Spaziergang dachte ich an meinen Einstieg ins Geschäftsleben. Alles hatte sich so reibungslos gefügt, wie Tanzschritte bei *India's Got Talent*, es hatte sich von Klient zu Klient weiterentwickelt, von einer Unaufrichtigkeit zur nächsten. Ich war in einen Strudel geraten. Ich hatte mich in einer betrügerischen Welt verloren.

Und so war ich hier gelandet. In einer Situation, die ich unbedingt hatte vermeiden wollen.

Rudi lag richtig. Es war Zeit, auszusteigen.

Als ich von meinem Spaziergang zurückkehrte, hing der arme Junge auf unserem gemeinsamen Bett herum, hatte die Arme gekreuzt und warf mir gehässige Blicke zu. Es war die längste digitale Entgiftung, die er je durchgemacht hatte. Er starrte auf mein Handy. Er hätte mich ermordet, nur um es zu berühren.

»Kein Social Media«, erinnerte ich ihn stets aufs Neue, wenn er sich beschwerte, mich böse anglotzte oder genervt stöhnte. »Kein Internet. Gott weiß wer könnte uns tracken. Nicht nur Mark Zuckerberg, sondern auch Mark Rudiwirdkaltgemachtberg.« Er lachte nicht.

Natürlich war ich ein Heuchler.

Natürlich war ich ein Lügner.

Seit ich siebzehn war, belog ich alle.

Ich hatte uns *samosas* für einen armseligen Mitternachtsimbiss besorgt. Das ein Jahr alte Pflanzenöl tropfte durchs Zeitungspapier, das mit spektakulären Schnappschüssen von Promi-Partys bedruckt war. Wir schlangen das Essen runter wie Hunde, bekleckerten die Laken mit Soße. Zweifellos würden beim Auschecken zusätzliche Gebühren in Rechnung gestellt.

Am nächsten Morgen rief ich ein Taxi. Es kam um Punkt neun, hupte zweimal vor dem Hotel. Ich verbeugte mich kurz vor Ms Geeta in der Lobby. Einen Schritt hinter mir folgte meine Frau, die hinreißend geschminkt war und jeglichen Augenkontakt mied, außer mit ihrem Mann. Wir gingen hinaus.

Ich ließ Rudi in den Wagen steigen.

»Nur ein Tagesausflug«, rief ich Ms Geeta zu. »Ich zeige meiner Braut meine alten Lieblingsorte. Jantar Mantar, Lotus-Tempel.«

Sie stand in der Tür und lächelte mich huldreich an. »So ein anständiges Mädchen«, sagte sie mit Blick auf Rudi.

»Sehr gut erzogen«, sagte ich.

Natürlich würden wir nicht wiederkommen, also hatte sie eine Nacht zusätzlich einkassiert. Sie wäre noch weit zufriedener mit uns, wenn sie es bemerken würde.

Ich kletterte auf die Rückbank des Wagens und winkte ihr zu.

Der Fahrer war jung, mit einem kleinen flaumigen Schnurrbart. Wir fuhren los, und als er auf die Grand Trunk Road einbiegen wollte, tippte ich ihm auf die Schulter. »Anhalten, Bruder«, sagte ich.

»Sir?«, sagte er und fuhr rechts ran. Sein Blick spiegelte unterwürfige Furcht. Keine Sorge, ich bin von deiner Sorte, hätte ich am liebsten gesagt, abgesehen davon, dass ich deine gesamte Familie tausendmal kaufen könnte.

»Wenn du jetzt verschwindest und uns das Auto überlässt, gebe ich dir zehntausend –«, begann ich.

Rudi räusperte sich und drückte meinen Arm.

»In Ordnung, zwanzigtausend Rupien«, sagte ich. War das genug? Rudi lächelte. Ich fuhr fort: »Verschwinde. Besorge ein schönes *diwali*-Geschenk für deine Freundin. Wir rufen dich an, wenn wir fertig sind. Erzähle niemandem davon. Du verdienst ein ganzes Monatsgehalt. Einverstanden?«

Ohne zu zögern akzeptierte er den Deal. Er dankte uns und flitzte davon wie der Wind. Er musste seinen Chef wirklich hassen. Augen auf bei der Wahl eurer Angestellten, rate ich euch. Lasst sie psychometrische Fragebögen ausfüllen. Das erspart euch langfristig viel Ärger.

Ich setzte mich ans Steuer, stellte den Sitz ein und rollte hinaus in den Verkehr. Ich hämmerte auf die Hupe, ich fluchte, ich war am Ende meiner Nerven. Rudi saß auf der Rückbank und beschwerte sich.

»Wie gehts dir da hinten?«, erkundigte ich mich nach weiteren zwanzig Minuten unbeherrschter Raserei.

»Es wäre nicht so schlimm, wenn du verdammt noch mal anständig fahren würdest«, grunzte er.

Wo war der supertolerante Mr Charity-*wallah*, wenn man ihn brauchte, hm? Immerhin beschwerte er sich nur über meine Fahrweise. Seht nur, wie die Reichen leben! Sogar ihr Kofferraum ist komfortabler als alles, wovon Arme nur träumen können! Und trotzdem beschweren sie sich!

Wir überquerten die Yamuna auf der verrosteten, baufälligen Old Iron Bridge – fantastisch, was die Briten uns hinterlassen haben: idiotische Gesetze, kaputte Brücken und Liebesheiraten.

Ich hielt vor dem Golden Jubilee Park kurz an, damit Rudi sich verstecken konnte. Er kroch in den Fußraum. Ich breitete einen blickdichten Schal über ihn, einen, den ich für seine Umwandlung zur Frau gekauft hatte. Der Park war menschenleer. Es war ein regulärer Arbeitstag, keine Romeos, kein Kricket, keine Zigarettenstummel sammelnden Obdachlosen, keine diabeteskranken, mittelalten Jogger, denen die Mischung aus eiskaltem Nebel und Baustaub den Atem raubte. Nur Straßenverkäufer an den Toren, die ihre Waren den Kraftfahrern halbherzig anpriesen, die sich an der Kreuzung vor der Brücke stauten.

Nachdem ich mich, ganz entgegen meiner üblichen Art, über Rudis Wohlbefinden vergewissert hatte, fuhr ich zurück auf die Hauptstraße.

Wir brauchten eine Stunde bis zum Studio. Der morgendliche Stoßverkehr war an sich schon mörderisch, aber die Festtage machten es noch verheerender. Aus dem ganzen Land kamen Busse voll mit Verwandten. Lastwagen karrten Hühner und Ziegen an, die zum Schlachten bestimmt waren. Dazwischen die Vans von Möchtegern-Kidnappern. Ein beißender Rauch hing in der Luft, den selbst die Klimaanlage nicht abwehren konnte. Woher dieser Rauch kam, wusste niemand – aber er war immer ein guter Gesprächseinstieg mit feinen Leuten.

In einem Artikel las ich einmal, wir Delhianer würden nur wegen der Umweltverschmutzung zehn Zentimeter an Körpergröße einbüßen. Daher verdienen unsere

Straßenkinder all meinen Respekt, denn sie bezahlen den Preis, den sich unsere Reichen mithilfe der Luftfilter ihrer deutschen Benzinschleudern ersparen und alle Umweltgifte von sich fernhalten. Den Kindern der Reichen werden keine Lebensjahre gestohlen, ihre Kinder haben keine schwarz gefärbten Lungen. Ich bin einer von euch, will ich den hohlwangigen Jungen zurufen, und eines Tages werden wir uns rächen. Aber im Moment muss ich meine Rolle spielen und zusehen und abwarten, bis der richtige Zeitpunkt gekommen ist.

All die wunderbare Lebensenergie, mit der im Westen muskelbepackte Athleten und lächelnde, weißzahnige CEOs hervorgebracht werden, dient hier lediglich dazu, den Staub, den Schmutz, ja, die ganze Umwelt zu überleben, die dich permanent ins Grab bringen will. Kein Wunder, dass wir Kämpfer sind, kein Wunder, dass wir alle kleine verkrüppelte Energiebälle sind, kein Wunder, dass wir nie aufgeben. Die Welt hat uns ihren Stempel aufgedrückt, wollte uns vom ersten Augenblick an ersticken, aber eines Tages werden wir uns erheben und lachen und auf alles pissen.

Die Wachleute vor dem Studio waren die üblichen Nervensägen, mehr Gesichtsbehaarung als Gehirn.

Ich stoppte vor dem Tor, und die Befragung begann.

»Wer sind Sie?«, wollte einer von ihnen wissen. »Was wollen Sie?«, der andere. Alles, was ich sah, waren ihre buschigen Schnurrbärte.

Halb erwartete ich schon: *Sind Sie ein pakistanischer Agent, der Rache an unserer glorreichen Reality-TV-Industrie nehmen will?*

»Nur ein Fahrer, Bruder«, sagte ich. »Ich muss einen dieser TV-Stars abholen. Ihr kennt die Typen, schlecht gelaunt, unhöflich, rücksichtslos.« Ein Grunzen kam aus dem Fußraum.

»Wie wären zehntausend Rupien jeder?«, schlug ich vor. Wieder hustete es aus dem Fußraum, okay, mein beschissener Fehler. »Zwanzigtausend, Sir? Lassen Sie mich einfach durch. Sie haben mich nie gesehen.«

Die beiden schauten einander an, dann nickten sie.

Ich zückte meine Brieftasche und überreichte ihnen das Geld. Ihre Schnurrbärte zuckten vor Vergnügen. Sie salutierten sogar andeutungsweise, als ich vorbeifuhr. Ihre Professionalität war bewunderungswert.

In einer Gasse hinter der Kantine stiegen wir aus. Rudi schimpfte über meinen Fahrstil, dass er gezwungen war, bescheuerte Frauenkleider anzuziehen, und grundsätzlich über die ganze verdammte sozio-historische Situation.

»Wollen Sie vielleicht ein Evian, Boss?«

»Oh, fick dich«, sagte er.

So gelassen wie möglich gingen wir hinein, vorbei an gleichgültigen Kabelträgern, die auf ihren Handys Tanznummern von *nautch*-Girls schauten, sich dabei nicht im Mindesten für den Mann mit der Perücke interessierten, der ein junges Mädchen durchs Studio führte. Keiner machte uns Platz, keiner zeigte Ehrerbietung, keiner hielt uns die Tür auf. Wir waren nichts. Ein junger Autor kam direkt auf uns zu, ein Schlappschwanz, auf den Rudi normalerweise geschissen hätte. Er warf uns einen arroganten Blick zu, als wäre er in der Forbes-Liste der *30 Under 30* aufgeführt, und lief dann weiter. Rudi schnaubte, hielt aber seine Zunge im Zaum. Manchmal war es doch ganz gut, berühmt zu sein – einfach um solche Pisser auf ihren Platz zu verweisen.

Mit gesenkten Köpfen schlurften wir weiter durch

die Korridore, bis wir Oberois Tür erreichten, an der wir dreimal laut klopften. »Wer zum Teufel ist da?«, ertönte es.

Rudi und ich tauschten Blicke aus. Alles klar. Ich drückte die Klinke herunter. Es war nicht abgeschlossen. Wir traten ein.

Oberoi hockte hinter seinem Schreibtisch. Er schob seine Sonnenbrille hoch auf den Kopf. Sein Gesicht, normalerweise so rötlich, so voller Leben, so voller Whisky, wurde aschfahl.

Er hatte uns sofort erkannt. Von wegen Saris, Perücken und Sonnenbrillen.

Rudi sah mich mit gehobenen Augenbrauen an. Ich zuckte mit den Schultern.

Rudi schleuderte seine Perücke zu Boden. Sie lag dort leblos, ein bisschen wie eine betrunkene Ratte. »Hallo, Oberoi«, sagte er. »Freust du dich, uns zu sehen?«

Oberoi glotzte mich an, dann Rudi, dann wieder mich. Er kratzte sich die Wange, hinterließ tiefrote Striemen auf der Haut über seinem penibel rasierten Bart.

»Ihr lebt«, sagte er. Er riss sich zusammen, rang nach Worten, kratzte weiter, dann breitete er die Arme aus, um zu zeigen, wie wunderbar unsere Rückkehr für ihn war, dass er uns empfing wie Söhne, die vom Studium am MIT ohne weiße Freundinnen zurückgekehrt waren.

Er erhob sich, immer noch unter Schock, öffnete ein paar Mal stumm den Mund und plumpste dann wieder auf seinen Stuhl.

Der Stuhl protestierte quietschend.

Oberoi brauchte einen Moment, um sich zu sammeln. »Was ist passiert? Wer hat dich entführt? Wir müssen dich sofort in die Show zurückbringen. Ohne dich ging gar nichts. Wir machen ein Fotoshooting, wir starten eine Werbekampagne. Hast du schon mal über eine Wohltätigkeitsaktion für verschwundene Kinder nachgedacht?«

»Ihm wurde der Finger abgehackt«, erklärte Rudi. Wie lieb von ihm.

Ich wedelte mit der Hand in der Luft.

»Mein Gott. Ich verständige die Polizei. Ich habe Kontakte. Wir können das Ganze aufklären, sofort«, sagte Oberoi. »Wie schrecklich!«

»Wir wissen, wer es war«, sagte Rudi. »Ein Bauunternehmer namens Aggarwal. Der Vater des Jungen, den wir in der Show gedemütigt haben.«

»Aggarwal, Aggarwal …«, wiederholte Oberoi, wobei er jede Silbe betonte und die Vokale dehnte, als würde sich dadurch das Geheimnis des Namens lüften. »Nie von ihm gehört«, sagte er schließlich und zückte sein Samsung. Es war mit falschen Juwelen besetzt und glänzte wie ein glatzköpfiger Schädel. Er wählte und hielt es sich vors Gesicht. Die Lichtreflexe der Rückseite blendeten mich derart, dass ich beinahe die Arme schützend vors Gesicht gehoben hätte.

»Sub-Inspector!«, rief er, wobei er aufstand und die Stimme erhob, wie jemand, der laut in der Metro telefoniert, um Eindruck zu schinden. »Sie werden nicht glauben, wer hier aufgetaucht ist! Ja! Schicken Sie ein paar Männer vorbei, sind Sie so gut? Wir müssen dem auf der Stelle nachgehen!«

Er legte das Handy weg und verschränkte die Hände über seinem Baumwollhemd. »Das ist fantastisch«, er drehte sich in seinem Stuhl und tat, als hätte er sich von seinem Schock erholt. Sein Fuß trommelte auf den Teppich. »Mein Leben war die Hölle, ehrlich. Und um es noch schlimmer zu machen: Meine Frau ist auf Fastenkur, sie meint bis *navratri*, aber das ist weit hin, und sie ist jetzt schon absolut unerträglich. Noch so eine gottverdammte Saftkur. Apropos.« Er griff in das Getränkeregal hinter sich, in dem diverse teure Labels angeberisch arrangiert waren, neben einem zehn Jahre alten Foto von ihm und seiner Familie in einer schottischen Destillerie, und schraubte dann eine Flasche von etwas Teurem auf.

Rudi hielt den Kopf in den Händen, dankte Gott, dass der Albtraum vorbei war und er jetzt wieder Zugang zu seinem kostbaren YouTube haben würde.

Oberoi lehnte sich in seinem Bürostuhl zurück. Vor ihm auf dem Tisch lag ein Stapel mit Bewerbungsfotos, Kinder, Hunderte von ihnen, auf der Rückseite jeweils ein Blatt Papier angeklammert.

»Keine Sorge, Jungs, es kommt alles wieder in Ordnung«, plapperte er und schob beiläufig den Stapel vom Tisch. Er lächelte, er lachte, er nippte an seinem Whisky, er verkündete, wie wunderbar unser Leben jetzt werde, wobei er die Fotos beständig weiterschob, seine Hand wie eine Kralle daraufgelegt.

»Was ist das alles?«, fragte ich.

»Nichts, nichts«, sagte er.

»Was ist das?«, wiederholte ich.

Der Tumbler glitt ihm aus der Hand und knallte auf den Tisch. Hier stank etwas zum Himmel, das wurde mir schlagartig klar, mit dem untrüglichen Bauchgefühl, das alle Inder von Geburt an besitzen, das die Fetten aber verloren haben, weil die Klimaanlagen, die Chauffeure und *Economist*-Abonnements dieses ursprüngliche Wissen abstumpfen.

»Oberoi«, sagte ich mit kühler, sachlicher Stimme, die von weiß Gott woher kam, »warum liegen auf diesem Tisch Unmengen Fotos von Kindern, und warum sehen die Papiere wie Casting-Fragebögen aus?«

Oberoi schüttelte heftig den Kopf, und als ich nach den Fotos griff, versuchte er eilig, sie wegzuziehen. An jedes Foto war ein Bogen mit albernen kleinen Details aus dem Leben der Kinder geheftet: sein Lieblingsbuch, wie oft die Eltern es geschlagen hatten, der Name des Therapeuten und der Name der Show –

»*Beat the Brains*?«, stutzte Rudi, der in den Unterlagen las.

»Es ist nur ein Spin-off«, sagte Oberoi, aber seine Stimme verriet ihn. Er riss Rudi das Papier aus der Hand, griff sich so viele Fotos wie möglich, raffte sie an sich, umarmte sie wie eine vernarrte Mutter. Es sah aus, als trüge er eines dieser Karnevalskleider aus Rio, bei dem alle Federn weiß waren. Ich bewegte mich von einer Seite um den Schreibtisch, Rudi von der anderen. Oberoi saß in der Falle.

Nie hat es in der Geschichte führender Filmproduzenten einen schlechteren Lügner gegeben.

Ich trat dicht an ihn heran. Sein Aftershave stank wie in der Hitze verrottende *kharbujas*. Was ist bloß los mit den Männern in diesem Land und ihren abscheulichen Parfüms?

»Es ist ein Spin-off«, wiederholte er, er hielt die Papiere immer noch fest umklammert.

Ich schnappte mir einen der Bewerbungsbögen, und Oberoi stöhnte auf, als würde er geschlagen.

»Das Datum darauf ist zwei Monate alt«, sagte ich. Alle Kinder hatten eine Brille, wirkten wie aus einer Milchreklame: pummelig, wissbegierig, weiße Zähne, nie Widerworte gebend, das perfekte fleischgewordene Kind.

Und dann kam der schlagende Beweis.

»›Sie haben *Beat the Brain* gesehen‹«, las Rudi leise aus einem der Profile vor. Dabei hielt er mit einer Hand Oberoi am Kragen gepackt. »›Aber nun lernen Sie die nächste Generation kennen, die das Amt des klügsten Mannes im Land übernimmt. Zuvor gab es nur einen. Jetzt sind es viele. *Beat the Brains*. Sie sind die Zukunft.‹ Das hast du dir ausgedacht, richtig?«, flüsterte er. Der Sari und die Schminke machten seine Wut zu einem noch schrecklicheren Anblick.

Wir warfen einander einen brüderlichen Blick gegenseitigen Einverständnisses zu. Rudi brachte sein Gesicht dicht vor das Oberois. Wo hatte er das alles nur gelernt?

»Nein. Nein –«, ächzte Oberoi.

»Kennst du jemanden namens Pratap?«, fragte Rudi, und Oberoi zuckte zusammen.

Rudi war sogar vor mir darauf gekommen.

Ich sah mich im Raum um. Neuerdings hatte Oberoi in der Ecke einen kleinen Schrein aufgestellt, um sich bei den religiös gesinnten Würdenträgern unter seinen Besuchern einzuschmeicheln. Ich ging hinüber und schnappte mir das Verzeichnis der Gottesdienste im Telefonbuchformat, voll mit Heiligentagen und Angeboten von Billigpriestern. Ich marschierte zu ihm zurück, wog das Buch in meinen Händen. Die Seiten waren safrangelb umrandet und rochen nach Räucherwerk.

»Pack aus«, sagte ich.

»Es gibt nichts auszupacken«, sagte er. »Ich bin euer Freund, euer Produzent, warum sollte –«

Ich zog ihm das Buch über den Schädel. Wieder und

wieder und wieder. Als ich fertig war, war seine Haut knallrot. Es tat sicher weh. Aber kein Blut.

»Also?«, sagte ich.

»Ich war es«, sagte er.

»Es war überhaupt nicht vorgesehen, dass wir zurückkehren, richtig?«, sagte Rudi.

Oberoi schwieg. Seine Sonnenbrille baumelte zerbrochen an einem Ohr.

Ich schlug erneut zu, dieses süße letzte Mal, das Eltern so schätzen, weil es das Kind nicht erwartet. Das tut am meisten weh. Wenn du zuschlägst, dann so, dass der andere nicht wieder aufsteht.

Rudi hatte ihn weiterhin fest im Griff. Oberoi wand sich wie ein Wurm.

»Fick dich, Rudraksh«, sagte er. »Du streichst das ganze Geld ein, und was kriege ich?«

»Millionen«, sagte ich. »Nicht genug?«

»Nicht annähernd. Ihr verdient Hunderte Millionen, ich habe nur meine Produzentengage. Das ist nichts. Meine Frau, meine Kinder, sie alle wollen und wollen und wollen immer mehr. Ich kann mein Haus nicht abbezahlen. Ich kann ihre *diwali*-Geschenke nicht bezahlen. Dann die ganzen College- und Schulgebühren –«

»Soll ich die Prüfungen für sie ablegen?«, witzelte ich, aber der Bastard war nicht zu bremsen. Er musste alles auskotzen. Konnte nicht den Mund halten.

»Diese beschissene Show war meine Idee. Und wer durfte der Star darin sein? Natürlich mussten die Geldgeber ausgerechnet einen Betrüger aussuchen. Dachtet ihr, ich würde es nicht herausfinden? Wer, glaubt ihr, hat Anjali Fucking Bhatnagar den anonymen Tipp gegeben? Aber eure Anwälte haben sie zum Schweigen gebracht.

Ich kenne Himanshu Aggarwal. Er ist angepisst, er ist eitel und bildet sich ein, sein Sohn verdiene eine Rolle im Fernsehen, weil er reich ist und ein hübsches Gesicht hat. Also versprach ich ihm, seinen Jungen in die Show zu bringen, ihn zu einem großen Star zu machen, und dann hast du genau das getan, was ich erwartet hatte. Du hast ihn gedemütigt und mir die Arbeit abgenommen. Dich zu manipulieren, ist ein Kinderpiel, sobald man kapiert hat, wie dämlich du bist. Unglaublich, wie die Leute dir abgenommen haben, dass du ein All-India-Sieger sein könntest!«

Rudi war so wütend wie noch nie zuvor. Zornig, verletzt und erniedrigt. Aber wir hatten keine Zeit zu verlieren, wir mussten schleunigst von hier verschwinden.

»Als du den Sub-Inspector angerufen hast, war das in Wahrheit Pratap, richtig?«, sagte ich.

»Scheiß richtig. Fick dich«, sagte Oberoi.

Ich briet ihm noch eins über den Schädel, worauf er Ruhe gab.

Dann verknüpfte ich ein paar weitere Punkte, und mir wurde klar, dass Shashank Oberoi ein doppeltes Spiel mit allen trieb.

»Du hast das Lösegeld für dich behalten, stimmts? Priya ging davon aus, du hättest es bezahlt, und ich dachte, Aggarwal habe das Geld eingesackt.«

»Du hast mit Priya gesprochen?«, fragte Rudi. »Wann? Wir sollten doch mit niemandem kommunizieren.«

»Boss, müssen wir das unbedingt jetzt besprechen?«, fragte ich. »Wir sollten besser von hier verschwinden, bevor Pratap aufkreuzt. Er tötet uns auf der Stelle. Wir könnten ihm natürlich auch die Wahrheit sagen, vielleicht würde er dann statt uns dieses doppelzüngige Arschloch hier kaltmachen. Aber wer weiß das schon? Lieber kein Risiko eingehen. Wir nehmen Oberoi mit und versuchen unseren Arsch zu retten, okay?«

Er sah ein, dass ich recht hatte. Er verkniff sich jeden weiteren Kommentar. »Einverstanden«, sagte er, obwohl er überhaupt nicht einverstanden klang.

»Tut mir leid, dass ich es dir nicht gesagt habe.«

»Okay, los«, knurrte Rudi. Oberoi stöhnte erneut auf. »Du kommst mit uns.« Oberoi wollte etwas entgegnen, aber Rudi ohrfeigte ihn. »Du bist unsere neue Geisel. Wir haben Abhi Aggarwal entführt, schon gehört? Aber wir haben ihn verloren, und du bist jetzt sein Ersatz. Mit dem Unterschied, dass wir kein Lösegeld für dich fordern. Wir werden dich auffliegen lassen.«

Oberoi schnappte nach Luft. Seine Arme griffen hektisch nach Dingen auf dem Schreibtisch. Bleistifte flogen herum, gerahmte Fotos seiner totäugigen Ehefrau. Was er in diesem Moment deutlich vor sich sah, deutlicher als uns beide, war sein Schicksal: Gefängnis, oder schlimmer noch, von einem rachsüchtigen Himanshu Aggarwal ins Betonfundament einer Shopping-Mall in Noida eingegossen zu werden.

Rudi fischte seine Perücke vom Boden. Ich zog eines meiner Messer aus dem Rucksack. Oberoi gehorchte dem leichten Druck der Messerspitze, stand von seinem Stuhl auf, verließ das Büro und ging vor uns den Korridor hinunter.

Auf dem Weg zur Kantine schlug uns der Geruch von in Öl geschwenktem Knoblauch und Zwiebeln entgegen. Nur ein paar Korridore weiter, schon wären wir draußen und könnten in Ruhe das weitere Vorgehen planen. Wir gaben uns so unauffällig wie möglich. Nur an ein paar

Tischen vorbeispazieren, an denen Menschen zu Mittag aßen. Was könnte einfacher sein?

Oberoi verspürte den quälenden Drang zu schreien, aber der Druck des Messers in seinem Rücken brachte ihn zur Einsicht.

Wir waren lediglich wenige Meter von der Tür entfernt, die aus der Kantine in die Freiheit führte – als sie aufflog, und direkt vor uns stand die Person, die wir am wenigsten sehen wollten.

Pratap war eingetroffen.

Die Augen blutunterlaufen, die Zähne spitz und gelb. Die Haut fettig. Und offensichtlich litt er nach wie vor unter Aggressionsproblemen.

Er öffnete seine Jacke, um uns seine Waffe zu zeigen.

»Ihr kommt mit mir«, sagte er leise.

»Töte sie«, rief Oberoi. »Jetzt. Tu es!«

Ein oder zwei Angestellte blickten von ihren Tellern auf und sahen wie Shashank Oberoi jemanden anschrie. Nichts Außergewöhnliches. Sie aßen weiter.

In Oberois Gesicht klaffte ein manisches Grinsen. Er witterte seine Chance. Zwei Kugeln und er wäre gerettet.

»Der Sender hat das Lösegeld gezahlt«, warf Rudi rasch ein. Er hielt seinen Arm schützend vor mich. »Oberoi hat es eingesackt. Er treibt ein doppeltes Spiel mit euch.«

Pratap musterte uns mit einem langen, kalten Blick. »Wo ist der Sohn meines Chefs?«, fragte er.

»Äh«, sagte Rudi.

»Siehst du? Sie lügen«, sagte Oberoi, zerrte an meinem Hemd, um mich in einen unfreiwilligen Märtyrertod zu drängen. »Töte sie«, fauchte er.

Pratap hob seine Pistole. Er starrte mir in die Augen. Offenbar glaubte er Oberoi.

Er lachte.

Meine Finger verkrampften sich schmerzhaft. Er hatte mir bereits einen abgeschnitten, und er machte nicht den Eindruck, als würde ihm das ausreichen. Ich packte Oberois Schulter und versuchte, ihn wieder zurück in die andere Richtung zu bugsieren. Dasselbe tat ich mit Rudi, den ich vor mich schob. Echte Loyalität.

Leider war mein Griff um Oberois Schulter nicht fest genug.

Er riss sich los, stieß mich zu Boden, grinste mich triumphierend an und rannte, so schnell er konnte.

Er lief viel schneller, als man es einem reichen, fetten Typen wie ihm zugetraut hätte. Das musste man ihm lassen. Bevor ich etwas unternehmen konnte, war er verschwunden, und ich lag da und starrte in den Lauf einer Waffe.

Pratap wirkte leicht perplex.

»Siehst du, wir haben nicht gelogen –«, begann Rudi.

»Nicht der richtige Zeitpunkt, Boss!«

Pratap setzte erneut die Waffe an.

Zeit zu gehen. »Pistole!«, schrie ich, und alle hoben den Kopf. Oh ja, ich konnte laut sein, wenn ich wollte.

Ich zog auch Rudi nach unten, dann flitzten wir blindlings zwischen Tischen hindurch, an denen immer noch manche beim Mittagessen saßen. Rudi fluchte neben mir.

Ein Schuss krachte.

Keine Ahnung, wo die Kugel einschlug. Nicht in mich. Nicht in Rudi. Alles andere war unwichtig.

Menschen schrien. Teller voller *sambar* und *idlis* klapperten zu Boden. Ich stolperte. Rudi rannte an mir vorbei, ein Schweif aus Pailletten und Rosa wehte hinter ihm her.

Wir huschten in den Korridor auf der anderen Seite des Saals. Er war voller Flüchtender, an ihrer Spitze die Wachleute, die immer als erste türmten. Sie hatten ihre Jobs von ihren Vätern geerbt, eines Tages würden sie auf ihre Söhne übergehen. Durch einen unerwarteten, unnatürlichen Tod würde diese Erbfolge nur unnötig verkompliziert.

Wir trampelten wie eine panische Herde den Flur hinunter.

Ich hörte zwei, drei weitere Schüsse. Eine Kugel sirrte dicht über meinen Kopf und ließ eine Neonröhre explodieren.

Ellbogen bohrten sich in meine Flanken, Nägel krallten sich in mein Fleisch, ich hörte Schreie in unterschiedlichsten Oktaven.

Wir stürmten durch die Ausgangstür. Rudi und ich benutzten das Gewühl als Deckung. Die Menschen stoben in alle Richtungen davon. Ich hielt mich an eine Gruppe, die auf die Rückseite des Studios zusteuerte. Ich sprang über sorgfältig gepflegte Rasenflächen, manikürte Hecken und ältere Studioangestellte.

Mir blieb nichts anderes übrig, als wegzurennen, also tat ich es.

Männer und Frauen krabbelten verängstigt übereinander, über Metallgeländer und Fleisch, jeder sich selbst der Nächste. Ich bog um eine Ecke, erreichte den Wagen, wo Rudi bereits stand und mit bleichem Gesicht das Chaos um uns herum beäugte.

Ein Mann drängte sich an mir vorbei zur Beifahrertür und fing an, gegen das Fenster zu hämmern. Ich stieß ihn aus dem Weg. »Tut mir schrecklich leid«, sagte ich, wie ein echter Westler.

»Wo ist Oberoi?«, fragte Rudi. Er atmete schwer. Er wirkte erschöpft und unglücklich.

»Verschwunden«, sagte ich.

»Mein Gott, Ramesh. Er weiß alles.« Aber er war zu erledigt, um richtig wütend zu sein. »Ich bin am Arsch. Du bist am Arsch. Wir sind am Arsch. Indien ist am Arsch. Die sozioökonomischen –«

»Lass uns abhauen, okay, Boss?«, sagte ich. Er kroch ächzend wieder hinten in den Fußraum. Ich startete den Wagen und düste los, als hätte der Wagen einen Raketenantrieb. Die Wachen am Tor waren schon längst über alle Berge, kein Salutieren mit Hand am Turban, kein offizielles Getue diesmal. Die Polizei würde noch stundenlang auf sich warten lassen.

Dieses Kidnapping-Business lief wirklich ganz hervorragend.

VIERZEHN

Wir parkten wieder vor dem Golden Jubilee Park. Im Radio meldeten sie einen Vorfall in den Delhi International Studios, aber nichts über uns oder Oberoi.

Rudi war stinksauer auf mich, wirkte aber gleichzeitig äußerst bezaubernd in seinem Polyester-Sari mit der feinen Brokatspitze und den kreisrunden, kleinen Spiegeln. Seine Haare und sein Make-up waren verwüstet; seine Foundation war streifig und der Lippenstift komplett verschmiert. Aber wir würden das schon wieder hinkriegen, kein Problem.

»Was machen wir jetzt, du Genie?«, fragte er und spuckte aus dem Fenster.

»Jetzt bleibt nur noch eins«, sagte ich.

Ich hätte alles getan, um sie aus dem Ganzen rauszuhalten.

Ich brachte sie in Gefahr. Ich zerstörte ihre Karriere. Ich benutzte sie.

Und über das Schlimmste wollte ich gar nicht erst nachdenken. Oberoi kannte die Wahrheit über mich und Rudi. Sie könnte sie ebenfalls herausfinden. Sie würde mich für genauso einen miesen Kerl halten wie alle anderen.

»Was denn? Ramesh! Was?«

»Priya.«

»Priya?«

»Unsere Produktionsassistentin«, erwiderte ich langsam. »Mittelgroß. Etwa fünfundzwanzig. Ist weitgehend für den Erfolg deiner Fernsehkarriere verantwortlich.«

Rudis zornige Miene verwandelte sich in ein bösartiges, kleines Grinsen.

»Ich weiß, wer sie ist, Ramesh«, sagte er überdeutlich, als wäre ich begriffsstutzig. »Aber sie ist Oberois Untergebene. Warum sollten wir zu ihr gehen? Sie wird uns verraten, oder etwa nicht?«

»Ich kenne sie, sie wird uns helfen«, erwiderte ich.

Er kicherte. »Du kennst sie? Das reicht mir nicht. Wie nahe steht ihr euch? Hattet ihr eine persönliche Beziehung? Bist du heimlich mit ihr zum Einkaufen gegangen, hast mit ihr Kaffee getrunken und niemandem davon erzählt? Hattest du Dates, Ramesh? Gibt es einen handfesten Grund dafür, dass wir ihr vertrauen können?« Der kleine Scheißer genoss es in vollen Zügen. Er hatte es die ganze Zeit gewusst. Jetzt wollte er ein Geständnis. Er hatte mich genau da, wo er mich haben wollte.

Er zwang mich, es zu sagen.

Also sagte ich es.

»Ich mag sie.«

»Du magst sie?« Er schmunzelte belustigt. »Du magst sie? Das reicht nicht. Ich mag jede Menge Leute, die mich aber ohne zu zögern verraten würden. Ich verlange mehr als nur *mögen*, Ramesh. Warum sollten wir ihr vertrauen? Schließlich ist sie Oberois Assistentin.«

Gut, die Sache war gelaufen. Er würde seine Rache kriegen. Er wollte mich zwingen, es zu verraten. Scheiß drauf. Ich würde es tun. Es war die Wahrheit. Ich hatte das noch nie über jemanden gesagt.

»Weil ich sie liebe.«

»Ach so, Liebe!«, sagte Rudi. »Jetzt verstehe ich. Ramesh heiratet Priya? Ich hatte ja keine Ahnung. Wie wundervoll! Meine allerbesten Wünsche an das glückliche Paar.« Er lehnte sich von hinten vor, um mich zu umarmen, aber ich stieß ihn zurück.

»Du Arschloch«, sagte ich.

Ich zog mein Handy aus der Tasche und rief sie an.

»Ramesh? Bist du das, Ramesh? Mein Gott, du bist zurück! Ich kann dir gar nicht sagen, wie froh ich bin. Und Rudraksh auch?«

»Ja, der auch.« Der kleine Scheißer.

»Es gab heute eine Schießerei im Studio. Sie haben uns alle nach Hause geschickt. Hatte das etwas mit euch zu tun? Oberoi ist verschwunden. Die Produktion wurde auf unbestimmte Zeit unterbrochen.«

Ihre Stimme drang bis zum Rücksitz. Rudi machte schmatzende Kussgeräusche.

»Oberoi steckt dahinter. Er hat die Entführung arrangiert. Und das Lösegeld einkassiert.«

»Mein Gott«, sagte sie. »Mein Gott. Ramesh …«, dann verstummte sie.

»Priya«, sagte ich. Ich musste es tun, ich würde sie mit hineinziehen. Mir blieb keine andere Wahl. Die ganze Welt war hinter mir her. Ich war nicht manipulativ, versicherte ich mir. Ich war nicht wie Papa. Es war die Wahrheit.

»Priya, können wir zu dir kommen? Wir können nirgendwo anders hin.«

»Natürlich«, erwiderte sie sofort, ohne jedes Zögern.

Sie nannte mir ihre Adresse. »Seid vorsichtig, kommt schnell hierher«, fügte sie hinzu.

»Du bist zu gut«, sagte ich, weil sie es war. Wie sie mein Wohlergehen bedenkenlos vor ihres stellte. Der Mann, der sie zur Frau bekäme, wäre ein Glückspilz. Ich also ganz sicher nicht.

Rudi und ich machten uns auf den Weg. Erneut taten wir so, als wären wir auf einem Tagesausflug. Ich wies ihn auf schmutzige Bürogebäude hin, als wären sie alle UNESCO-Weltkulturerbe, nannte ihn mit meiner Khan-Market-Stimme »Liebling«.

Wir verdrängten jeden Gedanken an Oberoi. Wir verdrängten jeden Gedanken an eine mögliche Enthüllung. Wir verdrängten jeden Gedanken ans Gefängnis.

Ich verdrängte jeden Gedanken daran, Priya die Wahrheit beichten zu müssen.

Für die drei Meilen zu ihrer Wohnung brauchten wir ganze neunzig Minuten, ein typischer Delhi-Trip.

Sie hatte bereits mit den Sicherheitsbeamten telefoniert, und wir fuhren geradewegs durch das Tor, dann an drei Wohnblöcken vorbei, deren Balkone alle mit Wäsche behängt waren, bis wir ihr Gebäude erreichten. Ich parkte das Auto auf einem freien Platz davor und hoffte, dass es nicht abgeschleppt würde. Rudi und ich eilten in die Lobby, in den Lift, erster Stock, zweiter, dritter.

Da wartete sie in der offenen Tür, die Sorge war ihr ins Gesicht geschrieben. Priya.

Ihr Mund stand sperrangelweit offen, als sie unsere Kostümierung sah.

Sie winkte uns herein. Ich trat auf sie zu. Ich umarmte sie.

Sie lächelte mich an. Ich lächelte zurück.

Möglicherweise zerstörte ich ihr Leben. Wir mussten Abhi zurückholen, Oberoi ins Gefängnis schicken und dann verhindern, dass die Wahrheit um die ganze Entführung ans Licht kam. Aber das Kidnapping, die Gefahr und Oberois Verrat waren nicht das, was mich bedrückte. Sie würde es herausfinden. Mit Sicherheit würde sie dahinterkommen. Was dann? Selbstsüchtig wie immer, Ramesh.

Sie bewegte sich etwas unsicher durch ihre Wohnung, als wüsste sie nicht genau, was sie als Nächstes tun sollte. Ansonsten zeigte sie keine Spur von Nervosität.

Inder sind große Sachverständige in punkto Wohneigentum. Es ist die einfachste Art einzuschätzen, wo jemand in der Welt steht. Was ist Kastenzugehörigkeit schon im Vergleich zu Quadratmetern? Die besten Begutachter sind natürlich angehende Schwiegermütter, aber jeder von uns trägt das Gen in sich.

Es gab zwei Schlafzimmer, eines davon war in ein Büro umgewandelt worden, eine kleine Küche, ein Esszimmer, gute Gegend, Mayur Vihar, sehr schick, sehr gepflegt. Sie war auf dem Weg nach oben, eine Junior-Produktionsleiterin – und was tat ich?

Ich hatte nichts Besseres zu tun, als über den Grundriss ihrer Wohnung nachzudenken.

Sie sah wunderschön aus. Sie stand ganz oben auf meiner sehr kurzen Liste von Leuten, die ich wirklich gerne um mich hatte. Rudi fläzte sich aufs Sofa. Er schaltete den Fernseher ein. Ich hörte ihn vor Erleichterung seufzen.

Priya nickte sanft, betrachtete ihn in seinem wunderschönen pinkfarbenen Sari, wie er sich die Perücke vom Kopf riss und zu Boden warf. »Er sieht toll aus«, sagte sie.

»Ich habe sein Outfit zusammengestellt«, erklärte ich stolz. Dann nahm ich meine eigene Perücke ab. Endlich war meine Stirn frei von Fransen.

Sie schüttelte den Kopf. Sie kam zu mir herüber und nahm mir die Sonnenbrille ab. »Jetzt ist es besser.«

Wir standen einfach nur da und schauten einander an.

»Mach lieber die Eingangstür zu, wenn du nicht gesehen werden willst«, sagte sie.

Ich ging, um sie zu schließen. Das war unvorsichtig von mir gewesen.

»Ramesh!«, rief sie und deutete auf meine Hand. Sie eilte zu mir und nahm mich an der Schulter. Sie war ganz nah bei mir. »Was ist passiert?«

»Mein Finger«, seufzte ich. »Sie haben ihn mir abgeschnitten. Wegen des Lösegelds.«

Priya hielt meine Hand fest in ihrer und zog mich an sich. Ihr Haar streifte mein Gesicht. Ich schloss die Augen, fühlte, wie es an meinen Wangen kitzelte.

»Es tut mir so leid«, sagte sie wieder und wieder.

»Nein, mir tut es leid«, erwiderte ich unwillkürlich. Sie würde es herausfinden. Sie würde erfahren, wie verkommen ich in Wahrheit war, und dann würde ich mich für den Rest meines Lebens bei ihr entschuldigen müssen.

»Ich werde dich jetzt verarzten«, sagte sie und küsste mich auf die Wange. Ich wollte sie richtig küssen, aber sie wandte sich ab und ging ins Badezimmer.

Rudi drehte sich auf der Couch zu mir und zwinkerte mir zu.

»Fick dich«, sagte ich, leise genug, dass Priya es nicht hörte.

Als sie zurückkam, hatte sie Desinfektionsmittel, Verbandszeug, Seife und ein Becken mit heißem Wasser dabei. Sie schnippelte den fleckigen Verband ab, und als sie sah, was sich darunter verbarg, schnappte sie nach Luft.

Ich ersparte mir den Anblick.

Ich hielt die Augen geschlossen. Ich fühlte nur ihre Finger auf meinen, schnell, geschickt und weich, die Ballen ihrer Daumen, die Handflächen, die zarten Fingerspitzen.

Als ich die Augen wieder öffnete, war meine Hand weiß eingewickelt. Priya führte mich zum Sofa. Rudi gab sich alle Mühe, ins Programm vertieft zu wirken.

»Ach, das hab ich ganz vergessen. Essen!«, sagte Priya. »Ihr habt bestimmt noch nichts gegessen, oder?«

Rudi und ich schüttelten die Köpfe wie kleine Schuljungen.

»Essen!«, wiederholte sie. »Erst essen, dann planen. Kommt in die Küche.«

»Du hast zwei Schlafzimmer in deiner Wohnung?«, fragte ich, als wir in ihrer Küche standen. »Sehr schön.« Ich wollte Konversation machen. Ich hatte gehört, dass man sich in Indien bei derartigen sozialen Anlässen immer über das Eigentum erkundigen sollte.

»Ich werde vielleicht mies behandelt, aber immerhin werde ich gut bezahlt«, sagte sie. »Ich bin Oberois perfekte Sklavin. Ich arbeite hart. Ich stelle ihn nicht in Frage. Er denkt, Frauen seien leichter zu kontrollieren. Ich bin … ich war gut in dem, was ich getan habe. Ich war unersetzlich.« Sie sah Rudi und mich an. »Ich glaube, ich habe keinen Job mehr, oder? Genauso wenig wie ihr beide.«

Rudi und ich schüttelten erneut die Köpfe. Männer von Welt, Wein- und Whisky-Kenner, zumindest vermeintliche – nun ratlos verstummt.

An einer Pinnwand in ihrer Küche hingen Dutzende Fotos von ihr: Studentenreisen zum Strand von Goa, junge Menschen, die ein sorgenfreies Leben führten. Wie zum Teufel fühlte sich so was an?

Sie ging zu ihrem Gefrierschrank und holte ein paar kleine Boxen heraus. »Die Essenspakete meiner Mutter. Immerhin werden sie jetzt von euch gegessen«, sagte sie. »Die Hausmannskost der eigenen Mutter verschmähen. Kann eine Tochter eine schlimmere Sünde begehen?« Sie lachte.

Ich könnte mir Schlimmeres vorstellen. Etwa die Zukunft der Liebe deines Lebens zu vermasseln, und das kurz vor *diwali*. Das war definitiv übler, als unhöflich gegenüber seiner Mutter zu sein, egal wie die indische Gesellschaft darüber dachte.

Und während sie das Essen in der Mikrowelle erhitzte, es uns servierte, dabei schrille kleine Schreie ausstoßend, weil sie sich am vulkanisch heißen Plastik verbrannte, erzählten wir ihr alles.

Nun, nicht alles. Nicht den Prüfungsbetrug. Ich beobachtete, wie Rudi das Thema zu umschiffen versuchte. Er beobachtete dasselbe Manöver bei mir. Es war unser kleines Geheimnis, eines, das wir gemeinsam hüteten.

»Abhi Aggarwal wurde also von deinem Freund entführt?«, fragte sie, nachdem wir alles aufgegessen hatten. Es war heiß und lecker gewesen. »Und Oberoi war nur aufs Geld aus?«

»Sieht verdammt noch mal danach aus«, sagte Rudi. »Er meinte, seine Frau und Kinder bluten ihn aus.«

»Ha, das behauptet er vielleicht. Rudraksh … Ramesh?«, fragte sie. »In was seid ihr da reingeraten?«

»Wir sind am Arsch«, sagte Rudi.

»Rudi, du bist ein zehnfacher *crorepati*«, sagte ich. »Wenn das im Arsch sein bedeutet, was soll dann der Rest von uns sagen?«

»Oh, hör auf, dich zu beschweren. Du hast doch sie«, sagte er und deutete auf Priya.

»Halts Maul, Rudi«, zischte ich.

»Dein Leben ist so einfach, Ramesh. Du tust nichts anderes, als mein Geld zu nehmen und es auszugeben. Sagst mir nicht einmal, wenn du sie anrufst, Scheiße.« Seine Stimme wurde schrill und weinerlich vor Selbstmitleid. Offensichtlich erlitt sein moralischer Entwicklungsprozess gerade einen gewissen Rückschritt. »Ich habe keine Freunde. Verstehst du? Ich habe niemanden. Alle wollen mich wegen meines Geldes. Ich habe nur Parasiten um mich. Dich. Meine alten Schulfreunde. Sogar meine Eltern. Meine eigenen Eltern, Ramesh, scheren sich einen Dreck um mich, sie wollen nur mein verdammtes Geld.«

»Darf ich dich daran erinnern, dass MEIN FINGER ABGESCHNITTEN WURDE«, schrie ich. Die Nachbarn und ihre kleinen in Stanford studierenden *betas* konnten meinetwegen zur Hölle fahren. Sobald das alles vorbei war, würde ich viele Räucherstäbchen anzünden und Geld spenden für den Gott des nachbarschaftlichen Friedens, was für ein Gott das auch immer war. »Arschloch. Du bist kein bisschen erwachsen geworden, seit wir uns kennen«, fuhr ich fort. Er brodelte innerlich vor Wut. Gut so.

»Jungs! Uns bleibt nur eines übrig«, sagte Priya. Ich sah zu ihr. Offenbar hatte sie einen Plan. Ich hatte nur an Essen und meinen Finger gedacht, sie hatte unsere Rettung ausgeheckt.

»Ja?«, sagte Rudi. »Ich warte. Ich wäre dann so weit«,

sagte er, als hätte er auch nur einen blassen Schimmer, was zu tun wäre. Ich wusste es auch nicht. Wir rannten einfach immer nur davon. Wir brauchten dringend jemanden, der für uns nachdachte. Indische Männer! Aber immerhin kannte ich meine Schwächen.

»Wir müssen zu Anjali Bhatnagar gehen«, sagte Priya.

»Zu der?«, rief Rudi und sprang aus seinem Stuhl auf. Ich lachte. Ich konnte nicht anders. Die Schminke ließ alles, was er tat, grotesk erscheinen. Ich war erstaunt, dass er sie noch nicht abgewischt hatte. Vielleicht hatte er sich in seiner Zeit beim Fernsehen daran gewöhnt. Vielleicht gefiel er sich auch damit. »Zu der?«, wiederholte er, bevor er fassungslos verstummte.

Priya holte tief Luft, dann legte sie los.

»Sie ist der einzige Mensch mit Einfluss, der euch helfen kann. Sie arbeitet beim Central Bureau of Investigation. Sie holt euch aus allem raus. Ihr müsst zu ihr gehen und betteln. Ihr müsst sie anflehen. Erzählt ihr alles, was ihr falsch gemacht habt, und ich weiß, dass ihr beide etwas falsch gemacht habt, aber ihr seid zu feige, es mir zu beichten. Erklärt ihr, dass eure Vergehen weniger wichtig sind, als Oberoi zu schnappen. Er hat eure Entführung arrangiert. Er hat das Lösegeld für das *Brain of Bharat* gestohlen! Das ist ein Riesending. Das wird der größte Skandal seit Jahren. Und sie wird den ganzen Ruhm einheimsen.«

Ich dachte, sie sei fertig, aber sie fuhr fort, entlockte ihrem Gehirn weitere wertvolle Gedanken: »Damit wird sie den Reichen und Mächtigen nicht an den Karren fahren. Er ist nur eine einzelne Gestalt, ein verrückter reicher Typ, der zu gierig wurde und den meistgeliebten Jungen des Landes übers Ohr hauen wollte, den sich jede Mutter als Sohn wünscht. Versteht ihr denn nicht? Oberoi ist der perfekte Schuldige. Und sie darf ihn stellen. Also gehen wir zu ihr, und ihr dummen, hochmütigen, idiotischen Jungs, ihr fleht Anjali Bhatnagar an, euch zu helfen.«

Ich war beeindruckt.

Rudi nicht.

»Betteln? Anflehen?«, rief er. »Ich weiß, wohin das führt. Ich habe die ganze Welt angefleht. Ich habe Mädchen angefleht. Ich habe meine Eltern angefleht. Ich habe meine Freunde angefleht, meine Freunde zu sein. Und das hat niemanden einen Scheiß gekümmert.«

»Sie ist unsere einzige Chance«, sagte Priya.

»Meine schlimmste Feindin, die Ermittlerin vom Central Bureau of Investigation, soll die einzige Person sein, die uns helfen kann? Sie hat es auf mein erbärmliches Leben abgesehen. Ich bin am Arsch! Was für zwei fantastische Genies, mit denen ich hier festhänge. ›Lass uns zu Priya gehen, sie wird schon wissen, was zu tun ist‹«, imitierte Rudi die universelle Uttar-Pradesh-Stimme eines Ungebildeten, was offensichtlich auf mich gemünzt war. Und dass es uns allen klar war, war weit verletzender als die Stimme selbst. »›Oh, ich bin so verliebt in sie, sie ist die perfekte Frau, oh, ich will sie heiraten und eine Million zurückgebliebene Kinder kriegen, und dann wird bestimmt niemand jemals herausfinden, was wir getan haben, und wir werden auf magische Weise dem Gefängnis entgehen.‹ Ihr bescheuerten Idioten, kein Wunder, dass ihr ineinander verliebt seid. Ich gehe jetzt schlafen.« Rudi marschierte in Richtung Schlafzimmer, wobei er weiter vor sich hin lamentierte.

Man wird nicht auf einen Schlag ein besserer Mensch. Er brauchte etwas Zeit. Schließlich war er immer noch ein Teenager.

Und was war ich? Ein vierundzwanzigjähriger Heiliger? Ich hatte kein Recht, ihn zu verurteilen.

»Tut mir leid«, sagte ich. Ich versuchte, nicht an den Teil mit dem Gefängnis zu denken. Ich betete, dass sie mich nicht fragen würde.

»Hast du das alles wirklich gesagt?«

»Nicht in diesem Wortlaut.«

»Hast du es ernst gemeint?«

»Ich mag dich. Du weißt, dass ich dich mag«, sagte ich.

Ich ließ es darauf ankommen.

Scheiß auf die Welt. Scheiß auf das Risiko.

»Ich liebe dich.« Diese Worte auszusprechen und ihr dabei in die Augen zu sehen, war schlimmer als die ganze Situation – also nicht das mit dem Finger, was zugegebenermaßen ziemlich schlimm war –, aber jedenfalls schlimmer, als gekidnappt zu werden und auf der Flucht zu sein. Das mit Sicherheit.

»Ich liebe dich auch«, sagte sie, und Gott, mein Herz platzte fast, wie ein Punjabi bei einem All-you-can-eat-Büffet, und ich dachte schon, sie würde sich vorbeugen und mich küssen, aber sie wich zurück und fragte: »Gibt es etwas, das du mir sagen willst? Etwas über dich und Rudi?«

Rasch blickte ich zur Seite. Das war ein Fehler. Als ich wieder hinsah, glitzerten ihre Ohrringe.

»Wie meinst du das?«

»Woher ihr euch kennt«, sagte sie und berührte meine Hand. »Du weißt genau, was ich meine.«

Nun war er also gekommen. Schließlich doch. Der Augenblick der Wahrheit.

Ich hatte immer noch die Wahl. Ein letzter Ausweg. Ich könnte schweigen, so wie ich es seit dem Tag meiner

Geburt getan hatte, mich weiter vor der Welt verstecken. Oder ich könnte ehrlich sein. Ich könnte die Wahrheit sagen. Ich könnte ein Risiko eingehen und jemandem vertrauen, diesem Menschen die Wahrheit, meine Geheimnisse und mein Leben anvertrauen.

Ich entschied mich für die zweite Möglichkeit.

»Ich hatte ein kleines Unternehmen«, sagte ich und blickte auf meinen Schoß hinab, »ich legte die Prüfungen für reiche Kinder ab und brachte sie auf Spitzen-Unis. Das tat ich auch für Rudi, und wurde sogar der All-India-Sieger. Keine Ahnung wie, aber ich schaffte es, dann habe ich seine Familie erpresst, um an mein Geld zu kommen. Am Ende wurde ich entführt, und nun bin ich hier.«

»Oh«, sagte sie.

Ich redete weiter. Es ging nicht anders. Ich musste es ihr erklären. Sie sollte es verstehen. »Mein Ziel war einfach aus alledem Geld herauszuholen, so viel wie möglich. Aber dann bin ich dir begegnet. Und das hat alles verändert. Ich wollte mehr. Ich wollte dich. Aber mir war bewusst, wenn du es herausfändest, würdest du mich verlassen, denn dann«, und meine Stimme wurde auf pathetische Weise brüchig, aber nur für einen Moment, »wäre ich kein bisschen besser als alle anderen.« Ich war überrascht, mich das sagen zu hören.

»Oh«, sagte sie.

»Wenn du noch einmal ›oh‹ sagst, Priya, dann wird mir glaube ich schlecht«, sagte ich und schaute zu ihrem Gesicht auf.

Sie wirkte enttäuscht. »Versprich mir eine Sache.«

»Alles, was du willst.«

»Von jetzt an musst du mir immer die Wahrheit sagen, verstanden? Noch eine Lüge, Ramesh, und wir sind fertig. Ich dulde keine weiteren Lügen.« In ihren Augen war etwas Wildes.

Ich nickte stumm.

»Ehrlich gesagt, ich habe etwas in der Art bereits vermutet. Und jetzt, wo wir einander die Wahrheit sagen, kann ich das hier tun.«

Sie bewegte sich auf mich zu, legte ihre Hand seitlich an mein Gesicht, und mir war klar, was sie tun würde. Mein Herz klopfte wie verrückt.

Sie küsste mich. Voll auf die Lippen.

Unsere Gesichter bewegten sich wieder auseinander.

»Du wusstest es?«, sagte ich.

»Ich wusste, dass da etwas vor sich ging. Es war mir aber wichtig, dass du es mir selbst sagst. Vertrau mir.«

»Aber ich bin verdorben«, sagte ich. »Ich bin durch und durch verdorben. Ich bin ein Betrüger. Ich mache nichts als Ärger.«

»Ja«, sagte sie. »Aber von jetzt an wirst du das alles unterlassen, stimmts?«

Ich schüttelte den Kopf. »Du kannst also nur mit mir zusammen sein, wenn ich vollkommen rein und ehrlich bin?«

Sie lachte. »Niemand ist mehr rein. Und das wäre auch nicht der Grund, warum ich dich mag. Ich mag dich einfach so.«

»Oh«, sagte ich.

»Ha, jetzt sagst du es auch«, tadelte sie. »Ihr Männer haltet euch alle für Genies, für Gottes Geschenk an die Menschheit. Meine Eltern, ich liebe sie wirklich, aber meine Güte, die ganze Zeit: ›Heiraten, heiraten, heiraten, mit dreißig soll man nicht mehr allein sein‹, als ob das die Lösung all meiner Probleme wäre. Ihr bedepperten

Männer, ihr bildet euch alle ein, ihr wärt Hrithik Roshan. Manchmal kann ich euch nicht ausstehen. Ihr seid schwach und dumm!« Sie zwinkerte mir zu, streckte dann die Hand aus und kniff mich spielerisch in den Arm.

»Das sind wir.« Ich legte meine Hand auf ihre. Eine Geste, an die ich mich langsam gewöhnte. »Vor allem ich.« Der Stumpf meines kleinen Fingers pulsierte, und ich zuckte vor Schmerz zusammen.

Priya schaute mich besorgt an.

»Jetzt, da wir zusammen sind, solltest du dir besser keine anderen Teile mehr abschneiden lassen. Ich brauche dich ganz.«

Ich wurde tatsächlich rot.

»Was machen wir jetzt?«, stieß ich hervor.

»Wir brauchen einen Plan«, sagte sie. »Schritt für Schritt. Was hattest du als Nächstes vor?«

»Äh«, sagte ich.

»Ihr hattet bis zu diesem Zeitpunkt noch keinen Plan?«

»Nur in unseren Köpfen. Er änderte sich von Minute zu Minute.«

»Also nicht niedergeschrieben und festgehalten? Das klingt nicht nach dem Ramesh, den ich kenne. Er hat immer alles so unter Kontrolle: Verträge, Social Media, Botengänge.« Priya lächelte. »Na, dann mal los.« Sie ergriff meine heile Hand und führte mich in ihr Büro.

Wir alberten herum. Auf ihrem Laptop machte sie eine PowerPoint-Präsentation und zauberte eine Folie nach der anderen mit Übergängen, GIFs und Headlines in Comic Sans. Wir lachten wie Kinder. Wir waren trunken vor Intimität. Wir saßen eng beieinander. Sie rieb meine Hände, hielt meine Handgelenke, küsste mich, sah mir tief in die Augen, lachte über jeden dummen Witz.

Schließlich band sie sich die Haare zurück, setzte ihre Brille auf, und ihre Zunge spitzte vor Konzentration aus dem Mundwinkel. »Wir müssen uns zusammenreißen. Gott, das ist genau wie damals, als ich für meinen BWL-Abschluss gelernt habe«, sagte sie.

»Ja, praktisch dasselbe. Ich werde den Herrn und Meister mal wecken«, sagte ich. »Er hat ebenso viel Mitspracherecht wie ich.«

Ich schlich mich ins Schlafzimmer und rüttelte Rudi wach, erst vorsichtig, dann heftiger.

Er schlief wie mein Papa, der sich immer im ganzen Bett breitgemacht hatte, mich angerempelt und nachts mit Füßen getreten hatte, selbst wenn er im Tiefschlaf war. Nur nach seinen Huren-Nächten, nachdem ich wieder vom Dach durfte, hatte Papa wie ein Toter geschlafen, lang ausgestreckt und kerzengerade, wie die Mädchen beim Haltungsunterricht im Sacred Heart – Bücher auf dem Kopf, laufstegsicher, immer kontrolliert.

»Aargh, ich bin wach, ich bin wach«, stöhnte Rudi und erwachte stotternd zum Leben.

»Rudi«, sagte ich sanft. »Sorry. Es tut mir echt leid, dass ich so wütend auf dich war.« Priya hatte mich sehr frei und offen im Umgang mit meinen Gefühlen gemacht.

Er nahm meinen Arm. Er war groggy.

»Mir tuts leid, dass ich dich angeschrien habe, Ramesh.«

»Ich bin dich zu heftig angegangen«, sagte ich. »Ich war zu rücksichtslos. Wenn das alles vorbei ist, gehen wir weg. Wir haben genug Geld. Wir können tun, was wir wollen.«

Ich sah, wie seine Pupillen im Dunkeln schimmerten. »Alles ist vergeben«, sagte er.

»Komm mit, wir brauchen einen Plan.«

Rudi war voller Ideen. Es war erstaunlich, was Essen, Ruhe und die Gewissheit der Freundschaft bewirken konnten. Wir alle hatten viel zu lachen. Zum ersten Mal seit Tagen waren wir beide unbeschwert.

Unser erster Schritt? Wir hatten uns durchgerungen. Wir würden Kontakt mit Bhatnagar aufnehmen.

Aber wie?

»Wir kidnappen sie«, sagte Rudi. Ich war so stolz auf ihn.

»Jungs! Nein. Überlasst das mir. Ich erkläre ihr, dass ich als Whistleblowerin fungieren werde.«

»Priya!«, sagte ich.

»Nein«, sagte Rudi. »Das ist unser Schlamassel. Wir werden das selbst lösen.«

Sie warf uns einen mitleidigen Blick zu. »Warum sollte Bhatnagar jemals zustimmen, mit euch zusammenzuarbeiten? Außerdem, Jungs, eure Erfolgsbilanz bei Entführungen ist nicht berauschend. Ich habe ein schlechtes Gewissen. Oberoi hat das direkt unter meiner Nase durchgezogen, und ich hatte keinen Schimmer davon. Ich möchte helfen.«

»Aber das ist deine Karriere, dein Leben«, widersprach ich. »Das kann ich dir nicht antun. Rudi hat recht. Wir müssen dich da raushalten. Es ist zu riskant, vielleicht kannst du nie wieder arbeiten.«

»Dann muss ich eben eine ausgehaltene Hausfrau werden.« Sie lächelte und stieß mir den Ellbogen in die Rippen. Das brachte mich zum Schweigen.

Wir wandten uns wieder dem Plan zu.

Abhi zurückholen. Oberoi fassen. Gefängnis vermeiden.

In dieser Nacht schliefen wir tief und fest. Priya in ihrem Schlafzimmer, Rudi und ich im Arbeitszimmer, wo wir um die Decke stritten.

Gleich am nächsten Morgen rief Priya bei Bhatnagar an.

Sie war sehr überzeugend am Telefon: »Das sind skrupellose Männer, Ms Bhatnagar. Und nur ich kann sie zu Fall bringen. Sie haben mir alles erzählt. Ich habe Dokumente, Kassetten, USB-Sticks. Wir müssen uns so bald wie möglich treffen, heute, jetzt«, sagte sie, marschierte dabei in der Wohnung auf und ab, ihre Haare peitschten hin und her, ihre Füße tanzten über den Boden. Was für eine Schauspielerin. Kurz machte ich mir sogar Sorgen, sie könnte ihre Liebe zu mir auch nur vorgespielt haben. Aber wie blöd müsste man sein, um so etwas zu denken?

Sie verabredeten sich in einem Café in einer Shopping-Mall, nett und anonym. Priya ballte die Hand zur Faust, als sie auflegte.

Während wir uns zum Gehen bereit machten, leerte Rudi seinen Tee und begann zu lachen. Ich fragte ihn, was los sei, und er sagte: »Als ich klein war, kam meine liebe Mutter zu mir, wenn ich das Haus verließ, und gab mir einen Löffel Zucker als Glücksbringer. Das ist der Grund, warum ich so fett bin. Jedes Mal ein Löffel Zucker. Hat dir deine Mutter auch so was angetan, Ramesh?«

»Zum hundertsten Mal, Rudraksh, ich hatte keine Mutter.«

»Ah, Scheiße, Alter. Tut mir leid.« Dann, wie um sich zu versöhnen: »Was macht die Hand?«

»Ging nie besser«, sagte ich, worauf er draußen im Korridor verschwand.

»Ich möchte dir danken«, sagte ich zu Priya, als sie die

Wohnung abschloss. Sie hielt einen kleinen Rucksack in den Händen. Wir hatten keine Ahnung, wann oder ob wir je zurückkommen würden.

»Wofür?«

»Für all das hier. Du hättest uns auch einfach den Rücken zukehren können. Wenn Bhatnagar nein sagt, wars das, dann bist du eine Komplizin. Du opferst dich auf für mich.«

»Würdest du das an meiner Stelle denn nicht tun?«, fragte sie.

Ich nickte.

Es stimmte. Nach so langer Zeit hatte ich jemanden gefunden, für den ich mich zugrunde richten würde. Für sie. Und für Rudi, nahm ich an. Er wuchs mir ans Herz.

Sie gab mir den Rucksack. »Sobald ich ihn öffne, fängst du an zu fotografieren. Klar?«

»Was ist da drin?«, fragte ich.

»Versicherung«, sagte sie und lächelte.

Ich küsste sie. Was soll man sonst in solchen Situationen tun? Ich küsste also meine Freundin, warf mir den Rucksack über die Schulter, und dann traten wir wieder hinaus in die Welt der Messer, der Entführungen und der fehlenden Finger.

FÜNFZEHN

In meiner Kindheit bekamen die reichen Schulkinder an *diwali* eine komplett neue Garderobe, die armen nur frische Socken oder Hemden. Ich bekam gar nichts. *Diwali* nervte meinen Vater. Für ihn bedeuteten Festtage rausgeschmissenes Geld für Kleider, für Wunderkerzen, für Knallkörper, für Geschenke für undankbare Kinder, aber was noch entscheidender war: Er hasste die Idee dahinter. *Diwali* war ihm viel zu optimistisch. Sieg des Lichts über die Finsternis, was für ein Blödsinn! In seinem Leben hatte sich nie etwas zum Guten gewendet. Er betete jeden Morgen, das schon, aber zu Göttern, die Feuer und Zerstörung, Vergeltung und abgehackte Köpfe versprachen.

Ich dachte in letzter Zeit öfter an diesen Mistkerl. Das lag vermutlich an der Entführung und der ganzen Gewalt. Man denkt, die eigenen Eltern seien nur eine Quelle von Schutz oder Schlägen, dann wird man erwachsen und stellt fest, dass man zusätzlich auch noch wird wie sie. Aber keine perfekte Kopie, sondern eines dieser raubkopierten Videos, in denen man die Leute im Zuschauerraum sieht, die aufstehen und auf die Toilette gehen. Wenn ich doch nur eine Mutter gehabt hätte, dann wäre ich nicht so geworden. Ich wäre halb gut, halb schlecht; halb monströser psychopathischer Schurke, halb gebildeter Langweiler. Ein Buchhalter eben.

Wir bestellten ein Taxi für uns drei, Rudi, Priya und mich, für diese seltsame Familie, die wir gebildet hatten. Der Fahrer war sehr aufmerksam, fast angenehm. Er und seine Kollegen waren nun Sklaven des Algorithmus. Er stellte keine Fragen, hatte hinten ein Tablet installiert und betätigte die Hupe mit zusätzlichem Elan, als wollte er verkünden: Wisst ihr nicht, was für vornehme Fahrgäste ich an Bord habe? Priya neigte den Kopf vor jedem lichtdurchfluteten Tempel, jeder Kirche, jeder goldenen Gurdwara, an der wir vorbeifuhren. Sehr vielversprechend.

Die Shopping-Mall, in der wir uns mit Bhatnagar treffen sollten, war eine Super-Premium-Flagship-Angelegenheit an der Grenze zu Noida. Die meisten der in den frühen 2000er Jahren eröffneten Malls waren zur Brutstätte für Sari-Discounter und Reinigungskräfte geworden, die gelangweilt ihre Eimer mit Desinfektionsmitteln herumschoben. Aber die neuesten, so wie diese hier, waren immer noch Orte, an denen man den Sharmas aus dem Country Club freundlich zuwinken konnte. Die Portofino Galleria war eine der größten in Delhi, die mittags von zuckerkranken Rentnern bevölkert war, die Discount-Ray-Bans und Graphit-Golfschläger für *diwali* kauften.

Priya hatte sich mit Bhatnagar im Food Court verabredet. Rudi und ich folgten ihr mit etwa hundert Metern Abstand.

Bhatnagar trug Jeans und ein weißes Hemd. Sie hatte wallendes schwarzes Haar mit bernsteinfarbenen Reflexen. Sie sah aus wie unsere Schauspielerinnen, wenn sie in ihren Sommerferien in London inkognito fotografiert wurden.

Priya setzte sich an ihren Tisch, und sie begannen sich zu unterhalten. Rudi und ich hatten uns so nah wie möglich herangetraut und standen halb verdeckt hinter einer Säule.

Bhatnagar hörte zu, erhob sich dann aber plötzlich und schüttelte den Kopf. Ich zog mich weiter zurück, damit sie uns nicht entdeckte, wobei ich Rudi beinahe in eine Topfpflanze geschubst hätte.

Priya nahm den Rucksack, legte ihn auf den Tisch und öffnete den Reißverschluss.

Ich riss Rudi das Smartphone aus der Hand, geriet dabei beinahe in ein kleines Handgemenge mit diesem blöden bildschirmsüchtigen Millennial. Dann schoss ich so viele Fotos, wie ich konnte.

Priya hielt einen dicken Packen Bargeld in der Hand. Bhatnagar wirkte überrumpelt. Priya sagte etwas, und Bhatnagar setzte sich wieder. Priya deutete in unsere Richtung. Das war unser Einsatz. Wir traten aus unserem Versteck. Bhatnagar erstarrte, als sie uns sah. Ihr Rücken war kerzengerade aufgerichtet, ihre Augen hielten nach weiteren Gefahren Ausschau.

»Rudi!«, zischte ich leise, als wir uns den beiden näherten. »Denke daran, sei demütig!«

Rudi schob sich an einem Tisch voller Romeos mit hungrigen Gesichtern vorbei, die sich eine Familien-*dosa* teilten und den Food Court nach alleinstehenden Frauen scannten. Natürlich rochen sie alle nach Paco Rabanne. Er ging zu Bhatnagar und setzte sich ihr gegenüber. Angesichts seiner Verkleidung musste sie zweimal hingucken, verzog aber ansonsten keine Miene. Das war vermutlich eine normale Situation für eine Ermittlungsbeamtin des Central Bureau.

Ich schaute auf das Geld. Ich blätterte das Bündel durch. Der Geldschein oben war echt, aber die darunter waren falsch, wertlos. Nicht, dass das auf den Fotos zu sehen gewesen wäre. Jede Zeitung würde für diese Aufnahmen töten: Anjali Bhatnagar, die Queen of Clean – insgeheim korrupt. Ich nickte Priya zu. Vielleicht war sie doch nicht so unschuldig, wie ich gedacht hatte.

Rudi spielte brav seine Rolle. Er bettelte.

»Ma'am«, sagte er mit emotionsgeladener Stimme. »Sie müssen uns retten. Unser Produzent hat unsere Entführung arrangiert. Dann hat er das Lösegeld gestohlen. Er wollte uns umbringen lassen.«

»Bitte, Ma'am«, fügte ich hinzu, mit einer Art Kellnerstimme. »Einzige Hoffnung. Bitte retten.«

Priya verpasste mir unter dem Tisch einen Tritt.

Sie erklärte ihr die ganze traurige Situation: »Oberoi tat alles in seiner Macht stehende, um Rudraksh Saxena aus dem Weg zu räumen. Er richtete es so ein, dass ein unschuldiger Junge im nationalen Fernsehen gedemütigt wurde, nur um sein Komplott in Gang zu setzen. Er ist direkt dafür verantwortlich, dass Ramesh verletzt wurde.«

Ich wedelte mit meiner verstümmelten Hand.

»Ich wurde auch verletzt, *yaar*«, sagte Rudi. »Ich bin das Hauptziel einer gewaltigen kriminellen Verschwörung. Warum vergessen alle immer wieder, dass –« Er brach ab, als sich ein Kellner näherte.

Wir bestellten, als wären wir auf einem Einkaufsbummel, drei Frauen und ich, ihr Diener. Ich nahm Filterkaffee. Die anderen bekamen Ingwer-Mokkas, eine westliche Erfindung mit einem Hauch von Ayurveda, der unsere

Mittelschicht verfallen war – wie konnte man besser demonstrieren, dass man zugleich modern und mit seinen Wurzeln, seiner Kultur *in touch* war? Das war das Geschäft der Zukunft, dem ich mich unbedingt widmen musste, sobald all dies vorüber war.

»Warum sollte ich Ihnen helfen?«, fragte Bhatnagar. »Sie haben mich unter der Vorspiegelung falscher Tatsachen hierhergelockt. Priya hat geradeheraus eingeräumt, dass Sie akademischen Betrug begangen haben. Sie erpressen mich. Und nun soll ich Ihnen helfen?«

»Die Menschen lieben es, wenn Leute wie Oberoi zu Fall gebracht werden«, sagte Priya. »Wir haben die Berichte über Ihre Karriere gelesen. Sie haben sich zu viele Feinde gemacht. Oberoi ist das perfekte Ziel. Ein korrupter, böser, reicher Mann, der dem All-India-Sieger schaden will. Ein Mann, den Sie im Alleingang unschädlich machen werden. Das wird das Land wieder auf Ihre Seite bringen, verstehen Sie nicht? Danach können Sie so viele reiche Leute wegen akademischen Betrugs drankriegen, wie Sie wollen. Nur nicht diese beiden hier. Bitte! Es sind gute Menschen, die schlechte Entscheidungen getroffen haben.«

Wäre ich nicht schon in Priya verliebt gewesen, dann wäre es in diesem Moment passiert.

Ich beugte mich vor. »Außerdem werden wir, wenn Sie zusagen, diese Erpresserfotos nicht an jede Zeitung des Landes mailen. Bitte, Ma'am.«

»Haben wir einen Deal?«, fragte Priya leise. »Inspector Bhatnagar? Haben wir eine Abmachung?«

»In Ordnung«, sagte Bhatnagar und lehnte sich in ihrem Stuhl zurück. Rudi und ich hätten beinahe aufgestöhnt vor Erleichterung.

Sie musterte uns, unsere Aufmachung, Rudis Make-up und Perücke, und schüttelte fassungslos den Kopf.

Dann tätigte sie einige Anrufe.

Sie klangen nicht sehr erfolgreich. Eher wie das ziemliche Gegenteil.

Ich schaute zu Priya. Sie legte mir unter dem Tisch die Hand aufs Knie, um mir zu signalisieren, dass alles gut würde. Naiv wie ich war, fühlte ich mich sofort in Sicherheit.

»Ich werde Sie in einem Safe House unterbringen«, erklärte Bhatnagar schließlich. »Viel mehr kann ich für Sie nicht tun. Ich habe nicht mehr so viele Freunde wie früher. Anschließend werden wir uns um diesen Sumit kümmern. Wenn wir Abhi Aggarwal zurückholen, wird die ganze Situation entschärft. Himanshu Aggarwal. Mein Gott! Den sollte man sich wirklich nicht zum Feind machen. Er saß in allen Vorständen, in denen mein Ex-Mann sein wollte, bei Wohltätigkeitsorganisationen, beim Golfen und in der Segelmannschaft. Ich hielt ihn immer schon für einen Idioten. Kaum zu glauben, dass er auch in diese Sache verwickelt ist.«

Kannten sich diese Leute eigentlich alle untereinander? War das so, wenn man wirklich reich war?

»Und ich werde nicht angeklagt?«, fragte Rudi. »Ich werde nicht verarscht?«, fügte er ziemlich unladyhaft hinzu. Ich stieß ihn liebevoll mit dem Fuß, was ihn daran erinnern sollte, in der Öffentlichkeit weniger Aufmerksamkeit zu erregen.

Bhatnagar beäugte erst ihn und dann mich mit spürbarer Abneigung.

»Ich verspreche es«, sagte sie. »Ihre Produktionsassistentin hier ist eine sehr überzeugende junge Frau. Sie sollten ihr mehr zuhören und weniger Zeit damit verbringen, Menschen zu kidnappen.«

Und sie zu erpressen, ergänzte ich stumm.

»Wenn das hier nicht gut gelaufen wäre«, sagte Rudi, »hätte ich ein weiteres Kidn-«

»Wir müssen los«, unterbrach ihn Priya.

»Wie bist du auf diesen Plan gekommen?«, fragte ich sie, als wir gingen.

»Ein Film. Weißt du, der, in dem Shah Rukh eine Romanze mit einem Mädchen hat, das seine Enkelin sein könnte?« Sie lächelte. »Aber das ist ja eigentlich in allen so, oder?«

Später an diesem Tag, zurück in der Wohnung, kam ein von Bhatnagar bestellter Wagen, um uns abzuholen. Er setzte uns bei einem unscheinbaren Apartment in Süd-Delhi ab, dem Safe House ihrer Abteilung, wie Bhatnager uns dort erklärte. Die Wohnung war leerer als die Versprechen eines Politikers, staubig vor Vernachlässigung. Aber entscheidend war, dass es dort nicht von Leuten wimmelte, die uns an den Kragen wollten. Das Wohnzimmer hatte große Fenster, die ins Nichts hinausblickten. Bei jedem unserer Schritte stoben kleine Staubwolken auf. Bhatnagar telefonierte mit Gott weiß wem, stritt, schrie, schmeichelte und traf Absprachen mit ihren Vorgesetzten.

»Wir haben einen Deal«, sagte sie eine halbe Stunde nach ihrem ersten Anruf. »Meine Chefs geben uns Zeit, Oberoi zu schnappen. Wir müssen schnell handeln. Vertrauen Sie mir.« Auf jeden Fall sah sie beeindruckend aus, eine Frau, die Berge versetzen, Wunder vollbringen, alles möglich machen konnte. Trotzdem war ich weiter vorsichtig. Ich hatte gelernt, niemandem zu vertrauen, der mir den Himmel versprach, denn er würde möglicherweise wenig davon einlösen.

»Können Sie sich auf Ihre Leute verlassen?«, fragte ich. Bhatnagar war empört. Ihr Vater war wahrscheinlich Indira Gandhis Botschafter in Indonesien gewesen. Sie war bester Abstammung. Sie habe noch nie jemanden hintergangen, erklärte sie. Sie sei nicht käuflich. Man habe versucht, sie und ihr Team zu bestechen, habe aber auf Granit gebissen. »Wir sind unbestechlich«, schnaubte sie. »Wir sind das Central Bureau of Investigation.«

Mehr hatten wir einander nicht zu sagen. Wenn die Sache schiefging, könnte sie in den Westen fliehen. Sie würde wahrscheinlich einen Buchvertrag bekommen, weil sie das dunkle Herz Indiens aufgedeckt hatte. Wir wären die Gefickten. Wieder einmal.

Ich saß auf dem Sofa neben Priya. Sie bemerkte meine skeptische Miene. »Sie ist auf unserer Seite, Ramesh, sie wird uns helfen«, sagte sie.

»Niemand ist auf unserer Seite. Weißt du, wer mein schlimmster Klient damals in der Bildungsberatungsbranche war? Jatin Bishnoi. Kritischer Fernsehjournalist? Mr Soziales Gewissen? Er schlug mich. Und willst du wissen, warum? Es lag nicht an meinen Ergebnissen, die waren noch gar nicht da. Sondern, weil sein Junge einen Albtraum hatte, in dem ich ihn betrog – in einem Traum, verstehst du? Und deshalb kam ich dran, weil sein Kind schlecht geschlafen hatte.«

Ich hätte schweigen sollen, aber es war diese Situation. Es war Priya. Sie hatte diese Wirkung auf mich. Ich argumentierte, ich entschuldigte mich – ich öffnete mich der Welt.

»Das tut mir sehr leid für dich«, sagte sie. »Aber wir müssen ihr vertrauen.«

Rudi schaute fern. Priya und ich saßen nebeneinander und redeten über belanglose Dinge. Offenbar eine natürliche Reaktion, wenn die Welt hinter einem her ist und einem die letzten fünf Tage das Herz bis zum Hals schlug. Sie hielt meine Hand in ihrer. Mein einziger Gedanke war, dass ich mich niemals hätte einlassen dürfen auf all das, auf dieses Bildungsgeschäft. Ich hätte Uber-Fahrer werden sollen – und was dann? Für zweihundert Rupien pro Stunde, Tag für Tag, Jahr für Jahr ausgebeutet und beschimpft werden?

Oder hätte ich in einem Callcenter arbeiten sollen, jeden Morgen um drei Feierabend, fünftausend mickrige *gandhis* im Monat, um Leuten in Florida weiszumachen, ich hieße Dan und es gäbe ein Problem mit ihrem PC?

Nein, ich war genau ins richtige Geschäft eingestiegen. Hohe Beträge, großer Stress, gefolgt von Monaten des Nichtstuns. Und man musste dazu einfach nur klug sein, moralisch flexibel, unscheinbar, konturlos, ein beschissener Unsichtbarer. Perfekt.

Außerdem wäre ich Priya sonst nie begegnet.

Sie sprach wieder von ihrer Familie, von der Zukunft. Vielleicht könnte sie zurück an die Uni und ihren Master machen. Vielleicht würden wir ins Ausland gehen. Kanada gefiel ihr von den Bildern her, sie hatte noch nie Schnee gesehen. Was immer sie wollte, mir war es recht. Ich war froh, einfach nur dazusitzen und ihr zuzuhören. Ich wollte zu gerne glauben, dass wir es schaffen würden.

»Danke, dass du mich gerettet hast«, sagte ich, als sie fertig war. »Vorhin. Und ganz allgemein. Du bist sehr gut darin.«

»Ich weiß. Aber ich bilde mir nichts darauf ein.«

Am Abend verließ uns Bhatnagar. Rudi und ich stritten um das Sofa. Priya schlief im Schlafzimmer, ein kahler Würfel von einem Raum, ein weiß bezogenes Bett, Marmorboden, weiße Wände und nicht verkabelte Steckdosen.

Sie hatte nicht mehr bei sich als einen Rucksack, ein Telefon und Wechselkleidung. Alles, was ich bei mir hatte, waren ein paar Messer, mein Telefon und die Speicherkarte mit Abhis Lösegeldvideo.

Ich fühlte mich einfach nur elend, weil ich sie da mit hineingezogen hatte.

Als Bhatnagar am nächsten Morgen zurückkehrte, brachte sie schlechte Nachrichten.

»Ich kann Ihnen nicht viel Neues sagen. Meine Chefs wollen, dass ich das auf eigene Faust durchziehe. Ihr Oberoi hat sich mit Politikern angefreundet …«

»Dieser Wichser«, warf Rudi ein.

»… und meine Chefs sind nervös. Ich werde allein arbeiten müssen. Das ist nicht perfekt, aber es ist schon mal etwas.«

Ihr Gesicht war von Sorge gezeichnet, auch wenn sie sich alle Mühe gab, es vor uns zu verbergen. Wir saßen im Wohnzimmer und unterhielten uns, hinter uns drückte der dicke graue Morgennebel gegen die Fenster.

»Die gute Nachricht ist, dass Aggarwal helfen will. Ich habe ihn zur Vernunft gebracht. Ihm ist klar geworden, dass er über den Tisch gezogen wurde.« Sie lachte. »Dieser Depp. Die Sache ist ihm über den Kopf gewachsen. Sein Vater muss derjenige mit Verstand gewesen sein. Er hat einfach nur die beschissene Firma geerbt. Oh, mein

Ex hat den Boden geküsst, auf dem er ging. ›Er hat so viel Klasse, Anju‹, ›Er kennt jeden, Anju‹, ›Flirte mit ihm, Anju‹, ›Fick mit ihm, Anju, das wird uns Vorteile bringen.‹ Mein Gott!«

Priya schnaubte empört und Bhatnagar zuckte mit den Achseln.

»Ich dachte, ihr zwei Jungs wärt schon dumm, aber dieses Land hat in letzter Zeit regelrechte Vollidioten herangezüchtet!« Sie stieß einen Pfiff aus. »Dieser Oberoi ist ein weiterer Obertrottel. Steckt bis zum Hals in Schulden. Hat politische Ambitionen. Also beschließt er, Sie entführen zu lassen und das Lösegeld einzustreichen. Männer!«

»Wir sind nicht alle so«, sagte Rudi, und ich dachte: Kennst du etwa schon das komplette Spektrum der indischen Männerwelt, Boss?

»Wir holen den Jungen zurück, anschließend haben mir meine Chefs eine Pressekonferenz zugesichert. Oberoi mag politische Verbindungen haben, wir haben die Popularität Rudraksh Saxenas. Trotzdem stehen wir allein da, vergessen Sie das nicht. Ein Wort von der People's Party, und meine Chefs lassen mich und Sie fallen. Das ist wieder mal scheißtypisch«, fügte sie hinzu. »Mehr kann ich leider nicht tun.«

Bhatnagar fuhr uns in einem regierungseigenen Qualis zum Landsitz Aggarwals. Sie scherte wild ein und aus, im üblichen krassen Stil von Leuten, die teure Regierungsautos fuhren, fluchte leise über im Schneckentempo dahinkriechende Landeier, über verblödete junge Männer, die auf ihren Motorrädern gegen die Fahrtrichtung knatterten, über mit Obst beladene Karren, solche, in die Actionhelden bei Filmverfolgungsjagden üblicherweise krachten. Alle wichen ihr furchtsam aus, schließlich konnte man nie wissen, wer hinter diesen getönten Scheiben saß, welcher mit einer AK-47 bewaffnete, von Yale geflogene Ministersohn an diesem Tag auf Blut aus war.

Wir erreichten das Landhaus. Bhatnagar befahl uns zu warten, stieg aus und ging zum Tor. Sie klopfte laut.

Das Tor öffnete sich sofort, und Himanshu Aggarwal persönlich trat heraus.

Keine Diener! Keine Lakaien!

Er machte einen Schritt auf sie zu, wollte sie umarmen, aber Bhatnagar wich zurück.

»Es ist so schön, Sie wiederzusehen, Anju«, sagte er. »Das letzte Mal war im Jachtclub, oder?«

Bhatnagar schenkte ihm ein falsches Lächeln. Dann drehte sie sich um und winkte uns.

Wir gingen alle hinein.

Aggarwal war beim Wiedersehen noch irritierender.

»Jungs, Jungs«, sagte er, drückte uns an seine feuchte Brust und zog eine komische Nummer durch, in der Art, als wollte er sich aus Respekt dir zu Füßen werfen, du ihn aber stoppen und sagen musstest: Bitte, Sir, Sie sind älter und weiser als ich, das ist nicht nötig.

»Jungs, nehmt ihr meine Entschuldigung an?«

Scheiße, nein, dachte ich und schaute zu Rudi, der eindeutig dasselbe empfand.

»Ja, Sir«, erwiderten wir unisono.

Dann trat Pratap in den Raum. Beinahe wäre ich aufgesprungen. Rudi grunzte unwillkürlich. Meine kaputte Hand pochte vor Schmerz. Beim letzten Aufeinandertreffen wollte er uns erschießen. Jetzt servierte er uns Whisky, bitter, eiskalt, abstoßend, aber ablehnen war keine Option. Nun ja, außer man war Priya.

Pratap wirkte wütend wie eh und je, musste aber nett und höflich tun und uns klaglos bedienen. Es war höchst erfreulich.

»Oberoi hat mich ausgetrickst. Er hat mich hintergangen. Jetzt ist er verschwunden. Niemand hält einen Aggarwal zum Narren«, verkündete Himanshu Aggarwal. An seinen Fingern steckten diesmal noch mehr Ringe, offenbar hatte er sich einer Shopping-Therapie unterzogen. »Ich vergebe euch die Entführung meines Jungen. Oberois Plan klang so einfach.«

»Woher kennen Sie ihn?«, fragte Rudi.

»Von gesellschaftlichen Anlässen. Ihr wisst, wie das ist.«

Ja, bestimmt im Stil von: *Eine schöne Runde Golf war das, und übrigens, ich kidnappe Ihren Star natürlich gerne.* Das ganz normale Oberschicht-Gebaren. Ich hatte fast so viel Geld wie sie, trotzdem würde ich ihre Vorlieben niemals teilen.

»Oberoi sagte, er habe einen Platz für meinen Sohn in der Show«, fuhr Aggarwal fort. »Abhi würde sicher gewinnen. Aber dann schied er gleich bei der ersten Frage aus. Oberoi entschuldigte sich eine Million Mal bei mir. Er behauptete, die Fangfrage sei allein eure Idee gewesen. Er habe versucht, euch zu überstimmen.«

»Ich wars nicht, der ihn reingelegt hat«, sagte Rudi. »Das würde ich nie tun.« Natürlich nicht. Er hatte ihn einfach nur bösartig verspottet und vor zig Millionen Menschen auseinandergenommen – aber was machte das schon?

»Ich solle euch entführen, erklärte Oberoi. Wir würden das Lösegeld teilen. Ein nettes kleines *diwali*-Geschenk für uns beide.«

»Machen Sie oft Entführungspläne mit Leuten, die Sie kaum kennen?«, fragte Priya.

»Er versicherte, ihr wärt arrogant, gänzlich außer Kontrolle, und ihr hättet es nicht besser verdient«, erwiderte Aggarwal.

»Vielleicht hatte er damit sogar recht«, warf Rudi ein, worauf Aggarwal nicht einging.

»Er gab mir eure Adresse. Wir entführten euch. Es war simpel. Aber dann blieb das Lösegeld aus. Ich rief Oberoi an, und er behauptete, das Studio verweigere es. Er verlangte von mir, ein paar Körperteile abzuschneiden. Wenn das Geld dann immer noch nicht bewilligt würde, solle ich euch verschwinden lassen.«

»Dieser Mistkerl«, sagte Priya.

»So etwas kann jedem passieren, Sir«, sagte Bhatnagar ohne eine Spur von Ironie. »Wer wollte nicht schon mal gerne jemanden entführen?«

»Genau, genau«, pflichtete Aggarwal eilig bei, als wollte er die ganze Angelegenheit möglichst rasch unter den Teppich kehren. »Und Pratap tut die Sache mit dem Finger sehr leid. Er musste ihn wegwerfen. Der Gestank hat die ganze Wohnung verpestet. Pratap, es tut dir leid, nicht wahr?«

Pratap, der hinter seinem Herrn stand, gab vor, nichts gehört zu haben.

»Pratap!«, wiederholte Aggarwal, wobei er Bhatnagars Reaktion beobachtete. Sie wirkte unbeeindruckt.

Pratap warf mir einen angewiderten Blick zu. »Sorry«, sagte er.

Das erreichte man also mit Geld. Jahrtausende sozialer Kontrolle und wirtschaftlicher Hierarchien konnten das bewirken. Eine erzwungene Entschuldigung! Kriecherei! Diese Macht! Geradezu faszinierend.

»Sonst noch etwas?«, fragte mich Aggarwal.

Ich wollte Rache. Ich wollte Pratap wehtun. Er würde ungestraft davonkommen mit dem, was er mir angetan hatte. Trotzdem hockte ich einfach nur schweigend da. Mir war klar, wie tief wir in der Scheiße steckten, was noch vor uns lag, und wie gerne ich mit Priya durchbrennen wollte. Daher würde jedes voreilige Handeln alles nur noch verkomplizieren. Also ließ ich es auf sich beruhen. Es würde nichts Gutes dabei herauskommen, wenn ich nach Rache trachtete.

Ich schüttelte den Kopf.

Aggarwal jammerte noch eine Weile darüber, wie sehr seine Familie ausgenutzt worden war. Diese Reichen und ihre Probleme, ihre Familienehre und Offshore-Konten, das war zu viel für mich. Gebt mir bloß ein bisschen Geld und die Liebe einer guten Frau, was will man mehr?

Aber da griff ich diesmal wirklich und wahrhaftig zu weit vor.

Man wiegt sich nämlich schnell in dem Glauben, alles würde gut, wenn man einem Idioten beim Palavern zuhört, dabei heimliche Blicke mit der Frau an seiner Seite tauscht, in sein Getränk lacht, und das Leben perfekt erscheint, weil man jetzt nur noch einen psychopathischen Produzenten aufspüren und ihn vor Gericht schleifen muss.

Leider ist es nie so einfach.

»Wir haben einen Hinterhalt vorbereitet, um Ihren Sohn zu befreien. Er wird von einem Mann namens Sumit Gaikwad festgehalten«, erklärte Bhatnagar und beendete damit Aggarwals selbstmitleidige Ergüsse. Mithilfe ihrer Kontakte hatte sie innerhalb weniger Stunden Sumits Aufenthaltsort ermittelt. »Morgen früh, neun Uhr, am Humayun-Mausoleum. Sie erhalten von uns eine Tasche mit Geld, Mr Aggarwal. Sie fahren allein dorthin. Wir greifen im richtigen Moment ein, retten Sie und Ihren Sohn.«

»Ausgezeichnete Idee, Anju«, lobte Aggarwal, und Bhatnagar unterdrückte nur mit Mühe eine angewiderte Grimasse. »Ganz ausgezeichnet. Himanshu Aggarwal hat sich nie vor ein wenig Gefahr gefürchtet. Pratap, serviere unseren Gästen ein paar *namkeen*.«

Pratap kam wieder zu uns herüber, brachte Mini-*samosas* und löffelte diese schrecklichen, fluoreszierenden, grünen und roten Chutneys auf unsere Teller. Er war ein sehr vielseitig begabter Diener. Fast besser als ich. Vom Tee bis zur Folter, er hatte alles drauf.

Bhatnagar verließ den Raum, um einen Anruf entgegenzunehmen. Angestrengt belauschte ich das Gespräch, in dem es um Pressekonferenzen, Fahndungen und Verhandlungen über die Erweiterung finanzieller Mittel für ihre Abteilung ging.

Aggarwal war wie ein fahrender Zug. Er ließ sich nicht bremsen – also kein indischer Zug, sondern eher ein japanischer. Wir heuchelten Interesse.

Bhatnagar kehrte zurück, trank vier Tassen Tee und war bemüht amüsiert zu wirken. Jedes Mal, wenn Aggarwal etwas besonders Dummes von sich gab, sahen Priya und ich uns an und verdrehten die Augen. Es war ein wesentlich zusammenschweißenderes Erlebnis als diese ganze Entführungs-Rache-Erpressungs-Geschichte.

Aggarwal wechselte alle fünf Minuten das Thema und preschte in eine neue Richtung. Kasten-Unterschiede, die ursprüngliche Heimat der frühgeschichtlichen arischen Rasse, ayurvedische Behandlungsmethoden gegen Krebs und Parkinson – nichts wurde ausgelassen. Dabei erhob er jedes Mal seine Stimme, als würde er Überschriften aus einem Buch vorlesen.

Ich beobachtete ihn. Dann wurde mir klar, was da ablief.

Sobald Rudi gelangweilt wirkte oder Priya wegsah, wechselte Aggarwal das Thema. Er wurde lauter, um unsere Aufmerksamkeit wiederzugewinnen, und wenn es ihm gelungen war, schwenkte er auf eine neue Spur. Er hatte Angst davor, uns anzuöden. Er!

Wie jämmerlich!

Immerhin war er ein Aggarwal. Ein Name, der verpflichtete. Man erwartete Großes von ihm. Ein Name ist immer auch ein Schicksal. Er bestimmt das Leben eines Mannes, seine Meinungen, den Inhalt seines Magens, seine Zukunft, seinen Todestag. Ich bin ein Kumar. Es gibt zwanzig Millionen von uns. Man erwartet nichts anderes von uns, als dass wir scheißen und sterben.

Der Tag nahm seinen Lauf. Wir hörten Aggarwal zu, wir hockten da, machten uns Sorgen wegen Oberoi, Abhi und was sonst noch schieflief. Wir warteten, und Bhatnagar organisierte alles und schlug sich mit der indischen Bürokratie herum. Eigentlich ein Wunder, dass das Warten sich nicht über Wochen erstreckte.

Wenigstens aßen wir wie die Könige. Ich bin eben durch und durch ein Delhi-Boy.

Priya und ich tranken Kaffee bis weit nach Mitternacht und in die frühen Morgenstunden. Sie hatte auch ihre Fehler. Eine Vorliebe für bengalisches Essen. Eine Schwäche für K-Pop. Sie mochte Aamir Khan lieber als Akshay Kumar. Aber nichts, worüber wir früher oder später nicht hinwegkommen könnten.

Wir schliefen bequem. Ägyptische Baumwolle, vier Anti-Moskito-Plug-Ins pro Zimmer, eigenes Bad, Regendusche, weiche Handtücher. Priya wechselte meinen Verband und gab ihm am Ende einen Kuss.

Wir schliefen zum ersten Mal im selben Bett, sie und ich. Nicht, dass etwas gelaufen wäre. Wir waren zu erschöpft von der ständigen Gefahr, um auch nur an etwas annähernd Romantisches zu denken. Wir lagen einfach da, unsere Glieder und unsere Leben ineinander verschlungen.

Es war absurd, das mit uns beiden. Es ergab keinen Sinn. Sie könnte einen dahergelaufenen bescheuerten Absolvent des Indian Institue of Technology heiraten und den Rest ihres Lebens im halb-alkoholisierten kalifornischen Luxus mit zwanzig Hektar Land und einem Mandelhain verbringen. Was wollte sie mit mir?

Und während sie auf meiner Brust lag und ich ihr Haar streichelte, war ich natürlich dämlich genug, es auszusprechen: »Was siehst du in mir?«, oder so etwas in der Art. Ich fühlte die Bewegung ihres Kiefers an meiner Brust.

»Was magst du denn an mir?«, stellte sie die Gegenfrage.

»Ich wüsste nichts, was mir an dir nicht gefällt! Du bist nett. Geduldig, verständnisvoll, lustig, gut in allem, was du tust. Ich fühle mich anders, wenn ich dich sehe, mein Tag fühlt sich besser an, mein Herz macht einen Sprung.«

»Genau deshalb mag auch ich dich.«

Was für ein mieser Trick! Ein ganz mieser westlicher Trick!

Na ja, wenigstens musste ich keine Prügel einstecken in dieser Nacht, nein, Sir!

SECHZEHN

Wir warteten ein Stück vom Humayun-Mausoleum entfernt am Rand der Autobahn. Interessante Sehenswürdigkeit. Wie all diese Touristenfallen, in denen ich noch nie gewesen bin. Claire hatte mir weiß Gott wie heftig zugesetzt, weil ich mich nicht um das Erbe meiner Nation, Fatehpur Sikri, den *koh-i-noor* und all den anderen *bakwas* kümmerte.

Die Muslime sind da wie die Christen. Sie errichten für ihre Toten Gedenkstätten, Grabsteine und Grüfte. Die Hindus machen das besser, hatte ich Claire entgegnet: Ist man einmal verbrannt, ist man weg, deine Verwandten oder Arbeitskollegen schalten höchstens noch eine Todesanzeige. Die Christen und Muslime hingegen pflegen ihre Gräber, legen Blumen darauf, fragen sich: Besuche ich den Toten oft genug? Denke ich auch gut von ihm? Damit bleibt man nur der verfluchten Vergangenheit verhaftet.

Der Islam ist im Moment aus der Mode, bei der Regierung und bei der Bevölkerung, doch das hindert die Leute nicht daran, zu muslimischen Denkmälern zu pilgern, sie für sich zu beanspruchen und ihren Kindern einen stinklangweiligen Nachmittag zu bescheren.

Alle glauben, bei dieser Pakistan-Scheiße gehe es um Freiheit und Religion. Blödsinn. Es geht um Wasser. Jeder weiß, dass Wasser knapp wird, jeder weiß es instinktiv aus seinem *gaand*. Kultur? Patriotismus? Selbstbestimmung? Das sind westliche Themen. Gebt mir einen ehrlichen Kampf über natürliche Ressourcen, und wir verstehen uns.

Zuerst machen wir Pakistan fertig. Dann machen wir uns gegenseitig fertig, Region gegen Region, Stadt gegen Stadt, dravidische Völkergruppe gegen den frühgeschichtlichen Stamm der Arier, der alte Bruderzwist, den wir seit fünf Jahrtausenden verschleppen. Jedem Land passiert das früher oder später. Wir tun es einfach nur als Erste, so wie die Veden auch die Atombombe und den Computer erfunden haben, während die Weißen, diese Trantüten, vier Jahrtausende und eine Aufklärung gebraucht haben, um aufzuholen.

Das Mausoleum stand in der Nähe des Flusses, der hässlich und braun war und nach Tod stank. Von uns aus gesehen erhob es sich vor einem Hintergrund verrosteter Chemiefabrikrohre, großer Betonbögen, verlassener Schiffscontainer und längst erloschener Feuer. In zehn Jahren würde man an dieser Stelle wahrscheinlich ein prestigeträchtiges Shoppingcenter hochziehen und es Babur Arkaden nennen.

Es war ein leicht zu observierender Ort: eine Autobahnabfahrt, eine Autobahnauffahrt, der Verkehr immer nur in einer Richtung. Eine einzige kolossale Falle, wie Bhatnagar meinte. Wir würden die Übergabe unter einer Autobahnbrücke versteckt aus dem Qualis beobachten. Das Armaturenbrett des Wagens war mit hinduistischen Göttern geschmückt, die milde bestürzt dreinblickten angesichts der islamischen Schändung ihres geliebten, heiligen, schmutzigen Yamuna-Flusses.

Bhatnagar saß auf dem Vordersitz und beobachtete durch ihr Fernglas Aggarwal, der in seinem SUV zur verabredeten Stelle gefahren war. Sie trug eine khakifarbene Polizeiuniform. Pratap hockte neben ihr und schwieg.

»Aggarwal erreicht den Übergabepunkt«, verkündete sie.

Die Luft war kalt und ließ uns husten. Über uns donnerte der Verkehr.

»Nur noch ein paar Sekunden«, flüsterte sie.

Priyas Blick war auf den nebligen Horizont gerichtet, sie hielt mit weißen Knöcheln meine Hand umklammert. Wir konnten kaum etwas sehen draußen. Nur Schlaglöcher, Schilf und Brocken von marodem Beton.

»Gleich, gleich … jetzt!«, rief Bhatnagar.

Sie trat aufs Gas, wir schossen über feuchtes Gras und das sumpfige Ufer, hinaus auf die Betonböschungen, die die Stadt vor dem giftigen Schlamm des Flusses bewahren sollten. Über uns ragten kaputte Kräne auf, die offenen Tore riesiger verlassener Lagerhallen gähnten uns an, ihre zerbrochenen Fenster blind vor Staub.

In kürzester Zeit hatte Bhatnagar Sumit Handschellen angelegt. Er hielt sein Gesicht von mir abgewandt. Seine Augen waren vor Übermüdung gerötet, er sah noch mitleiderregender aus als ich in meiner Kindheit. Es wurden Fotos geschossen, als Beweismittel, für die Pressekonferenz. Man sah, wie Bhatnagar in ihrem Kopf bereits das Lügengespinst wob, das sie später ausbreiten müsste. Wir tranken mit großen schlürfenden Schlucken Chai aus Thermoskannen.

Rudi umarmte Priya.

Priya umarmte mich.

Abhi umarmte seinen Vater.

Pratap warf mir finstere Blicke zu.

Aggarwal weinte Freudentränen, hielt die Tasche mit dem Lösegeld zwischen seiner Brust und seinem Sohn umklammert, möglicherweise in der Hoffnung, damit durchzubrennen. Er stieß laute Wehklagen aus: »Mein Junge, mein Junge.« Seine mit einem Kummerbund umgürtete Leibesfülle erdrückte das Kind schier, ebenso wie seine Bekundungen ewiger Liebe. »Ich werde jetzt sogar für den Kongress spenden«, versicherte er. Oh mein Gott! Dazu bestand nun wirklich kein Anlass, Mann. Es gab kein Verbrechen auf der Welt, das schwerwiegend genug war, dass man dafür mit einer Geldspende für Rahul Gandhi gestraft wurde!

Seht ihr, welche Auswirkungen ich inzwischen auf das Leben anderer hatte? Ich brachte Versöhnung und Liebe. Zugegebenermaßen über den Umweg von Terror und Gewalt, aber immerhin. Ich gestattete mir, ein wenig stolz auf mich zu sein.

Sumit, zusammengesackt auf dem Boden, weinte jämmerlich, seine Sportweste war mit Schmutz und Scheiße besudelt. Unter anderen Umständen hätte ich es lustig gefunden, aber jetzt fühlte ich mich schuldig. Er war zu mir gekommen, hatte mich um Hilfe gebeten, und ich, der es zu etwas gebracht hatte, hatte sie ihm verweigert.

»Diese Entführung ist das Schlimmste, was ich je getan habe«, schluchzte er.

»Warum hast du es dann getan?«, fragte ich ihn. Priya stand neben mir und betrachtete ihn voller Mitleid.

»Ich war verzweifelt. Bitte. Wir stammen beide aus der Gosse. Alles, was ich brauchte, war ein wenig Hilfe. Ich benötigte Geld. Ich kam zu dir, und was hast du getan? Gar nichts.«

»Ist das wahr?«, fragte Priya.

»Er wurde reich und mächtig«, sagte Sumit, und seine Stimme wurde noch jämmerlicher. Kaum sah er ein hübsches Mädchen, musste er eine Show abziehen. »Er vergaß seine alten Freunde, die kleinen Leute, so wie mich.«

»Ramesh«, sagte Priya.

»Ich werde dem jungen Sumit hier einen Job geben«, sagte ich. »Ich habe mich verändert. Das war mein altes Ich.« Und seltsamerweise klang es sogar wie die Wahrheit. Selbst die Tatsache, dass Sumit dreckig grinste, sobald Priya nicht zu ihm hinschaute, spielte keine Rolle mehr.

Denn auch er zeigte sich einsichtig: »Ich entschuldige mich für mein unangemessenes Verhalten, Ramesh *bhai*. Ich hätte dich niemals verraten dürfen.« Und ob er das nun ernst meinte oder nicht – wer wusste das schon bei Leuten wie ihm, bei Leuten wie mir? –, ich nickte in schweigendem Einverständnis. Rudi und ich hievten ihn hoch und verfrachteten ihn in Bhatnagars Jeep.

Unten auf dem Fluss trieb ein Fischer vorbei, der kaum Notiz vom Polizeiwagen am Ufer nahm. Er warf einfach sein Netz in die Luft, als hätte er schon genug krumme Geschäfte, Hinrichtungen und Verrat für ein ganzes Leben gesehen.

Damit wären wir aus dem Schneider. Wir wollten uns gerade von Aggarwal verabschieden, noch kurz die üblichen Höflichkeiten austauschen.

Und dann, aus der offen stehenden Tür seines SUV sagte er: »Glaubt ihr, ich hätte es vergessen?« Er warf uns beiden einen giftigen Blick zu. Seine Ringe glitzerten im

Morgenlicht. »Oberois Verrat beiseite, ihr habt immer noch meinen Sohn im nationalen Fernsehen gedemütigt.«

Ja, das hatten wir.

Diese elenden Reichen.

»Wie sollen wir in dieser Sache verfahren?«, fragte Aggarwal.

Ja, wie?

Ich begann zu sprechen. Wie üblich war ich es, der die Antworten, Pläne und das alles –

»Klar doch, das Video«, warf Rudi ein. »Ramesh, hast du es noch?«

Wie kam er denn jetzt darauf?

Ich ging zum Wagen, griff in meinen Rucksack, an den Messern vorbei, und zog die Speicherkarte heraus. Rudi nahm sie und schlenderte zu Aggarwal. Er drückte sie ihm in die Hand und deutete eine Verbeugung an.

»Ich hoffe, damit wäre das erledigt, Mr Aggarwal«, sagte er. »Vielleicht können wir Abhi demnächst in unserer Show auftreten lassen. Eine große Versöhnung. Meine Leute sollten sich diesbezüglich einmal mit Ihren zusammensetzen.« Dann drehte er sich um und zwinkerte mir zu. Dieser kleine Scheißer.

Pratap starrte mich an. Wenn es eine Sache gab, die mich wurmte, dann, dass ich keine Beziehung zu ihm hatte aufbauen können. Wir waren beide Männer der Tat, durch Kräfte jenseits unseres Einflusses gezwungen, Dinge zu tun, die wir eigentlich nicht tun wollten. Also wirklich sehr ähnlich … Schon gut, ich mache nur Witze.

»Ausgezeichnet«, sagte Aggarwal. »Ich werde euer Geheimnis mit ins Grab nehmen.«

Er knallte die Wagentür zu und rauschte davon, eingehüllt in eine Wolke der Selbstbesessenheit.

Ich musste mitansehen, wie die Männer, die mich geschlagen und gefoltert hatten, ungestraft davonkamen.

Diplomatie. Für das große Ganze. Reife. Ich hatte langsam die Nase voll davon. Priya nahm mich beruhigend in den Arm, als wir zum Jeep zurückgingen.

Eine Komplikation weniger. Noch viele weitere lagen vor uns.

»Morgen müssen wir unbedingt eine Pressekonferenz abhalten«, erklärte Bhatnagar. »Unsere Geschichte muss an die Öffentlichkeit. Wir müssen eine Fahndung nach Oberoi einleiten und ihn hoffentlich erwischen, bevor er etwas Dummes anstellt.«

Wir fuhren zurück zum Safe House. Ich versprach Sumit, dass er, sobald das alles vorüber wäre, für die Entwicklung von Rudis persönlicher Duftlinie zuständig sein würde.

»Danke, *bhai*«, sagte er. »Ich wusste, dass wir eines Tages Partner würden.«

In dieser Nacht schlief ich tief und fest, geborgen in Priyas Armen.

Doch am nächsten Morgen veränderte sich unser Leben auf eine Art und Weise, die wir niemals hätten erahnen können.

SIEBZEHN

Rudraksh Saxena ist pakistanischer Agent, sagt Filmproduzent.

Scheiß fucking unfassbar.

Oberoi war wie ein an die Windschutzscheibe geklatschter Käfer über sämtliche Fernsehkanäle und Webseiten verbreitet, mit großformatigen Fotos von ihm und hochrangigen Politikern, wie sie einander umarmten, sich mit Blumenkränzen behängten und fromme Namastes in verschiedenen Posen austauschten.

Wir waren glücklich ins Safe House zurückgekommen, hatten einen schönen, entspannten Morgen genossen und uns beglückwünscht, erfolgreich mit Aggarwal fertig geworden zu sein. Wir hatten gefrühstückt, mit Kaffee, Säften und Muffins, wie in einer amerikanischen Sitcom aus den Neunzigern. (Natürlich habe ich sie alle gesehen. Ohne sie versteht man ja die Hälfte der Witze und Anspielungen aus dem Westen nicht. Ist es das Einzige, was den Westen noch zusammenhält? Wenn die letzten Erinnerungen an *Friends* verblasst sind, werden sie dann übereinander herfallen und endlich den Bürgerkrieg austragen, nach dem sie schon lange gieren?)

Wir hatten den Fernseher eingeschaltet. Nur das Übliche: fünfzehn Leute auf geteiltem Bildschirm, die eine westliche Schauspielerin anprangerten, weil sie ihre Katze India genannt hatte.

Und dann …

»Neu-Delhi«, schrie die Reporterin. Sie spie tausend Worte in der Minute aus, also waren entweder Nacktaufnahmen eines Promis durchgesickert oder Katrina Kaif war für den nächsten James Bond gecastet worden oder es ging um Pakistan. »Shashank Oberoi, Produzent von *Beat the Brain*, verkündete heute, dass Rudi Saxena ein IS-Agent ist. Mit ihm im Bunde ist sein Manager, dieser Mann« – Einschub eines gezoomten, verpixelten, beschnittenen, total unkenntlichen Instagram-Bilds –, »Ramesh Kumar, alias Umar Chaudhury, Hauptmann der Unterwanderungsabteilung des pakistanischen Geheimdienstes. Wir halten Sie über die aktuellen Entwicklungen auf dem Laufenden.«

Wir saßen mit offenem Mund da und starrten auf den Fernseher.

»Dieser *lund*«, keuchte Rudi.

Das hatte der Bastard also in den letzten Tagen ausgeheckt. Hut ab. Drei Tage, und schaut nur, was er hingekriegt hatte.

Ich sah zu Priya. Ihr Gesicht war weiß wie in einer Werbung für Hautaufhellungscremes.

Das wars. Man hatte mich enttarnt. Wenn auch auf andere Art, als befürchtet. Unsere Zukunft war dahin.

Ich zwang mich zu verkünden, dass alles gut werden würde.

»Es wird alles gut. Wir werden das durchstehen.«

»Du bist jetzt berühmt, Ramesh«, sagte Rudi und versuchte, gute Miene zum bösen Spiel zu machen. »Gratuliere.«

Gleich nach der Eilmeldung folgte eine Pressekonferenz.

Oberoi, flankiert von den üblichen safrangelb gekleideten Politikern, ließ sich von einer Horde Fotografen ablichten, die sich um die besten Plätze prügelte. Weiße Wände, Neonröhren, Linoleum und Wandbehänge für die Festtage.

Er verlas eine Erklärung, pausierte nach jedem Satz für einen Schluck Wasser, warf allen acht Fernsehkameras einzeln pathetische, von erstickten Schluchzern begleitete Blicke zu, schwenkte von links nach rechts und wieder zurück.

»Ich wurde ausgetrickst.« Schluchzer. »Mein Patriotismus wurde missbraucht.« Schluchzer. »Nur weil ich die akademische Vortrefflichkeit dieses Landes feiern wollte.« – ihr seht, der *dramebaaz* hatte einen richtigen Lauf. »Sie haben mich täglich bedroht. Aber ich konnte nicht länger schweigen. Als ihnen das klar wurde, täuschte der IS eine Entführung vor, um ihre Agenten herauszuholen. Dann versuchten sie, mich zu töten. Ihre zweite Führungsoffizierin, Hassana Ali« – es war nicht schwer zu erraten, wessen Bild jetzt gleich hochgehalten würde, sie verwendeten einen Schnappschuss von ihr an einem Ausgehabend, denn natürlich hätte uns eine pakistanische Agentin überhaupt nur auf diese Weise austricksen können, durch Glamour und Verführung –, »die als meine Produktionsassistentin arbeitete, versuchte außerdem, mich zu einem Doppelagenten gegen mein geliebtes Heimatland umzudrehen. Ausgerechnet an diesem Fest der Lichter wollten unsere Feinde unser Land in Dunkelheit stürzen.«

Respektvolles Nicken der Politiker. Männliche Schulterklopfer. Oberoi fuhr fort. Er konnte nicht anders; die Dinge mussten einfach ans Tageslicht, zum Wohl seines Landes. Er glättete seinen Schnurrbart. Sein Haar war von grauen Strähnchen durchzogen, die ihn aussehen ließen wie die Mütter im zweiten Akt von Filmen, wenn sie einen mentalen Zusammenbruch erleben, weil ihre Söhne aufmüpfige Punjabi-Mädchen heiraten und das Familienvermögen gefährden.

»Aber ihre Rechnung ging nicht auf. Ich liebe dieses Land. Ich könnte ihm niemals schaden. Nicht für all das Geld, das sie mir angeboten haben, nicht für die Häuser oder die Jachten. Meine Liebe zur Nation, zur Tradition, zur Gemeinschaft ist stärker als jeder Reichtum.«

Das war sein krönender Abschluss. Das Scheinwerferlicht auf seinem Gesicht erlosch. Er machte eine halbe Verbeugung vor den Kameras. Die beiden flankierenden Politiker nickten. Ich fragte mich, ob sie die Wahrheit kannten oder überhaupt daran interessiert waren. Sie bewegten sich wie Zwillinge, winkten Fragen ab, fuchtelten mit ihren fleischigen Unterarmen, ihre Lippen sprühten Spucke und »kein Kommentar«. Sie hatten schwarzes Haar, aufgeblähte Bäuche, und ihre vier Augen blickten unaufhörlich in die nicht mehr ganz so ferne glorreiche vedische Zukunft, die auf Massenbekehrungen und Respekt vor den Älteren in WhatsApp-Gruppen beruhte.

Erneut huschte mein entsetzlich verpixeltes Foto über den Bildschirm. Umar Chaudhury. Es hätte jeder sein können, die Augen und der Mund drei Höhlen, so leer wie das Schwarze Loch von Kalkutta. Priyas Foto war in einer Bar aufgenommen. Vermutlich war sie auf Twitter inzwischen die Königin aller Pakistanis, Wichsvorlage von hunderttausend geilen Onkels zwischen Gujranwala und

Gwadar; die sexy Agentin, die den großen Feind gedemütigt hatte.

»Ich muss meine Eltern anrufen«, sagte Priya, als die Pressekonferenz zu Ende war und die Studiogäste anfingen, über Unterwanderung und Staatsstreiche zu schwadronieren. Es dauerte eine gefühlte Ewigkeit, bis ihre Telefonverbindung hergestellt war, aber schließlich konnte sie sagen: »Mama, Papa, etwas Schreckliches ist passiert. Glaubt nicht, was ihr seht. Bitte geht zum Onkel. Stellt keine Fragen. Bitte geht einfach!«

Danach weinte sie an meiner Schulter. Ihr Körper bebte still, und ich konnte nichts anderes tun, als sie zu halten. »Es tut mir so leid«, sagte ich wieder und wieder.

Ich riss mich zusammen und brachte mich dazu, eine Rolle zu spielen. »Du solltest nach Pakistan ziehen«, sagte ich, als sie sich wieder gefangen hatte und mein Hemd durchnässt war. »Hassana, ich schwöre dir, dich erwartet dort eine Wahnsinnskarriere.« Sie sah zu mir auf, ihr düsterer Gesichtsausdruck verwandelte sich in ein Lächeln, und das war mehr als genug.

Sanft legte ich meine Daumen unter ihre Augen und wischte ihr die Tränen weg.

Ich wollte ihr sagen, wie sehr ich mir wünschte, ich hätte sie nie in all das hineingezogen. Dass wir es schon schaffen würden. Irgendwohin fliehen würden, an einen fremden, sauberen und langweiligen Ort wie Minnesota, um niemals zurückzublicken. Dass wir drei Kinder haben würden, niemand uns jemals etwas antun würde, und wir an den Wochenenden mit unserem Boot segeln gehen und haufenweise Corndogs essen würden.

Aber ich wusste, das wäre eine Lüge.

Zehn Minuten später traf Bhatnagar im Safe House ein.

»Dieser Ort ist nicht mehr sicher«, sagte sie beim Eintreten. »Die Politiker werden nach uns suchen. Wir müssen davon ausgehen, dass meine Abteilung nicht mehr sicher ist. Ich werde keinen einzigen Moment Frieden mehr finden mit diesen Leuten um mich herum. Ich gelobe hiermit, mich im nächsten Leben von den Reichen fernzuhalten. Wir gehen zu mir nach Hause. Das wird uns etwas Zeit verschaffen. Lasst uns zum Markt um die Ecke laufen, von dort aus bestellen wir ein Taxi«, fügte sie hinzu.

»Können Sie etwas für meine Eltern tun?«, fragte Rudi, und plötzlich begann er zu weinen, er stand ganz allein in der Mitte des Raumes.

Bhatnagar war ratlos. Sie biss sich vor Mitleid auf die Lippe, ging langsam auf ihn zu, hielt ihn fest und umarmte ihn.

»Wo sind sie?«, fragte sie, wobei sie mit der Hand über seinen Rücken rieb.

»Norwegen, glaube ich«, schluchzte er.

»Ich kann ihnen eine Nachricht übermitteln. Sie sollen so lange wie möglich in Europa bleiben.«

Sie holte ihr Telefon heraus und tätigte den Anruf. Ich ging zu Rudi und legte meinen Arm um ihn. Ich hatte mich wirklich in ihm getäuscht.

Wir zogen unsere Outfits und Perücken an, das Kunsthaar war steif von getrocknetem Schweiß, Rudis Kleider waren zerknittert und mit Schmutz befleckt. Immerhin machte sein Make-up mit Priyas Unterstützung mehr her als meine jungenhaften, aber von Herzen kommenden Schminkversuche.

Diese ganze Travestie war derart zu einem Teil meines Lebens geworden, dass ich mich fast darauf freute. Brillen. Perücken. Sari für Rudi.

Priya verbarg sich unter einem Schal. Bhatnagar steuerte eine Sonnenbrille bei. Sie sah total umwerfend aus. Man würde sie anstarren, aber zumindest war sie nicht wiederzuerkennen. Ich sagte nichts zu ihr. Alles aus meinem Mund wäre eine Lüge gewesen, und wie stünde ich dann da?

Im Gehen drückten wir uns gegenseitig die Hände, und das sagte schon alles.

Draußen war ein Aufstand im Gange. In großem Stil, alles inklusive. Drohungen, Flüche, Schwüre, alles. Nur wegen uns. All diese Männer, Frauen und Kinder mussten ungläubig die Sendung verfolgt haben, in Coffeeshops, in ihren Wohnungen, um danach sofort auf die Straße zu stürmen.

In diesem Land kommt es in Nullkommanichts zu Ausschreitungen. Wir sind stets bereit und gewappnet, und was braucht es mehr dazu als ein paar Stöcke und Steine, und natürlich junge Männer, befeuert durch eine Jahrtausende währende, aussichtslose Armut?

Allerdings befanden wir uns in einem recht wohlhabenden Viertel. Ausschreitungen waren hier eigentlich nicht vorgesehen. Auf dem Hauptmarkt rief eine mit Knüppeln bewehrte Menge: »Nieder mit Pakistan!« »Nieder mit dem Islam!« »Nieder mit Saxena!« Wie von Zauberhand waren überall Plakate mit Fotos von mir und Rudi aufgetaucht.

Während wir uns durch die Menge schoben, schnappte ich Gesprächsfetzen auf: »Ich habe ihm nie über den Weg getraut«, sagte eine Tante mit einer Hautfarbe wie ein *gulab jamun*, die von ihrem Auto aus zuschaute. Sie war vom Verkehr aufgehalten worden, und zudem hatte sich ihr Fahrer dem Aufstand angeschlossen. »Er kam mir immer falsch vor«, sagte ihre Freundin und tupfte ihr Gesicht mit einem durchnässten Taschentuch ab. Wenn man die Tanten verloren hat, hat man Indien verloren.

Es war wenige Tage vor *diwali*, was bedeutete, dass in dieser Zeit alle mit Feuerwerk gerüstet und ohnehin bereit für ein wenig Wahnsinn waren. Ich sage euch, dieses Land ist unfähig, Weltraumsatellitenstarts, Solarenergiefarmen oder Impfungen für Kleinkinder zu organisieren, aber wenn es um Feste, die *phooljhadis*, die *patakas* und das Essen geht, dann ist für alles viele Monde im Voraus mit militärischer Präzision gesorgt.

Junge Burschen, blind vor Wut, zündeten Raketen und Wunderkerzen an, ließen Blendgranaten explodieren. Unsere Lungen sogen sich mit safranfarbenem und rotem Pulver voll, und wir versuchten vergeblich ein Taxi aufzutreiben. Dunkle Haut, helle Haut, jung, alt, Brahmanen und Shudra, vereint im Hass gegen uns. Was Sozialismus und Entwicklungspolitik nicht geschafft hatten, Ramesh Kumar hatte es möglich gemacht.

Familien, die es sich normalerweise nicht einmal leisten konnten, in die Nähe dieses Wohnviertels zu kommen, benutzten den Aufstand als Vorwand, um zu erkunden, wie die andere Hälfte einkaufte. Mit erhobenen Häuptern betraten sie die Geschäfte, zu denen sie sonst keinen Zutritt hatten, und die Wachen ließen sie passieren. Es war die bessere Lösung angesichts der unausgesprochenen Befürchtung, einer ihrer neuen Kunden könnte im Falle einer Abweisung, den Laden abfackeln oder der Menge zurufen, der Inhaber des Ladens sei Pakistani, habe ein Bild von Imran Khan an der Wand oder eine heiße Rindfleisch-*samosa* hinter der Verkaufstheke.

Wir verließen den Markt, derzeit eindeutig kein Ort,

um ein Taxi zu bestellen. Solche Straßenszenen würden sich in ganz Delhi, in ganz Indien zehntausendfach wiederholen. Mit all der hasserfüllten Energie hätte man das ganze Land ein Jahrhundert lang mit Strom versorgen können, vorausgesetzt man hätte sie umwandeln und speichern können.

Niemand hatte uns erkannt. Die Verkleidungen funktionierten nach wie vor. Wenigstens einer meiner bescheuerten Pläne ging auf. Rudi zupfte seinen Sari zurecht. Wir entfernten uns von der Hauptstraße. »Die Typen haben mich ständig betatscht, *yaar*, das ist so was von ekelhaft«, sagte er mit einem Ausdruck der Abscheu. »Machen das alle Männer?«

Priya und Bhatnagar nickten.

»Oh«, sagte er.

Wir erreichten eine Enklave, eine Kolonie oder sonst was nobel Klingendes, wo es uns gelang, ein Taxi zu bestellen. Bhatnagar befand sich im Alarmzustand. Jeder, der sich uns näherte, war eine Bedrohung, jeder finstere Blick eines Straßenkehrers, jedes Auto, das zu schnell fuhr oder zu heftig bremste. Ihr Kopf zuckte hin und her, als wäre sie ein Parse, der einen Fehler in seinen Bilanzen entdeckt hatte.

Als das Taxi endlich eintraf, kam es wegen des Trubels kaum voran. Der Fahrer musste aussteigen, die Leute aus dem Weg scheuchen, und wir mussten uns seine purpurgesichtigen Beschwerden über den Verkehr anhören, und dass die Stadt offenbar komplett außer Kontrolle geraten war, den ganzen langen Weg zu Bhatnagars Haus.

Ihr Haus war gigantisch. Wenn jemand ein Haus in Delhi besitzt, nimmt man automatisch an, dass er reich ist. Aber ihr Haus rangierte in einer ganz anderen Liga.

Grüne Reben rankten sich im Innenhof empor, ein wahrerer Wald von Pflanzen gedieh fett und königlich in Terrakotta-Töpfen, hölzerne Fensterläden mit raffinierten Schnitzereien schmückten die Wände, das Gebäude hatte drei, vielleicht vier Stockwerke.

»Aadarsh und ich wollten ein *haveli*, aber mit einem modernen Touch«, sagte sie.

»Ich bin sicher, das alles war Ihr Werk. Sie haben einen wunderbaren Geschmack«, sagte Rudi und streifte seinen Sari ab, unter dem ein durchgeschwitztes T-Shirt zum Vorschein kam. »Was für eine Oase«, fügte er mit verbindlicher Miene hinzu. »Ein wunderschön komponierter Rückzugsort von den Sorgen und Nöten der modernen –«

»Können wir bitte die Nachrichten sehen?«, unterbrach ich, und Bhatnagar führte uns durch große Flügeltüren in ein Wohnzimmer, vorbei an süß duftenden Wandteppichen und wilder moderner Kunst, möglicherweise sogar Originale. Ihre stilvollen Möbel stammten zweifellos von armen Kunsthandwerkern, die in ihren dachlosen Hütten in Odisha traditionellen indischen Entwürfen einen modernen Touch verliehen.

Wir ließen uns vor dem Fernseher aufs Sofa fallen. Wir erfuhren nur wenig Informatives. Das war normal. Die Leute hielten mich für einen Dämon. Was hingegen nicht normal war.

Viele inhaltsleere Diskussionen tobten. Wir waren zu einem diplomatischen Zwischenfall geworden. Pensionierte pakistanische Generäle bestritten in stockenden Skype-Anrufen die Rolle ihres Landes in der Saxena-Affäre, auch genannt Saxgate oder #PakExamScandal.

»Also müssen wir Oberoi kidnappen, richtig?«, sagte

Rudi nach ein paar Minuten. Er schaute uns an. »Wir wissen, dass es der einzige Weg ist. Priya wird zwar alle möglichen humanen, liberalen Einwände bringen. Bhatnagar, Sie werden was über die Rechtsstaatlichkeit erzählen. Aber uns allen ist glasklar, was wir zu tun haben.« Er forderte uns geradezu heraus, ihm zu widersprechen. Doch wir schwiegen. »Haben Sie einen Computer, Ms Bhatnagar? In der Bibliothek? Ich gehe mir ein paar Videos ansehen. Kommt und holt mich, wenn ihr euch ein paar Eier habt wachsen lassen.«

»Er hat recht«, sagte ich, aber erst, nachdem er gegangen war.

»Hat er nicht«, entgegnete Bhatnagar und trommelte mit den Fingern auf ihren Jeans. »Ich habe geschworen, die Verfassung dieses Landes zu schützen. Ich habe gelobt, sie gegen ihre Feinde zu verteidigen. In keinem unserer Gesetze ist Kidnapping legal.«

»Nur ist diese Botschaft bisher bei niemandem außer Ihnen angekommen«, sagte ich.

»Wir müssen es auf die illegale Tour versuchen«, sagte Priya. »Ich sehe keine andere Lösung.« Sie und Bhatnagar wechselten Blicke. Sie hatten sich in den vergangenen Tagen immer wieder ausgetauscht. Rudi und ich hatten stattdessen nur gestritten und dummes Zeug über Essen, Manchester United und Fernsehserien geredet. Worüber Männer eben so reden, wenn sie den wirklich dringenden Themen aus dem Weg gehen wollen.

»Es muss noch einen anderen Weg geben«, sagte Bhatnagar, aber Priya schüttelte sanft den Kopf, mit dieser beharrlichen Vernunft, die jeden Widerstand überwindet. Unsere Kinder … ihre Kinder würden es einmal sehr schwer haben, »Nein« zu sagen. Sie würde ihnen die

Flausen mit einer ordentlichen Portion Schuldgefühlen austreiben.

Bhatnagar erledigte ein paar Anrufe, um herauszufinden, welchen Mitarbeitern man noch vertrauen konnte. Der Fernseher plärrte weiter. Sogar die BBC brachte etwas über uns, allerdings machten sie eine dieser durchgeknallten Indien-Geschichten daraus: *Was treiben die Brownies jetzt schon wieder?*

Priya lehnte sich an mich. Sie spielte mit meinem Haar, das von der Hitze ganz wirr und strähnig war.

»Du riechst schrecklich«, sagte sie, trotzdem schmiegte sie sich an meinen Arm. Keine Ahnung, warum sie das tat, aber ich nahm es an. Ich hatte eben noch nie eine Prüfung über die weibliche Psyche für jemanden absolviert.

Wir tranken Kaffee. Ihr Gesicht war hinter ihrer Tasse verborgen. Ihre Hand ruhte die ganze Zeit in meiner. In diesem Augenblick fühlte ich mich sehr erwachsen, wie ein richtiger Mann. Wobei ich dieses Männlichkeitsding nie richtig verstanden habe, es hatte wohl etwas mit Aftershave, Steuererklärung und Wäschewaschen zu tun.

Beim Abendessen gab es Libanesisch, und wir fragten uns, wie zur Hölle wir weiter vorgehen sollten.

ACHTZEHN

Es war ein simpler, selbstmörderischer Plan. Aber wenn ein ganzes Land gegen dich ist, du nur eine einzige hohe Beamtin auf deiner Seite hast, was bleibt dir dann anderes übrig?

Wir würden an einem Samstagmorgen zuschlagen, wenn alle nach ihren freitäglichen Gelagen mit Whisky und importiertem Wein verkatert waren.

Wir würden ins Hauptquartier der People's Party eindringen.

Ich würde ins Hauptquartier der People's Party eindringen.

Im Augenblick waren sie machttrunken, alle küssten ihnen rund um die Uhr den Hintern. Sie hatten einen Massenaufstand in Indien ausgelöst, der von Kargil bis Kanyakumari reichte und den sie nach Belieben gegen liberale Journalisten und NGO-Chefs mit Harvard-Abschlüssen steuern konnten. Sie waren abgelenkt, vollauf damit beschäftigt, TV-Deals und Filmverträge zu unterzeichnen und ihre Praktikantinnen dazu zu bringen, ihnen einen zu blasen. Ich würde Oberoi entführen, ihn zwingen, live im Fernsehen ein Geständnis abzulegen, und die Welt wäre wieder in Ordnung.

Wie gesagt, ein simpler Plan. Ich habe nicht gesagt, es sei ein guter Plan.

Die Zeit rannte uns davon. Früher oder später würde jemandem auffallen, dass Bhatnagars Safe House in den letzten Tagen sehr oft genutzt worden war, weit über das Maß hinaus, das Ermittlungen im Bildungsbereich üblicherweise erforderten. Dieser Jemand würde dann unangenehme Fragen stellen, einfach weil man Bhatnagar ein oder zwei Kasten nach unten befördern wollte. Sie würde auffliegen, und wir alle würden für den Rest unseres Lebens im Gefängnis verschwinden. Denn wenn man erst einmal eingebuchtet ist, behalten sie einen gerne aus allen möglichen anderen Gründen für immer dort. Also mussten wir zuerst zuschlagen.

Im Fernsehen randalierten die Studenten. Sie waren total aus dem Häuschen darüber, dass Rudi sich als pakistanischer Agent entpuppt hatte. »Er hat gezeigt, dass wir der Bildung in diesem Land eine überzogene Bedeutung beimessen«, erklärte ein junger Mann mit regenbogenfarbenem Haar und geschliffenem englischem Internat-Akzent. Die People's Party und ihre safrangelben Anhänger hatten sich zu einer Gegendemonstration versammelt. Die Studenten schwenkten pakistanische Flaggen, es gab Handgreiflichkeiten, Geschrei, Plastikstühle flogen – Prä-*diwali*-Feierlichkeiten eben, wie schon erwähnt.

Am Nachmittag beschrieb Bathnagar mir den Grundriss des Hauptquartiers der People's Party. Ihr war auch kein besserer Plan eingefallen als Ramesh Kumar. Ich führte das auf ihre eingeschränkte brahmanische Fantasie oder die lange Herrschaft der Nehru-Gandhi-Dynastie zurück. Beides hat diese Gutmenschen all ihrer Tatkraft beraubt.

»Ein Bürogebäude in Lutyens Delhi, viele Wachleute, die jeden Eindringling sofort festnehmen. Sie müssen schnell sein, Ramesh.«

»Sie meinen Captain Umar Chaudhury, der James Bond Pakistans«, witzelte ich. Ich war über den Punkt der Resignation hinaus. Das war jetzt mein Leben, dummes, gefährliches Zeug. Was machte da schon ein wenig zusätzliche Gefahr?

»Sie hat recht. Die Medien haben zwar nichts als ein unscharfes Foto von dir gebracht, aber trotzdem«, meldete sich Rudi zu Wort. »Du dringst dort ein, schnappst dir Oberoi, verlässt mit ihm das Gebäude. Und wenn die Sache schiefläuft, rufst du Bhatnagar an, und sie tut so, als würde sie dich verhaften.«

Ich hätte Lust gehabt, ihn anzubrüllen, aber inzwischen besaß ich so etwas wie Stil. Also hüstelte ich nur dezent und bösartig. Er sollte hier bloß nicht mit Ideen ankommen. Es war nicht vorgesehen, dass er die Kontrolle übernahm und sich wegen seiner Intelligenz moralisch überlegen fühlte. Das war mein Job. Wie schnell sie doch heutzutage erwachsen wurden!

Detailliert legte Bhatnagar mir dar, wie ich den Plan umzusetzen hatte. Immerhin war er originell und einfach in der Ausführung. »Dann besetzen wir das Studio, präsentieren der Welt die Wahrheit und verhindern damit hoffentlich, dass Sie ins Gefängnis kommen, Ramesh.«

»Nur ich?«, fragte ich.

»Sie müssen verstehen –«

»Warum zum Teufel sollte ich der Einzige sein, der im Gefängnis landet?«

»Nun, Sie wurden dafür bezahlt, Prüfungsbetrug zu begehen. Sie haben gegen das Gesetz verstoßen.«

»Er aber auch!« Ich deutete auf Rudi.

»Ich meinte ja nur, dass Sie einem höheren Risiko ausgesetzt sind. Den All-India-Sieger schickt man sicher nicht ins Gefängnis, für ihn wird es immer einen Ausweg geben. Aber Sie wird man drankriegen. Wegen Entführung, Erpressung, wegen des gewerblichen Systems akademischen Identitätsmissbrauchs, das Sie in den letzten sechs Jahren betrieben haben.«

»Bitte, Leute!«, sagte Priya. »Können wir uns wieder dem Plan widmen? Ramesh, wir sorgen alle dafür, dass du nicht ins Gefängnis musst.«

»Ich gehe auf keinen Fall ins Gefängnis!«, beharrte ich.

»Sie und ich, wir begeben uns ins Hauptquartier der People's Party, Ramesh«, fuhr Bhatnagar fort. »Wir entführen Mr Oberoi. Priya und Rudi müssen direkt ins *Beat-the-Brain*-Studio, denn ihre Gesichter sind jetzt überall in den Medien, und sie dürfen sich nicht von der Wache der People's Party erwischen lassen. Im Studio versammeln sie das Produktionsteam und koordinieren eine Sondersendung eurer Show. Ramesh und ich, wir bringen Mr Oberoi dorthin, dann demaskieren wir ihn live im Fernsehen.«

»Aber Ramesh wird der größten Gefahr ausgesetzt sein«, wandte Priya ein.

Bhatnagar schwieg.

»Das ist nicht fair«, sagte Priya. »Es ist nicht seine Schuld, dass das alles passiert ist.«

Doch. Es war eindeutig meine Schuld, dass das alles passiert war.

Ich betrachtete die Gesichter im Raum und suchte verzweifelt nach einer Alternative. Ohne Erfolg. Priya lag falsch. Ich war für all das verantwortlich.

»Nein, Priya«, sagte ich. »Sie haben recht. Ich muss das zu Ende bringen. Niemand sonst kommt dahin, wo ich hinkomme. Niemand kann sich so unbemerkt bewegen. Ich muss es tun.«

Bhatnagar war sichtlich erleichtert.

Rudi und ich nickten einander zu.

Als wir fertig waren, zog ich mich mit Priya zurück. Ich hielt sie eng umschlungen, und das war fast das Unglaublichste an all dem, diese fantastische junge Frau und ich. Könnt ihr es fassen? Als ob ich bei Juhi Chawla gelandet wäre – absolut unglaublich.

Ein weiteres Kidnapping! Langsam wurde ich zum Profi. Ich überlegte sogar ernsthaft, einen Ratgeber zum Thema zu schreiben. Es ist ein hartes Geschäft, und noch härter ist es, daraus Profit zu schlagen. Man braucht geeignete Transportmittel, zuverlässig, schnell, unauffällig; Wasser, Lebensmittel, Schallschutz, medizinische Ausrüstung; eine Reihe von Verstecken, gut gelegen, alle mit Kommunikationseinrichtung. Vor allem aber braucht man einen Plan. Natürlich hatten die Entführungen, an denen ich bisher beteiligt war – zwei an der Zahl, und wer wusste, wie viele noch kommen würden –, nichts von all dem aufzuweisen. Wir waren nur ein paar Idioten, die verzweifelte Dinge taten. Aber wie Bill Gates schon sagte: Man muss erst einmal richtig scheitern, um erfolgreich sein zu können. Oder war das Adolf Hitler? Unsere Kalender mit Sinnsprüchen legen keinen allzu großen Wert auf korrektes Zitieren oder Moral.

Wenn Claire mich jetzt sehen könnte. Was für Anstrengungen musste es sie gekostet haben, ihren geschwächten Körper herumzuschleppen, atemlos, von schwerer Krankheit gezeichnet, um mit versagender Stimme Freunde anzubetteln: um Arbeit, um ein Leben, um alles, für ihren kleinen Jungen, der nichts hatte.

Ich erinnerte mich noch genau an das Gewicht ihres Körpers, wenn ich ihr über Pfützen und Straßen half, an die Art, wie sie mir die Haare aus dem Gesicht strich, wenn wir die Sicherheit unserer Rikscha erreicht hatten; eine Geste, die mir zu verstehen gab, dass alles gut würde.

Was würde sie von dem Mann halten, zu dem ich geworden war? An den düsteren Abenden, nach Tagen, an denen Dharam Lal sie gedemütigt hatte, bat sie in der Kapelle mit leiser Stimme um Vergebung, zündete Kerzen an, fegte Böden. Es vergingen Tage, an denen außer mir niemand mit ihr sprach. Die Menschen rückten von ihr ab, wenn sie an einem Tisch Platz nahm. Da war immer eine Kluft zwischen ihr und allen anderen, und ihr sanftes Schlurfen ließ in Zimmern voller Mädchen sofort unbehagliches Schweigen einkehren.

Nur wegen mir.

Wie oft hatte ich weglaufen wollen, um sie vor mir zu bewahren. Aber ich hatte einfach nicht den Mut aufgebracht, mich der Welt zu stellen, ohne jemanden hinter mir zu wissen, der mir versicherte, ich sei etwas Besonderes, ich sei wichtig und ich sei besser als die Umstände meiner Geburt. War das so verwerflich?

Ich fühlte mich noch immer wie ein Feigling.

Wofür hatte sie gelitten und ihr Leben geopfert?

Hierfür?

Sie hatte eine bessere Zukunft für mich vorgesehen, eine, in der ich nicht der Gnade höherer Mächte ausgeliefert war, in der ich nicht hinnehmen musste, was die Welt mir entgegenschleuderte. Ich war viel weiter aufgestiegen, als sie es sich jemals hätte träumen lassen. Aber das gefällt diesem Land nicht. Ein Junge wie ich soll nur so weit kommen, wie es ihm vorbestimmt ist.

Sie würden mich früher oder später dafür bezahlen lassen. Ich wusste es. Aber ich gab mich noch nicht geschlagen.

NEUNZEHN

Der einzige mögliche Weg, ins Gebäude der People's Party zu gelangen, bestand darin, sich als Journalist auszugeben. Und der einzig mögliche Weg, das zu tun, bestand darin, sich als ein real existierender Journalist auszugeben. Die Safrangelben waren vielleicht irre, aber sie waren nicht dumm. Irgendein kleiner Fettsack würde mich garantiert kontrollieren, eine kurze Internetrecherche, ein Twitter-Check.

Wie wir den perfekten Journalisten schließlich fanden? Durchforsteten wir etwa Indiens Zeitungen nach einem aufrechten Kämpfer, der sich für Wahrheit und Gerechtigkeit einsetzte, und gewannen ihn für unsere Sache?

Nein.

Wir suchten vor allem nach Leuten, die mir ähnlich sahen. Natürlich keine Liberalen, keine Linken, einfach ganz gewöhnliche Klatschreporter, die zu ihrem Unglück eine gewisse Ähnlichkeit mit Ramesh Kumar aufwiesen. Tatsächlich kamen mehrere infrage. Ich mit längeren Haaren, ich mit einem Schnurrbart, ich mit einer Brille. Der, auf den wir uns schließlich einigten, hieß Utsav Mehta, ein Filmkolumnist mit einer Million beschissener Artikel über den von Kangana verursachten jüngsten Twitter-Aufruhr oder Kareenas neuen Body nach der Schwangerschaft.

Dann schickte ich ihm eine Nachricht auf Facebook, in Bhatnagars Namen.

Ich habe Ihren Artikel über die Top 5 Celebrity Moms gelesen. Sie sind ein großartiger und aufstrebender indischer Journalist. Vielleicht können wir uns treffen, um über Quellen und … mehr zu diskutieren.

Mehta stürzte sich auf den Köder wie ein Ziegenjunges auf die Zitzen seiner Mutter. Zwei Minuten später – *Ping!*

Wow, so direkt, und so attraktiv. Hoffentlich bist du nicht auch in anderen Dingen so rasch! Wollen wir uns zum Plaudern treffen? Priya saß neben mir und steuerte die absurdesten Sprüche bei, und wir trieben den jungen Utsav vor Lust in den Wahnsinn.

Bhatnagar warf öfter einen prüfenden Blick über unsere Schultern, damit wir nichts allzu Schlimmes trieben, und erlaubte sich sogar ein Kichern, nachdem sie eine Zeile darüber gelesen hatte, welche Körbchengröße Mehta bevorzugte – Hauptsache groß, natürlich. Er wollte auch Selfies, aber wir schrieben, dass sie in echt doch viel schöner wären.

Dreißig Minuten später tauchte unser kleiner Romeo am Tor auf: keuchend vor Erwartung, die Brille auf Hochglanz poliert, das Haar glitschig wie eine Litschi geliert und zum ersten Mal seit Jahren wieder Deo unter den Achseln.

Und schon war er gekidnappt!

Kaum war er eingetreten, fesselte ich ihn und sperrte ihn in ein Schlafzimmer im zweiten Stock.

Ich ließ ihn eine ganze Stunde lang schmoren, dann ging ich hinein, um meine Forderungen zu stellen.

Nachdem ich meine Geschichte erzählt hatte, fragte er: »Was springt dabei für mich raus?« Pakistan war ihm offenbar scheißegal.

Er ging direkt zum Geschäft über, die Erektion war in sich zusammengefallen, er wusste, wann es Zeit war aufzugeben. Nicht so wie ich.

»Ein *lakh*. Dafür müssen Sie nichts weiter tun, als sich an die Geschichte zu halten: Sie seien durch Folter zur Mithilfe gezwungen worden.«

»Fünf.«

»Abgemacht«, sagte ich. Das war Raub. Fünf *lakh* für einen Tag Arbeit, was für eine Welt. »Denken Sie an den Artikel, wenn alles vorbei ist, okay? Was für eine heiße Story.«

Er nickte. »Ich könnte sogar die Filmrechte verkaufen. Schließlich sind Sie der verfickte Umar Chaudhury.«

»Sie werden ein Vermögen verdienen, *bhai*.«

Ich nahm seine Brille, seinen Presseausweis und sein Telefon an mich, rief die People's Party an und verabredete ein Interview für Samstag. Sie quetschten den Termin mit mir um elf Uhr noch rein. Oberoi war ein fleißiges Kerlchen.

Ich war ein netter Entführer. Ventilator im Zimmer, Wasser in Flaschen, im Fernsehen lief der Zeichentrickkanal.

Mehta leistete keinen Widerstand.

Ich bewachte ihn. Ließ ihn reden.

Offenbar hörte ihm selten jemand zu, denn er fand gar kein Ende mehr. Niemand fragte ihn je nach seiner Meinung. Niemand brauchte je seinen Rat. Sein Leben war ein endloses Durchforsten von Twitter-Feeds nach Content. Er walzte jedes Detail seiner Existenz aus: wie man ihn ignorierte, wie man ihn ausnutzte, er plapperte in einem fort, schließlich konnte er ja nicht wissen, wann ihm das nächste Mal wieder jemand zuhören würde. Er brauchte den Austausch, wollte nicht, dass er endete. Er konnte sich nicht beherrschen, und seine Stimme schraubte sich immer höher, während er mit kindlicher Begeisterung über Marvel, Wrestling und Oktopus-Animes erzählte.

Ich bin einfach zu mitfühlend, das ist mein Scheißproblem.

Dieser Mehta schuftete ununterbrochen, sieben Tage die Woche, für Leute, die ihn von einer Sekunde auf die nächste feuern konnten. Ich ermöglichte ihm eine echte Karriere. Ein Jahr lang würde er jeden Abend in den Kabelnachrichten zu sehen sein, Reden schwingen, Vorträge halten und auf Symposien diskutieren. Vielleicht hätte er dann endlich auch eine Chance bei den Frauen.

Ich ließ ihn allein zurück.

Für den Rest des Tages konnte ich nicht mehr klar denken. Ich konnte nichts essen. Ich konnte nicht sprechen, aber das konnte keiner von uns. Keine Witzeleien mehr, kein Lachen. Die Ungeheuerlichkeit unseres Vorhabens lähmte unsere Zungen. In dieser Nacht hielt ich meine Augen geschlossen und wartete, bis Priya eingeschlafen war, dann prägte ich mir jedes Detail von ihr ein.

Am nächsten Tag verabschiedete ich mich. Rudi und ich schüttelten uns die Hand. »Bis in ein paar Stunden, Ramesh«, sagte er.

»Du bist ein guter Kerl«, sagte ich, »im Herzen, im Kern, tief unten, unter all dem –«

»Ja, schon in Ordnung, Ramesh.«

Ich umarmte Priya. Es hätte noch viel zu sagen gegeben.

Auf dem örtlichen Markt stieg ich in ein zerschrammtes Taxi. Bhatnagar würde mir in ihrem eigenen Wagen folgen. Als ich dem Fahrer, auf dessen Armaturenbrett jede Menge Götter thronten, das Ziel nannte, drehte er sich um und sagte: »Sir, Sie wollen sich wohl mal wieder richtig verarschen lassen, oder?«

»So was in der Art«, erwiderte ich, und er fuhr weiter.

Die Fahrt dauerte eine Stunde. Die ganze Zeit über sah ich Bhatnagar im Rückspiegel.

Vor dem Gebäude wand sich eine endlose Menschenschlange, eine unübersehbare Schar von Pilgern, Bittstellern, Geschäftsleuten, Lizenznehmern, die direkt zur Quelle der Macht, in die Schaltzentrale der Safrangelben vordringen wollten. Die Lobby war im alten *gymkhana*-Stil der britischen Kolonialzeit gestaltet, mit Ventilatoren, die träge über den Köpfen kreisten. Ein Heer von Männern wuselte herum, Wichtigtuer, die versuchten, ihre zehn Prozent abzustauben. Ich wartete an der Rezeption und sah der vorrückenden Menge der Bittsteller zu. Schließlich näherte sich der für die Journalisten zuständige PR-Beauftragte.

»Sie sind von DesiAdda.com? Nie davon gehört«, sagte er. Er war eben kein Teenager mehr.

»Klatsch und Tratsch. Alles, was Klicks kriegt«, sagte ich. »Bollywood. Pakistan. Saris, die versehentlich hochrutschen.«

»Gut, solange Sie nicht einer dieser liberalen Elitejournalisten sind.« Er musste speziell gezüchtete rechtslastige, Höhere-Kasten-Super-Sinne besitzen, denn er erspürte drohende Gefahren, ohne jemals von seinem Handy aufzublicken. »Wo haben Sie Ihren Master-Abschluss gemacht? USA? Ich an der Western Minnesota. Sehr prestigeträchtig. Kommen Sie mit mir, wir hatten den ganzen Tag Besucher für Mr Oberoi da, es ist eine Riesenstory, und ich bin verantwortlich. Sie werden doch meinen Namen in Ihrem Artikel erwähnen, oder? Mein Onkel ist der Forstwirtschaftsminister.« Mehr musste er gar nicht sagen, der kleine Schwanzlutscher, oder?

Er führte mich durch Korridore, die nach Chlorbleiche rochen, vorbei an Leuten, die nichts zu tun hatten. Gesichter mit wedelnden Fächern davor, schweißgetränkte Taschentücher, aus Fernsehern plärrende Talkshows.

»Wollen wir uns über LinkedIn verbinden, Alter?«, fragte er. Wir glitten an Sekretärinnen vorbei. Seine Finger tanzten über das Display, und seine Augen lösten sich keine Sekunde von seinem Gerät.

Wir erreichten das Büro, oder was ich dafür hielt. Denn der Junge sagte nichts, sondern blieb einfach nur vor der Tür stehen und räusperte sich.

Da wären wir wieder, dachte ich. Ein weiterer bescheuerter Plan, und ich mittendrin. Ich stählte mich für das, was vor mir lag. Ich musste meinen Beitrag leisten. Priyas und Rudis Leben hingen davon ab.

Ich trat ein.

Da hockte er, Shashank Oberoi persönlich, braungebrannt und fett, offenbar hatte er gut gespeist in letzter Zeit, sein Haar war wieder schwarz, er hatte sich von den harten Zeiten sichtlich gut erholt, und eine junge Frau von etwa zwanzig Jahren umschwirrte ihn.

»Heilige Scheiße«, sagte er, als er mich bemerkte.

Das Mädchen schrie auf, ihr Haar glänzte wie der Chitinpanzer eines Käfers, als es um ihr Gesicht peitschte.

»Mein Gott«, sagte der junge PR-Typ, jetzt hellwach. »Es ist Captain Umar Chaudhury!«

»Der James Bond Pakistans, richtig!«, rief ich. »Ihr Schweinehunde, ihr Rindfleischverächter, das ist die Rache des Landes der Reinen!« Ich war in einer etwas melodramatischen Stimmung. Ich griff nach meiner Perücke und schmiss sie zu Boden. Dann besann ich mich eines Besseren und hob sie wieder auf. Ein guter Kidnapper lässt niemals etwas von seiner Ausrüstung zurück.

Oberoi warf mir einen angewiderten Blick zu.

»Hey, Junge«, rief ich dem PR-Typen zu, endlich hatte ich das Sagen, oh welch ein Spaß! »Komm rein! Kein Heldenkram, komm her.« Ich zerrte ihn in das Büro und stieß ihn in eine Ecke des Raumes, neben das Mädchen. »Hör auf zu schreien! Bewegt euch nicht von der Stelle, und alles ist bald überstanden.«

Ich schüttelte meinen Rucksack ab, griff hinein und zog eine Pistole heraus.

Natürlich war es keine echte Pistole. Es war ein Feuerzeug in Form einer Pistole. Sehr beliebt bei unseren sexuell ausgehungerten jungen Männern, kein Zweifel. Gelobt sei der Herr für Amazon-Premiumversand!

»Keine Bewegung, oder ich schieße. Und wenn Umar Chaudhury schießt, schießt er nie daneben.« Ich steckte die Pistole in meine Tasche, holte ein Stück Seil und einige Lumpen heraus und warf sie dem Jungen zu. »Fessele sie«, sagte ich, »und dann dich selbst.«

Shashank Oberoi wartete nicht ab. Er nutzte seine Chance. Er sprang auf, drängte sich an mir vorbei, verpasste mir dabei einen Kniestoß und stürzte hinaus in den Korridor.

»Der Terrorist ist hier!«, rief er. »Er hat eine Bombe. Rufen Sie die Polizei, er trägt eine Selbstmordweste, er wird alles in die Luft –« Leider konnte er nicht ausreden, da ich ihn zuvor gegen die Wand schleuderte.

Im Flur brausten Sekretärinnen davon, Hausmeister ließen ihre Wischmops liegen und flohen, wahrscheinlich flehten sie die Gottheit Kali um Hilfe an gegen diesen beschnittenen Eindringling. Oberoi hatte wohl erwartet, dass ich in einem Kugelhagel sterben würde. Stattdessen verpissten sich einfach alle.

»Siehst du«, knurrte ich und wickelte ein Seil um seine Hände – diesmal würde ich ihn nicht entkommen lassen –, »siehst du, wie deine großen Pläne immer scheitern? Und ich muss hinzufügen, dein letzter Plan war kulturell besonders unsensibel. Pakistan ist ein Land vielfältiger Freuden und Kulturen. Komm schon, steh auf.«

Wir schlurften den Korridor entlang, mein Arm um Oberois Hals gewickelt.

»Es ist deine Schuld«, sagte ich. »Wärst du nicht so gierig gewesen, hättest du nicht versucht, Rudi und mich verschwinden zu lassen, wäre das alles nicht passiert. Deine beschissene Schuld. Hör auf zu heulen.«

In der Rezeption war der Boden mit Papieren übersät. Alle waren verschwunden. Anscheinend wirkte sich meine Präsenz auf viele Orte in dieser Art und Weise aus, wie eine *dalit*-Familie, die nach Hauz Khas zog, oder eine mexikanische Familie, die sich in einem weißen amerikanischen Vorort niederließ.

Vor der Ausgangstür waren ein paar bewaffnete Wachen postiert, die in ihre Walkie-Talkies brüllten.

»Erschießt ihn!«, rief Oberoi, Spucke aus seinem Mund landete auf meinen Händen. »Er ist ein Selbstmordattentäter, erschießt ihn, oder er jagt euch alle in die Luft!«

Unglücklicherweise war er zu überzeugend. Keiner der Wachleute griff ein. Sie hatten Kinder zu versorgen, Bestechungsgelder zu kassieren, waren unterbezahlt. Also keine gute Idee. Im Normalfall durften sie nicht einmal das Gebäude betreten – sollten sie etwa herumschnüffeln und mitkriegen, wie man den Staat ausplünderte? Vielleicht hätten sie sogar einen Anteil verlangt! Die Männer überlegten nicht lange. Sie ließen ihre Waffen fallen und machten sich aus dem Staub.

»Du bist wirklich ein Idiot, Oberoi«, sagte ich.

Wir gerieten mitten ins Gedränge. Alle rannten umher wie in einem illegalen Hahnenkampf, über Rasenflächen, durch Sprinkleranlagen, einigen von ihnen war gar nicht recht klar, warum sie überhaupt in Panik geraten waren; sie hatten keine Ahnung, wohin sie rannten.

Wir schritten unbehelligt mitten hindurch. Oberoi startete einen Fluchtversuch, aber ich verpasste ihm einen Tritt, danach besann er sich eines Besseren.

Die Polizisten am Außentor hatten keine Ahnung, was vor sich ging. Sie hielten Pappteller mit *papri-chaat* in den Händen, ihre Pistolen baumelten nutzlos an den Hüften, sie watschelten zwischen den Menschen umher und bildeten sich ein, mittels Körpermasse Ordnung zu schaffen, droschen mit ihren fetten Unterarmen auf Männer und Frauen ein und riefen mit schriller Stimme: »*Arrey!*« »Hey!« »*Ruko!*« »Sir!« »Madam!«

Vor den Toren rannten Journalisten, Tagelöhner, Politiker, Schaulustige, Twitter-Likes-Süchtige und Möchtegern-Taschendiebe wie die Irren umher.

Oberoi schaute sich um und brüllte in die Menge, er würde gekidnappt. Helft ihm! So helft ihm doch! Wussten sie denn nicht, wer er war? Er war berühmt! Er war im Fernsehen. Er hatte 274 000 Follower auf Instagram. Er war überall in den Nachrichten, er war in den vergangenen drei Tagen die Nachricht an sich. Jemand sollte seinen Entführer erschießen! Irgendjemand! Egal wer!

Aber alle waren zu sehr damit beschäftigt, ihre eigene Haut zu retten.

Es war ziemlich albern. In Wahrheit interessierte sich niemand für ihn. Rudi und Pakistan, dafür interessierten sich alle, und für den Gedanken, sie seien getäuscht und zum Narren gehalten worden. Ein dämlicher Fernsehproduzent war gar nicht das Thema. Würde es auch nie sein. Er zählte nicht. Er war nicht Primetime. Manche Leute würden das nie sein. So wie ich. Aber ich sah es immerhin ein. Hatte meinen Frieden damit gemacht. Anders als er.

Und das war die wahre Tragödie Shashank Oberois. Und, dass er ein Arschloch war.

Ich schob ihn vor mir her. Wir drängten uns an Hausmeistern und Niedriglohnverdienern vorbei, bis wir die Hauptmasse der auf die Straße strömenden Menschen erreichten.

Die Menge umwirbelte uns, presste sich an uns, raubte mir den Atem, quetschte meine *andas* ein, meinen Brustkorb, mein alles. Den einen Arm hielt ich fest um Oberoi geschlungen. Der andere war an meiner Seite eingeklemmt und unbrauchbar. Ich fühlte mich an Karkardooma erinnert, an den Schweiß, an die Angst, von seinen Mitmenschen erdrückt zu werden, nicht emotional, wie in unseren Familien, sondern ganz real tot gequetscht zu werden, von einem fettleibigen *chutiya* von Beamten mit schlechtem Atem, Schweißtuch und erektiler Dysfunktion.

Endlich entdeckte ich Bhatnagar, die ein Stück weiter hinauf auf der Straße stand, und schob Oberoi in ihre Richtung.

Bhatnagar warf mir einen elterlichen »Ich wusste, du schaffst es, wenn du gepusht wirst«-Blick zu, dann half sie mir, Oberoi auf den Rücksitz ihres Wagens zu befördern.

Von draußen drangen Geräusche krachender Kniegelenke, jammernder Kinder, zusammenbrechender Rikschas, umstürzender Verkaufsstände und Sirenen ins Auto, während Bhatnagar verzweifelt die Leute aus dem Weg scheuchte.

»Alles in Ordnung bei Ihnen?«, rief sie von vorne.

»Alles in Ordnung, Anju! Fahren Sie einfach – bitte!« Oberoi schrie und trat mich mit Füßen. Ich verpasste ihm eine und stopfte ihm einen schmutzigen Lappen in den Mund, um ihn zum Schweigen zu bringen.

Kurz darauf rasten wir in Richtung Studio, unsere Sirene teilte den Verkehr vor uns. Bhatnagar fuhr wie eine Wahnsinnige, raste über Rot, rammte Rikscha-Fahrer, bis sie zur Vernunft kam und vom Gas ging. Sie knirschte vor Konzentration mit den Zähnen, hielt den Blick starr geradeaus gerichtet, atmete laut und hart und ihre Daumen trommelten in irrem Rhythmus auf das Lenkrad.

Ich hielt den Kopf gesenkt und betete, dass es Rudi und Priya gut ging. Bis jetzt hatte ich überlebt. Ob das auch so bleiben würde, wussten nur die Götter.

ZWANZIG

Wir erreichten das TV-Studio. Keine Ahnung wie, aber wir schafften es.

Die Wachen am Tor bombardierten Bhatnagar mit Fragen, dieselben Typen, die einige Tage zuvor ihre Pflicht vernachlässigt hatten und immer noch etwas gedämpfter Stimmung waren, weil der pakistanische Agent ihnen durch die Lappen gegangen war.

»Ich bin leitende Ermittlerin des Central Bureau und hier, um den Vorgängen auf den Grund zu gehen.«

»Ma'am, wir müssen eine umfassende Personenkontrolle durchführen«, erwiderte eine Wache mit Turban und geknickter Miene. »Ma'am, wir hatten ein kleines Problem –«

»Sollte mich das interessieren?«, fragte Bhatnagar in ihrem besten Amerikanisch. Sie trug eine Sonnenbrille und blieb gänzlich ungerührt. Die Wachen gerieten in Panik, ihr Rest von Haltung schmolz gänzlich dahin, und sie ließen uns durch.

Mein Fingerstumpf pochte vor Schmerz und Aufregung.

»Verdammtes Wachpersonal«, fluchte Bhatnagar vorne. »Immer stecken sie ihre Nase ungebeten in deine Angelegenheiten, wie jeder in diesem Land. Meine Chefs. Meine Familie. Alle.«

»Da haben Sie ein wahres Wort gesprochen, Ma'am«, erwiderte ich.

Wir parkten hinten, neben Bhatnagars Lexus, den Priya und Rudi dort abgestellt hatten. Bhatnagar bildete die Vorhut und prüfte, ob die Korridore leer waren. Ich gab Oberoi einen Schubs und er stolperte los.

»Willkommen zu Hause«, sagte ich zu ihm.

Zu unserem großen Glück war das Gebäude menschenleer.

Wir marschierten zum Übertragungsraum, wo Priya am Computer saß und Pläne schmiedete, wie wir die Sache über die Bühne bringen könnten, ohne dabei draufzugehen. Sie war einfach die Klügste von uns allen, immer auf Zack.

Ich befreite Oberoi von seinem Knebel.

»Also«, spie er, »alle verfluchten Verräter in einem Raum vereint. Ich mache euch fertig. Euch alle, aber vor allem dich«, schrie er Priyas Rücken an. »Ich habe dir eine Chance gegeben. Ohne mich wärst du ein Nichts.«

Ich packte ihn am Kragen.

»Hast sie gefickt, was?«, bellte er und bleckte dabei seine viel zu perfekt überkronten Zähne. »*Ich* hab sie gefickt, gleich in der ersten Woche. Sie ist eine kleine Klette, ich warne dich.«

»Du Arschloch«, sagte ich, und ohne groß nachzudenken, schlug ich ihn mit meiner kaputten Hand. Ich fluchte vor Schmerz. Trotzdem machte ich weiter. Niemand hielt mich auf, nicht einmal Priya. Vielleicht wäre sie früher dagegen eingeschritten, aber das war, bevor sie das Pech hatte, mir zu begegnen.

Ich besorgte es Oberoi richtig. Ich war glücklich. Ich war stolz auf mich.

Als ich mit ihm fertig war, schluchzte er. Er weinte. Er robbte über den Teppich, wollte sich unter einem Schreibtisch verkriechen. Er bettelte um sein Leben. Dachte er ernsthaft, ich würde ihn umbringen? Für wen hielt er mich? Für sich selbst?

Und dann war es Zeit für die Märchenstunde.

Die alte indische Geschichte. Er hatte es nur für seine Kinder getan.

»Sie haben in diesem korrupten Land keine Zukunft. Ich muss Geld verdienen, damit sie hier rauskommen. Meine Gage war winzig. Du hast Hunderte Millionen, Rudi, und ich habe gar nichts.« In regelmäßigen Abständen spuckte er Blut. Die Maskenbildnerin würde sich richtig ins Zeug legen müssen, um ihn für seine Starrolle in Form zu bringen. »Alle meine Klassenkameraden sind *crorepatis*. Und ich? Ich habe keine zwei *paise*, die ich aneinander reiben kann.«

»Auf Instagram kommt das aber ganz anders rüber«, warf Rudi ein.

»Alles Täuschung, alles nur Täuschung! Gemietete Häuser, Autos, Lügen! Unsere Geldgeber wollten mich feuern. Jeden Tag sagten sie: Kürzen Sie Ihre Ausgaben, Shashank, reduzieren Sie die Geld- und Sachpreise, Shashank. Ich habe gekämpft wie ein Löwe. Ich brachte Geld unter die Armen, das war mein Job. Ich war kein Fernsehproduzent, ich war ein Sozialarbeiter.« So ging das in einer Tour fort. Nach einer Weile schaltete ich einfach ab.

Oberoi war einer dieser Männer, die immer mehr an Format verloren, je länger man mit ihnen sprach.

Reichtum, Geschmack, Vitalität, Haare, Zähne. Trotz

alledem dämmerte einem rasch, dass nichts dahintersteckte, und eines Tages wunderte man sich, dass man überhaupt je etwas in dem Menschen gesehen hatte, staunte über die eigene Blindheit.

Er verbrachte den Morgen unter dem Schreibtisch, das Kinn blutig wund, mit leerem Gesichtsausdruck, für niemanden mehr eine Gefahr. Wir gingen alle hinaus auf den Studioflur, weil wir seine schniefende, wehleidige Gegenwart nicht ertrugen.

Ich trat zu Rudi. Er bereitete gerade seinen Text vor. Er hatte ihn ausgedruckt, lernte ihn auswendig, übte seine Gesten, seine Pausen, die Gesichter, die er machen musste.

»Das wird die Show deines Lebens, richtig?«, sagte ich.

Er räusperte sich. »Auf jeden Fall, mein Freund. Vielleicht könntest du mal einen Blick auf meinen Text werfen, eventuell ein paar Fehler korrigieren«, er hielt mir sein Skript hin.

»Nicht nötig. Ich bin sicher, du hast gute Arbeit geleistet, Rudi.« Im Gehen klopfte ich ihm kurz auf die Schulter.

Den Nachmittag verbrachte Priya am Computer in Oberois Büro. Sie druckte Screenshots von allem belastenden Material aus. Sie hatte in seinem unverriegelten Schreibtisch einen Haufen Wegwerfhandys entdeckt.

»Er hat sich nicht einmal die Mühe gegeben, etwas zu verstecken«, sagte sie. »Er dachte, er könne dich fertig machen, und niemand würde etwas davon merken.«

»Tja, wären da nicht mein schnelles Denkvermögen und mein Charme gewesen …«, sagte ich und küsste sie.

Wir zogen Oberoi aus seinem Quartier unter dem

Schreibtisch hervor. Es sah jämmerlich aus, was ihm ausgezeichnet stand. Wir setzten ihn an die Arbeit, und über ein Telefon im Kontrollraum gebeugt rief er alle Mitarbeiter an, die wir für unsere improvisierte Sendung brauchten. Er gab vor, er habe wichtige Neuigkeiten und wolle mit der Produktion einer neuen Show beginnen. Eigentlich hätten sie sofort spüren müssen, dass er lügt – seine Stimme war dermaßen einschmeichelnd, mit vielen vergoldeten, honigsüßen Lobgesängen und Danksagungen.

Er versicherte ihnen, er brauche sie nur für ein paar Stunden, ihre Verträge würden verlängert, alles werde gut. Sie hatten ihn ein paar Tage lang nicht zu Gesicht bekommen? Was sei das mit den pakistanischen Agenten? Gar nichts! Er werde ihnen alles erklären, wenn sie um fünf Uhr kämen.

Um sieben würden wir auf Sendung gehen.

Jetzt mussten wir nur noch den Übertragungsraum kapern.

Vier Techniker, ein Raum, eine Tür. Bhatnagar würde dafür sorgen, dass uns niemand störte. Mit etwas Glück hatten wir vielleicht zehn Minuten, bevor ein Techniker im Hauptproduktionsgebäude des Senders in Delhi darauf kam, wie er unserer Piratensendung den Saft abdrehen konnte.

Unsere Sendung würde scheiße aussehen, aber wir brauchten keine Musik, kein Licht und kein Publikum. Das Ziel war, unsere Botschaft rüberzubringen und anschließend darauf zu hoffen, dass Indien aufhören würde zu randalieren und sich mit *chole bhature* und safrangelben Lügen vollzustopfen, um stattdessen uns zu glauben.

»Wir bringen Ihre Kollegen in eine gewisse Gefahr«, erklärte Bhatnagar, ganz die Generalin in Jeans, »deshalb ist unsere oberste Priorität deren Sicherheit. Im Notfall müssen wir sie herausholen. Ihre Kollegen stehen an erster Stelle.«

Wir nickten. Wir waren alle sehr ernst, zum ersten Mal überhaupt, wie es schien.

Um fünf Uhr begannen sie einzutrudeln, unsere unglücklichen Mitwirkenden, wobei sich eine Parade der Langeweile in eine der Überraschung verwandelte, als Bhatnagar und ich sie einen nach dem anderen packten und in Rudis Garderobe führten. Rudi verteilte Essen und Getränke, erklärte ihnen die Situation und konfiszierte ihre Handys.

Nenn-mich-Nik und Nenn-mich-Sid glotzen wie betäubte Schafe, aus deren Mündern Sabber tropfte.

»Echt?«, keuchten sie. »Echt jetzt? Dein Ernst, Alter?«

»Ja, Alter«, erwiderte Rudi.

Es waren zehn an der Zahl, Kamera- und Videoleute, eine gestresste Maskenbildnerin, die ständig wegen ihrer Kinder heulte. »Sie haben es verdient, mit einer Mutter aufzuwachsen. Ihr seid schlechte Menschen, sehr schlechte Menschen«, beschwerte sie sich. »Ich kann nicht fassen, dass ich euch immer meine hausgemachten *murukkus* mitgebracht habe.«

Rudi ging zwischen ihnen hindurch und hielt aufmunternde Reden. Er wirkte erschöpft, nervös und besorgt.

»Sie hassen mich, alle«, sagte er leise, als ich eine Stunde später im Kontrollraum auftauchte, beladen mit Snacks aus dem Automaten. Mein Job war es, die Tür zwischen unserer Abteilung und dem Rest des Studios zu überwachen. Das Gebäude war an diesem Samstagmorgen menschenleer, abgesehen von Bhatnagar draußen vor dem

Übertragungsraum. »Sie täuschen nur Nettigkeit vor, weil ich mal ihr Boss war.«

»*Arrey*, Boss«, sagte ich. »Vortäuschen ist ein zu hartes Wort.«

»Scheiße. Falls wir in den nächsten Tagen nicht brutal abgeschlachtet werden, werde ich netter zu den Menschen sein«. Er zeigte dem vorübergehenden Nenn-mich-Sid ein kräftiges Daumen-hoch.

Alles lief wie geplant. Noch dreißig Minuten bis zur Sendung. Priya war damit beschäftigt, Dokumente in den Computer einzuscannen. Nenn-mich-Nik erstellte Grafiken auf Photoshop und jammerte darüber, dass er sich besser an einer juristischen Fakultät in North Carolina hätte bewerben sollen, anstatt in sein gottverdammtes Heimatland zurückzukehren.

Auf den Nachrichtenkanälen brachten sie nichts über die Delhi International Studios. Es schien fast so, als hatten wir Glück und könnten es durchziehen.

Um fünf vor sieben waren alle auf Position. Auf unseren Monitoren kündigte der Ansager eine Wiederholung des *Dhamaka Kindertanzes* an, dann wurde der Bildschirm plötzlich schwarz, und er entschuldigte sich für die technische Störung.

Bhatnagar hatte es geschafft, die Wiederholung zu stoppen. Mein Telefon klingelte. Sie sagte: »Es kann losgehen«. Ich tippte dem grimmig dreinblickenden Techniker vor mir auf die Schulter, der einen Schalter umlegte. Der Monitor wurde weiß, dann tauchte plötzlich Rudi auf und hinter ihm eine grüne Leinwand.

»Volk von Indien«, sagte er ernst, »ich wurde Opfer einer Verschwörung unseres ehemaligen Produzenten Shashank Oberoi. Er ließ uns entführen, um Lösegeld zu erpressen. Diese Lügen über Betrug und pakistanische Spione sind nichts anderes als eben das – gemeine Lügen! Ich werde Ihnen jetzt die Wahrheit erzählen.«

Auf dem grünen Hintergrund leuchteten Grafiken, Overlays, Schaubilder auf. Alles ziemlich professionell für zwei Stunden Arbeit unter Hochdruck.

Rudi war großartig. Er strahlte Aufrichtigkeit aus und diesen alten Charme, der die Hausfrauen zum Schmelzen brachte. Sein Gesicht war hagerer geworden, die weichen Umrisse waren verschwunden. Er sah gut aus. Ein perfekter kleiner Sohn, der in der Scheiße saß und Mami um Hilfe anbettelte. Wahrscheinlich hockten die Frauen jetzt weinend in ihren Wohnzimmern und riefen ihre Freundinnen an, sie sollten ihre Männer dazu bringen, von Kricket auf Kanal 114 umzuschalten. Da sei dieser Junge im Fernsehen, dieser Rudi, und er erzähle die verrückteste Geschichte, die man je gehört habe, dieser kleine Liebling, würdest du ihn nicht auch am liebsten an deine Brust drücken, Maneka?

Echte Aufrichtigkeit langweilt die Menschen, aber Aufrichtigkeit, die sich auf dem schmalen Grat zwischen Wahrheit und Täuschung bewegt? Darauf wurde die Welt errichtet.

Rudi legte unseren Fall wunderbar dar. Er stotterte ein bisschen, seine Hände zitterten, aber er sagte alles, was gesagt werden musste. Er war gut.

Wir waren so dicht dran. Er war kurz davor, die Emotionen für den Endspurt hochzufahren, und ich redete dem Monitor zu: »Fast geschafft, Boss, fast geschafft, perfekt.«

Doch leider endete die Show nach sechs Minuten abrupt.

»Liebe Mitbürgerinnen und Mitbürger Indiens, ich, Rudraksh Saxena, das *Brain of Bharat*, bitte Sie, mir zu glauben. Ich habe immer die Wahrheit gesagt. Ich habe das Beste getan, was mir mit meinem begrenzten Tal-«

Schlagartig wurde der Bildschirm schwarz.

Die Übertragung war unterbrochen.

»Tun Sie was!«, hörte ich Bhatnagar die Techniker anschreien. Priya verschwamm in einem Wirbel hektischer Aktivitäten, scrollte durch die Computer, blätterte in technischen Handbüchern, wühlte sich durch Server und Codes, suchte nach einem Weg, die Übertragung wieder in Gang zu bringen.

»Nur eine Minute«, sagte Rudi und seufzte vor den Kameras. »Mehr hätte ich nicht gebraucht. Ich hatte sie. Ich hatte sie wirklich.«

Es gab nichts, was wir tun konnten. Es war aus und vorbei.

Rudi sackte auf den Boden. Er war total ausgepumpt. Priya klappte ihren Computer zu und legte ihre Hände in meine.

»Ich habe keine Ahnung, was jetzt kommt«, sagte sie.

Da hörten wir die Megaphone.

Ich rannte hinaus in die Studiolobby.

Gewehre. Kampfmontur. Schlagstöcke. Die Zigaretten lässig im Mundwinkel. Delhis Elitetruppe hatte sich hinter Sandsäcken aufgebaut, keine zwanzig Meter von der Studiotür entfernt.

Ach du Scheiße.

Wir befanden uns im Belagerungszustand. Hubschrauber schwirrten über uns, verquirlten mit ihren Rotorblättern den Abendsmog.

Wieso waren die bereits vor Ende der Übertragung da?

Ich rannte ins Studio zu Rudi, der herumhing wie ein schlaffer Hodensack. Ich musterte die Crew.

Dann entdeckte ich ihn. Ein Kameramann, der verschlagen aussah und meinem Blick auswich. Ich habe einen sechsten Sinn für Verschlagenheit. In seiner Hosentasche zeichnete sich eine verdächtige Form ab. Mir war sofort klar, was passiert war. Ich ging zu ihm und streckte die Hand aus. Der *lund* tat komplett unbeteiligt. Er reichte mir sein Handy.

»Sorry, Bruder«, sagte er.

Ich nahm es rasch an mich, um es in meiner Jeans verschwinden zu lassen.

»Oh fuck«, sagte Rudi hinter mir.

Ich war zu langsam gewesen.

»Ich habe sein Handy nicht einkassiert. Oh Gott, das ist alles meine Schuld.«

Er sah sich um, mit hervorquellenden Augen. Er schlug die Hände vors Gesicht, um seine Tränen zu verbergen.

»Es ist die erste Geiselnahme meines Lebens«, sagte er. »Ich war überfordert, ich war müde, ich hatte keine Ahnung, was ich verdammt noch mal tat.« Er heulte. Er war eben doch noch ein Kind, wie mir wieder klar wurde. Ich ging zu ihm und drückte ihn fest an mich. »Schon in Ordnung, Boss, alles okay.« Ich sagte ihm, wie stolz ich auf ihn sei, dass er etwas durchgemacht habe, was kein Achtzehnjähriger durchmachen dürfe, und wie gut er sich in der Sendung geschlagen habe.

Draußen brüllte die Polizei Beleidigungen und Kricket-Ergebnisse durch ihre Megaphone. »Gebt auf, euer verrückter Plan ist gescheitert. Ihr werdet niemals davonkommen.«

Was sollte ich tun? Was in aller Welt sollte ich nun tun? Ich sah mich um, auf der Suche nach einer Lösung. Mein Blick fiel auf Oberoi.

»Scheiß drauf«, sagte ich, und bevor mich jemand aufhalten konnte, zerrte ich ihn zum Ausgang. Er war äußerst kooperativ.

Priya folgte mir nach draußen. »Ich komme mit dir«, sagte sie.

Gleich jenseits der Lobbytüren lauerten die Polizisten hinter ihren Sandsackbarrikaden.

Ich schlich mich zu den Türen, wobei ich Oberoi vor mir her schob, und stieß sie auf. »Lasst uns gehen«, rief ich. »Wagt euch nicht herein. Wir haben eine Geisel! Ich habe eine Waffe.« Ich zog die Feuerzeugpistole aus der Tasche und fuchtelte damit herum. Priya kniete ein paar Meter hinter mir, zu erschöpft, um etwas zu unternehmen. Ich war voller Energie, aber vielleicht tat ich auch nur so, imitierte den Harakiri-Auftritt eines drei Tage vor der Pensionierung stehenden Cops, den ich mal in einem Film gesehen hatte.

»Keinen Schritt näher«, sagte ich, »oder Shashank Oberoi stirbt!«

»Wer ist da?«, rief eine körperlose Stimme.

Der Gesichtsausdruck Oberois war schon etwas Besonderes. Fast hätte ich ein Foto von ihm gemacht, aber die bloße Erinnerung reichte. Seine Lippen zogen eine Schnute wie kurz vorm Heulen. Wunderbar.

»Wir erschießen ihn, also lasst uns durch, sofort! Andernfalls wird das Blut Shashank Oberois an euren Händen kleben!«

»Sir, wir wissen nicht, wer das ist! Volksfeinde! Ergebt euch! Kommt mit erhobenen Händen heraus!«

Taten wir nicht.

»Wir haben Waffen!«, wiederholte ich, nur um auf Nummer sicher zu gehen. Bisher hatten sie keinen Versuch unternommen, das Gebäude zu stürmen. Wer konnte schließlich wissen, was für ein Waffenarsenal den Pakistanis zur Verfügung stand?

Die Franzosen nennen so was eine *impasse.*

Wir ließen unsere ehemaligen Kollegen abziehen. Dass wir sie unter falschem Vorwand zu Mitschuldigen gemacht hatten, würde uns in der Presse das Genick brechen. Rudi stand in der Lobby und lobte sie beim Hinausgehen. »Gut gemacht«, sagte er zu jemandem. »Ausgezeichnete Sendung«, zu einem anderen. »Es war ein Vergnügen, Sie zu entführen. Grüßen Sie Ihre Frau von mir.« Im Gehen sagte Nenn-mich-Sid und Nenn-mich-Nik zu Rudi, er solle sich selbst ficken. Charmant wie üblich.

Am Ende waren nur noch wir übrig, Priya, Rudi, Bhatnagar, ich und Oberoi, der aussah wie eines dieser Tiere, die zerquetscht am Straßenrand liegen, mit verspritzten Eingeweiden. Um welche Spezies es sich einmal gehandelt hat, ist nicht mehr zu erkennen, ob Hund, Katze oder Kalb – man sieht nur verkrümmte Beine, gläserne Augen und einen Bauch voller irrer Fliegen, die ihn mit Larven befruchten.

Wir hockten in der Lobby, umgeben von Pflanzen und Kunststoffteppichen, die wir zu behelfsmäßigen Verteidigungswällen umfunktioniert hatten. Die Stunden dehnten sich endlos bis in den Morgen.

Die Polizei hatte ganz offensichtlich nicht vor, das Gebäude zu stürmen. Im TV sahen wir Interviews mit den

Verantwortlichen. Bhatnagar verdrehte bei jedem von ihnen die Augen. »Korrupt«, kommentierte sie, oder »faul«, meistens aber »fett«.

Die hohen Polizeibeamten zelebrierten gerade den spektakulärsten Fall ihres Lebens. Eine willkommene PR-Gelegenheit, bei der sie einen Sinn für Recht und Ordnung demonstrieren konnten, nachdem sie beim Eindämmen der Unruhen im ganzen Land versagt hatten. Vielleicht würde einer von ihnen ein Buch schreiben mit dem Titel *Tage in der Hölle: Meine Rolle bei der Studio-Belagerung*, oder er würde TV-Interviews geben, um eine neue Küche zu finanzieren, oder nach Saket umziehen, wo die Menschen lebten, die wirklich zählten.

Am Nachmittag, frisch aus dem Bett geschält, trafen dann die protestierenden Studenten ein. Die Polizei ließ sie gewähren, führte lediglich Interviews von extremer Selbstgefälligkeit und bauchtätschelnder Wichtigtuerei durch.

Die Studenten feuerten uns an, forderten uns auf, so lange wie möglich durchzuhalten. Sie versicherten uns, wir seien Helden, weswegen wir niemals niederen Bedürfnissen nachgeben dürften, wie zum Beispiel Hunger, Duschen oder dem Wunsch nicht von Kugeln zerfetzt zu werden.

Die Polizei erlaubte ihnen freundlicherweise, sich zwischen den Barrikaden und uns aufzubauen.

Sollten doch alle Verrückten auf einer Seite stehen, damit die Fernsehzuschauer die Verhältnisse besser begreifen konnten.

Was für ein Chaos! Wir plünderten die Snackautomaten, bezahlten aber jeden Artikel, kein Vandalismus unter Anjali Bhatnagars Aufsicht, nein, Sir. Außerdem bedienten wir uns bei den Konserven aus der Kantinenküche, die wir auf je hundert *gandhis* schätzten.

Bhatnagar verbrachte die meiste Zeit damit, in den hinteren Korridoren lange, ernsthafte Auseinandersetzungen am Telefon zu führen. Priya und ich kauerten hinter den Sofas und sagten offen, was wir zu sagen hatten. Hin und wieder winkten und lachten wir in die Kameras, weil im TV ein Lippenlesen-Experte behauptet hatte, wir würden Pläne für die Entführung von Hubschraubern nach Pakistan schmieden.

»Ich werde nie wieder arbeiten, nicht wahr?«, sagte Priya.

»Unwahrscheinlich.«

»Hey, großer Mann, du solltest mich trösten und mir sagen, dass ich mit Sicherheit von Angeboten überhäuft werde. Was für ein zukünftiger Ehemann bist du?«

»Du wirst sicher mit Angeboten überhäuft werden, Liebling«, bestätigte ich.

»Danke, Liebling.« Wir hielten Händchen und dachten über eine Zukunft nach, die wir unter Umständen nie haben würden.

Im Fernsehen konnte man sehen, wie die Laune der Polizeibeamten stieg, als immer mehr Studenten herbeiströmten, denn wenn sie endlich zuschlagen würden, sähe es so vorteilhafter für sie aus – ein paar Dutzend tapfere Polizisten, eine kleine braune Schar gegen eine Übermacht Marihuana-verseuchter, Bettwanzen-zerfressener, lang- und fetthaariger junger Erwachsener. Die Kameraleute richteten ihre Linsen für Zeitlupeaufnahmen splitternder Knochen und Eruptionen der Gewalt ein.

Oberoi war gebrochen. Noch nie zuvor hatte ich ihn

in einem solchen Zustand erlebt. Wir hörten auf, es an ihm auszulassen. So schlimm sah er aus.

Zwei Tage später hatten wir nichts mehr zu essen.

Rudi musste vor Hunger verrückt geworden sein, denn in dieser Nacht beschloss er, das Ganze von sich aus zu beenden. »Das ist alles meine Schuld«, erklärte er und versuchte nach draußen zu stürmen. »Ich muss für meine Taten gradestehen«, schrie er. Ich kam nicht drum herum ihn förmlich niederzuringen, um ihn von den Türen wegzukriegen.

Und zwei Tage nach diesem Vorfall, unsere Lippen waren rissig vor Durst, unsere Gehirne vor Langeweile zermartert, konnten wir das Gebäude endlich verlassen.

Bhatnagar hatte es möglich gemacht. Sie hatte einen Deal ausgehandelt. Ich hatte sie bis spät in die Nacht streiten hören, und am fünften Tag war es ihr gelungen, etwas zu arrangieren. Sie stellte sich vor uns hin, erklärte uns, die Situation würde für ihre Vorgesetzten zunehmend peinlich, und forderte uns auf, ihr zu folgen.

Wir machten uns auf den Weg. Wir vertrauten ihr. Wir traten einfach hinaus. Wir atmeten frische Luft. Die Demonstranten gafften uns ratlos an, als wir direkt an ihnen vorbeimarschierten. Sie hatten keinen Schimmer, was zu tun war.

Wir erreichten die Sandsackbarrikaden, ohne erschossen zu werden. Es fühlte sich an wie ein Sieg.

Ein Inspector schüttelte den Kopf, rief einem Untergebenen zu: »Sag dem Fernsehen, sie sollen für fünf Minuten verschwinden«, und marschierte dann zu uns.

»Was glaubt ihr, was ihr da macht?«, sagte er. »Ihr seid alle Terroristen. Geht wieder rein oder wir schießen.«

»Ich bin eine leitende Ermittlerin«, sagte Bhatnagar.

»Ich habe mit meinen Chefs gesprochen. Die Belagerung ist beendet. Wir kommen jetzt raus. Sie können uns in Gewahrsam nehmen. Und hören Sie auf, für die Kameras zu performen.«

Dann verlangte sie lautstark nach Wasser und Essen.

»Sie wollen eine gewaltsame Auseinandersetzung? Sie sind scharf auf ein großes Drama für die Kameras?«, sagte sie. »Es ist zwei Tage vor *diwali*, Sie Idiot. Der neue Film mit Shah Rukh kommt heute raus. Also wen interessiert das hier? Wer wird sich das im Fernsehen anschauen? Nehmen Sie uns in Gewahrsam. Schicken Sie die Studenten nach Hause. Rufen Sie Ihre Führungsoffiziere an. Wir sind hier fertig.«

Sie verschränkte die Arme und starrte den Beamten nieder. Kopfschüttelnd trollte er sich. Er war an diesen neuen Typus indischer Frauen nicht gewöhnt.

Wir standen im Schatten eines jauchebraunen Polizeiautos. Waren ausgelaugt. Auf dem Asphalt kauernd soffen wir Wasser wie Kamele und hofften, dass Bhatnagar recht behalten würde.

Oberoi hätte nicht verängstigter aussehen können. Er schwankte wie ein städtisches Gebäude, das auf Sand errichtet war. Er nippte Wasser, beobachtete jeden Beamten ängstlich, versteckte sich in unserer Mitte und machte panische Telefonanrufe, bei denen ich nur hörte: »Bitte, Sir, Sie müssen mir helfen, ich bin von pakistanischen Spionen entführt worden.«

Die Polizeibeamten grunzten ihn an. Niemand nahm Notiz von ihm.

Wenige Minuten später kam der Inspector zurück.

»Verhaftet sie«, befahl er. »Keine Schläge!«

Bhatnagar nickte zufrieden. Sie hatte ihren Teil getan.

Wir hoben die Hände, damit man uns Handschellen angelegen konnte.

Niemand sagte etwas.

Dann gingen wir ins Gefängnis.

EINUNDZWANZIG

Das Gerichtsverfahren war ein echter Albtraum. Nach einer Weile verlor ich den Überblick.

Etwa zwölf verschiedene Parteien verklagten sich gegenseitig auf Schadenersatz, jede wollte ihr Stück vom Kuchen; auch der Staat war hinter uns her, wegen Landfriedensbruchs, wegen der Entführungen, der Schläge, der Besetzung eines Fernsehstudios. Ihr wisst schon, wegen all dem coolen filmreifen Kram.

Auf einmal waren wir wie die Amerikaner, prozessfreudig und bürokratisch, lösten die Dinge nicht mehr auf unsere altehrwürdige und effektive Art: mit Todesdrohungen, ewigen Flüchen und gegenseitigem Abschlachten von Familienmitgliedern.

Die Gerichtsverfahren gegen mich laufen immer noch, stehen ständig auf den Terminlisten unbedeutender städtischer Gerichte und bringen meinen Anwälten viel Geld ein. Alle paar Monate erhalte ich dicke Briefe mit Rechnungen, Vorladungen und Forderungen nach Aushändigung von Beweismitteln.

Doch immerhin löste sich die Anklage wegen Spionage für Pakistan auf magische Weise in Luft auf. Wie sich herausstellte, schenkte die People's Party den Gutenachtgeschichten eines in Ungnade gefallenen Fernsehproduzenten inzwischen keinen Glauben mehr. Sie taten einfach so, als wäre das alles nie passiert, und *Wusch!*, schon war es vom Tisch, und auch die Medien ließen das Thema bereitwillig fallen.

War ein Politiker der Safrangelben peinlich berührt? Erlitt jemand einen politischen Rückschlag? Erinnerten sich die Menschen noch daran, dass sie ein paar Tage wegen eines vermeintlichen Spionagekomplotts in Aufruhr geraten waren?

Genau, ihr habt es erraten.

Oberoi wurde einfach laufen gelassen. Er verschwand spurlos. Ich malte mir aus, wie er wer weiß wo auf der Welt teure Sonnenbrillen kaufte, jedem, der ihm zuhörte, Ideen für Quizshows präsentierte und Menschen namens Rudraksh mied.

Natürlich hätte ich mich auch querstellen können. Ich hätte alles Mögliche über Oberoi aussagen können, über seine Politikerfreunde, über die Beziehungen zwischen den Klassen. Aber ich war reif und verantwortungsbewusst. Was geschehen war, war geschehen. Ich hatte eine Verlobte. Ich tat meinen Teil für die internationalen Beziehungen und für meine zukünftige Lebensgrundlage.

Ich erlaubte mir zu träumen.

Tut das niemals, meine Freunde! Denkt niemals an eure Zukunft. Nehmt jeden Tag, wie er kommt, nach den Grundsätzen des Dharma und der doppelten Buchführung. Es gibt immer jemanden, der nur darauf wartet, euch zu ficken, und zwar nie auf die nette Art und Weise.

Ich war auf Kaution draußen. Ich dachte, ich käme mit allem davon. Ich war bei Priya eingezogen, hatte vor, nach Ahmedabad zu fahren, um ihre Eltern kennenzulernen, dachte darüber nach, die TV-Show wieder zu starten.

Und als dann die Polizei anrückte, um mich wegen akademischen Betrugs zu verhaften, rissen sie mich aus den Armen der Frau, die ich liebte. Und wer stand da wie ein naiver Trottel?

Sie kamen am frühen Morgen, zwei Wochen nach dem Ende der Belagerung. Ich dachte, der Inspector sei gekommen, um sich über den Stand der Dinge auszutauschen und Tee zu trinken. Doch dann hielt er mir die Vorladung unter die Nase, und meine Welt brach zusammen.

Ich wurde auf die Wache gebracht und in einen sauerstoffarmen Raum voller Polizisten geschubst. Man verlas mir die Anklageschrift.

Ramesh Kumar. Bildungsbetrug. Höchststrafe: fünf Jahre.

Bhatnagar ließ mich nicht im Stich. Sie verteidigte mich vier Tage lang in einem stickigen Büro vor Anwälten, Untergebenen und Schriftführern, die jeden Mückenschiss protokollierten.

Sie wirkte dabei ganz geschäftsmäßig. Ihre Uniform war frisch gebügelt, jedes Härchen saß am richtigen Platz.

Vier Tage Verteidigung. Ohne Erfolg. Es war unabwendbar, ich musste ins Gefängnis. Die Anklage hatte Zeugen, die bereit und willens waren, zu reden. Telefonprotokolle. E-Mail-Korrespondenzen.

Am Ende des letzten Tages, als alle ihren Kram gepackt hatten und der Raum sich leerte, sahen Bhatnagar und ich einander an.

»Tut mir leid, dass ich Ihnen nicht helfen konnte, Ramesh«, sagte sie schließlich, als auch der letzte schmierige Sub-Inspector den Raum verlassen hatte. »Meine Vorgesetzten. Jemand muss den Sündenbock spielen. Ich habe versucht, sie zur Vernunft zu bringen. Aber Sie waren der perfekte Kandidat.«

Die Geschichte meines Lebens.

Wäre dies in einem Film geschehen, wäre Priya dabei gewesen und hätte gerufen: »Das können die nicht machen! Das dürfen sie nicht! Er hat Ihnen doch geholfen!«, und Bhatnagar wäre losgerannt, um ihre Vorgesetzten umzustimmen, eine spanische Gitarre wäre erklungen, dann hätte ein Kinderchor eingesetzt.

Aber nein.

Bei der Verhandlung hatte ich großartige Anwälte, die Rudi bezahlte.

Ich kann mich nicht über ihn beschweren. Seine Eltern waren gesund, wohlriechend und gebräunt zurückgekehrt, hatten in Norwegen nicht einmal ansatzweise etwas von einer Pakistan-Affäre mitbekommen, und sie hingegen hatten Rudi geraten, mich verrotten zu lassen. Aber das tat er nicht. Er war zu mir in meine Arrestzelle gekommen und hatte mir versprochen, alles in seiner Macht stehende zu unternehmen.

Meine Anwälte waren englischsprachig, braunhäutig und sahen aus, als würden sie Völkermord begehen, um mich freizubekommen.

Aber das reichte nicht.

Bhatnagars Bosse zermalmten mich. Bhatnagar gab ihr Bestes. Vergeblich.

Also musste ich ins Gefängnis. Der Richter, ein grauhaariger Mann, dessen Gerechtigkeitssinn sich darin erschöpfte, dass er die Presse anbrüllte, endlich Ruhe zu geben, versetzte mir mit heiserer, brüchiger Stimme den letzten Stoß.

»Ich verurteile Sie, Ramesh Kumar, wegen mehrfacher, von Ihnen begangener Betrugsdelikte zu einem Jahr Gefängnis.« Dann ließ er den Hammer knallen. Ein Gewitter aus Kamerablitzen. Meine Anwälte schüttelten mir aus einem mir unerfindlichen Grund in westlicher Manier die Hand, setzten sich, um Schecks für ihre neuen Ferienhäuser auszustellen, und ließen mich allein dastehen. Die Wachen führten mich ab.

Als ich hinausging, begann jemand im Gerichtssaal laut zu jammern, eine alte Frau. Dabei schaute sie sich beständig um, ob jemand sie bemerkte. Schließlich schlenderte ein Reporter zu ihr, und sie brach an seiner Brust zusammen. Ich fragte mich, für welche entfernte Verwandte sie sich wohl ausgab.

Ich wanderte ins Gefängnis. Niemand sonst außer mir. Ha ha ha!

Irgendwo knabberte Claire Gebäck und lachte leise. »Der Lohn der Sünde, *jeune homme*, der Lohn der Sünde.«

Die People's Party hatte mich drangekriegt. Das Land, das System hatte mich drangekriegt. Ich hatte zu viele Menschen schlecht aussehen lassen, das war ihre Rache.

Rudi wurde nicht angetastet. Er hatte nichts Falsches getan, natürlich nicht.

Ich hatte keinerlei Anteil daran, dass er All-India-Sieger geworden war. Wie denn auch? Niemals könnte ein dahergelaufenes Straßenkind in der wichtigsten Prüfung der Welt, den erhabenen All Indias, den ersten Platz belegen. Rudraksh Saxena war schlicht von einem unappetitlichen Typen aus einer niederen Kaste, der ihm Reichtümer versprochen hatte, hinters Licht geführt worden. Welcher unschuldige Brahmanenjunge konnte schon ahnen, was solche finsteren Leute im Schilde führten?

Er hatte sich lediglich des Vergehens schuldig gemacht, zu vertrauensselig gewesen zu sein.

Er konnte wieder Mikrowellen, *daal* und Liposuktionen verkaufen, wann immer er wollte. Mein ganzes Leben würde nur ein kleiner Unterabschnitt auf seiner Wikipedia-Seite sein.

Das Gefängnis war ein echtes Erlebnis, das kann ich euch versichern. Rudi musste ein Vermögen zahlen, um mir die Gangster vom Leib zu halten. Ich selbst war vielleicht ein Niemand, aber sie wussten, dass ich Rudraksh Saxenas Manager gewesen war. Also war ich reif für ein bisschen physische Erpressung.

Glücklicherweise büßte ich nichts von meinem eigenen Vermögen ein. Ich wurde verklagt, und zwar mehrfach. Die Eltern sämtlicher Kinder, die in den letzten zehn Jahren ihre All Indias versemmelt hatten, wollten etwas aus mir herausleiern. Rudi sorgte dafür, dass die Klagen abgeschmettert wurden. Das kostete ihn eine ganze Stange, aber er hatte genug verdient, dass er sich keine Sorgen zu machen brauchte.

Priya kam ein paar Mal.

Bei ihren ersten Besuchen redeten wir nicht viel.

Als sie das letzte Mal kam, sagte sie: »Ich warte auf dich«, aber wem wollte sie etwas vormachen? Sie liebte ihre Eltern. Und die hätten ihr niemals erlaubt, jemanden wie mich zu heiraten. Sie war zwar modern und unabhängig, aber Blut ist nun mal dicker als Wasser, also zählten ihre Eltern mehr als ich, und sie würden sicher keinen Kriminellen in der Familie dulden.

Ich bat sie, nicht mehr zu kommen, erklärte ihr, wir hätten unter Stress gestanden, jeder hätte sich unter solchem Druck verlieben können, aber es sei nicht real gewesen, nur zwei Menschen auf der Suche nach etwas menschlicher Nähe unter schwierigen Umständen.

Vielleicht stimmte es sogar. Sie weinte sehr viel.

Als ich ihr das letzte Mal in die Augen schaute, sah ich das Schrecklichste auf der Welt. Ich sah bedingungslose Liebe. Sie hätte mich niemals freiwillig verlassen. Lieber hätte sie sich selbst zerstört, ihren Namen, ihre Familie, ihre Zukunft.

Also erzählte ich ihr eine kleine Lüge.

»Bhatnagar hat mich gewarnt. Ihre Vorgesetzten sind auch hinter meinen Komplizen her. Sie werden niemals aufgeben, Priya. Glaubst du, ich sei ihnen genug? Wenn wir zusammenbleiben, werden sie dich und deine Eltern und alle, die du je gekannt hast, als Nächste drankriegen.«

Sie schüttelte den Kopf. »Du lügst.«

»Ich habe versprochen, nie mehr zu lügen, erinnerst du dich? An dem Tag, als ich dir das erste Mal meine Liebe gestand. Noch eine Lüge, und wir wären fertig miteinander.«

»Ich erinnere mich.«

»Du darfst dich nicht für mich aufopfern, Priya. Sei vernünftig. Es gibt keinen anderen Weg.«

Ich ging zu ihr und hielt sie ein letztes Mal. Später würde ich dafür die Wachen schmieren müssen. Ich fühlte, wie ihre Tränen über meine Wange rannen.

Sie erklärte, sie werde wiederkommen, kämpfen, aber ihr Lächeln war erschöpft, ihre Augen waren trübe. Sie schickte mir Briefe, die ich nie beantwortete. Als sie mit der Zeit ausblieben, war ich erleichtert.

Ich hatte entsetzliche Sehnsucht nach ihr. Es gab viele Momente, in denen ich ihr schreiben und ihr meine

Liebe gestehen wollte, sie bitten wollte, mit mir wegzulaufen. Scheiß auf ihre Eltern, scheiß auf die Tradition. Wenn sie ihre Enkelkinder sehen wollten, dann müssten sie eben ihre Einstellung ändern.

Aber ich hatte meine Lüge erzählt. Die perfekte Lüge. Ich hatte uns für immer entzweit. Bin ich nicht clever?

Im Gefängnis hätte es mich ein paar Mal um Haaresbreite erwischt. Die üblichen Situationen in Duschen, die sich schlagartig leerten, in Küchen, in denen Töpfe mit siedendem Öl sprudelten, Sportplätze, wo man inmitten der dicht gedrängten Menge unauffällig jemanden aufschlitzen konnte. Ich war eine Berühmtheit. Ich war ein Spion. Ich war jemand.

Rudi hatte gutes Geld bezahlt, damit ich nur zu zweit mit jemandem in der Zelle saß, nicht wie üblich zu fünft. Dann musste er noch was drauflegen, damit ich nicht angegriffen wurde, weil ich verwöhnt und westlich war. Nur zwei in einer Zelle! Das war gegen alle vedischen Prinzipien.

Ehemalige Gefängnisinsassen behaupten oft, sie hätten in der Zeit viel gelesen, ihr Leben habe sich durch das Studium der Klassiker der Philosophie und Religion verändert. Doch meine Hauptbeschäftigung war es, Mordanschlägen auszuweichen. Ich duschte einmal am Tag. Aß ölige *chapatis* und wässrigen *daal*.

Eines Tages bekam ich unerwarteten Besuch. »Ein Typ von Charity Chai will dich sehen«, sagte der Wärter.

Es war mein verdammter Vater.

Er sah zehn Jahre jünger aus als bei unserer letzten Begegnung. Er wurde von einem Mann mit einer Kamera auf der Schulter begleitet.

»Ramesh«, sagte mein Vater. Seine Finger bildeten immer noch eine Klaue, aber der Rest strahlte Zufriedenheit und eine gewisse Abgerundetheit aus.

»Charity Chai?«, fragte ich. Sieben Jahre, und das waren die ersten Worte an meinen Vater.

Er schenkte mir ein kleines rattiges Lächeln und hockte sich neben mich auf die Pritsche. »Die Alliteration sorgt für besseren Wiedererkennungseffekt bei den Weißen. Jeder kennt Charity Chai«, sagte er. »Was für eine Story! Dieser Mann hat an seinem Teestand hart geschuftet, um seinen Sohn auf die Klosterschule schicken zu können, aber dann verschwand sein Sohn, und jetzt tut er dasselbe für alle Kinder von Alt Delh-«

»Wer ist das?«, fragte ich und deutete auf seinen Begleiter. Papa war mir viel zu selbstgefällig und sichtlich voll hinterlistiger Absichten.

»Er ist von einem amerikanischen Streaming-Dienst. Sie wollen dort mehr Wohlfühl-Ethno-Filme machen, wie der von diesem Sushi-Typen. Prakash *bhai*, schalte die Kamera aus. Das ist jetzt off the record«, sagte er, und sein Körper schüttelte sich vor Lachen.

»Hier gibts nichts zum Wohlfühlen«, sagte ich.

»Was für ein Finale, oder? Er rettete die armen Jungen Delhis, und nun muss er seinen eigenen, lange verloren geglaubten Sohn retten.«

»Du hättest mich vor sechs Monaten retten können, Papa.«

»Damals hatte ich den Fernsehvertrag noch nicht unterzeichnet.«

Ich verschränkte die Arme und schaute zu Boden.

»Ich will helfen.« Er berührte meine Schulter, und ich musste mich beherrschen, um nicht zusammenzuzucken, wie ich es früher getan hätte. »Wir können denen eine fantastische Geschichte auftischen. Du hast das alles für Geld getan. Ich bin gekommen und habe dich gerettet. Du wirst wieder jemand sein.« Er spürte deutlich, dass ich nichts mit ihm zu schaffen haben wollte, obwohl ich ihn seit sieben Jahren nun zum ersten Mal sah.

Wir starrten uns eine Weile an. Er konnte sich nicht aufraffen zu gehen.

»Papa, können wir über unsere Gefühle sprechen?«, sagte ich.

Das erfüllte seinen Zweck. Weg war er.

»Ruf mich an, wenn du rauskommst«, waren seine letzten Worte.

Was ich nicht tat.

Ich wollte nicht mehr lügen. Ich hatte nicht vor, Halbwahrheiten zu erzählen. Ich hatte die Strafe verdient. Ich würde sie wie ein Mann ertragen.

Nach sechs Monaten wurde ich entlassen.

Zum Abschied überreichten sie mir einen Zettel mit der Aufforderung, ein produktives Mitglied der Gesellschaft zu werden und möglichst nicht zurückzukommen. Ich hatte Geld, aber sonst nichts. Es war, als wäre ich noch einmal auf die Welt gekommen.

Rudis Wagen holte mich vor den Toren ab.

Nirgendwo Journalisten. Man hatte Anweisung gegeben, mich zu vergessen.

Ich verschanzte mich in unserm Apartment. Immer wenn ich auf der Treppe meinem Vermieter begegnete, um Fastfood-Lieferungen entgegenzunehmen, murmelte er Beleidigungen.

Beat the Brain war immer noch ein Hit, größer als je

zuvor. Priya war jetzt die Produzentin. Rudi fragte mich, ob ich sie sehen wolle. Ich antwortete ihm nicht einmal.

Ich blieb den ganzen Tag in der Wohnung und hoffte, die Welt würde mich vergessen.

Eine Zeit lang wollte ich etwas Romantisches tun, den alten Traum verwirklichen, eine Schule für Kinder wie mich gründen. Wir würden Regenwasser sammeln, und ich würde in Reden sagen: »Ich bringe euch Kindern nicht bei, wie man lernt, sondern wie man lebt.« Aber ehrlich, *yaar*, das ist was für Menschen ab vierzig. Wer zum Teufel will mit fünfundzwanzig am Arsch der Welt einen Haufen weinerlicher Kinder betreuen? Außerdem war ich dafür wohl ein bisschen zu egozentrisch.

Rudi war ein neuer Mensch. Keine Drogen. Keine Partys. Kein Unsinn.

Er hatte eine Freundin gefunden, und plötzlich wurde ich nicht mehr gebraucht. Sie war nett. Sie wollte, dass ich bleibe. Aber ich merkte, dass er allein mit ihr sein wollte.

Ich ging, ohne mich zu verabschieden.

Die Lösung lag auf der Hand.

In Indien war ich ein Paria – niemand verarscht das Prüfungssystem in diesem Ausmaß und kommt damit durch.

Aber was lieben die Inder mehr als alles andere? Den Westen. Und was liebt der Westen mehr als alles andere? Eine Geschichte von Aufstieg und Fall und Wiederaufstieg. Erlösung. Vergebung. Das ganze christliche Zeug. Ich will ehrlich sein, Papa hatte mich auf Ideen gebracht.

Damit Indien mich wieder liebte, müsste ich es verlassen.

Spiritualität hatte mich immer schon interessiert.

Tempel und Moscheen, mein Vater, Claire.

Ich besorgte mir ein Geschäftsvisum für die USA. Normalerweise ließen sie Kriminelle nicht einreisen, aber eine kleine Spende an die Mitarbeiter des indischen Konsulats löste alle Probleme.

Zweihundert Kilometer nördlich von Houston kaufte ich vierundzwanzig Hektar Land, mit guter Flughafenanbindung und einer nahegelegenen Autobahn. Ich hatte ein Haupthaus mit drei Schlafzimmern, außerdem ein Nebengebäude mit sechs weiteren kleinen Kammern, gerade ausreichend für je ein Bett und einen Schreibtisch. Ich schaffte mir einen Lieferwagen an, richtete eine Webseite ein und stellte Josefina ein, eine mexikanische Haushälterin, die ich in einem Lebensmittelladen traf und deren Lohn ich sofort verdoppelte. Sie lieferte mir dreimal pro Woche *tamales*.

Anfangs liefen die Geschäfte schleppend. Die Webseite war nicht sonderlich informativ. Ich hatte keine Bewertungen. Auf Netflix hatten sie eine Sendung über indische Kulte gebracht, und die Brooklyner waren misstrauisch.

Doch auf einmal kamen die Leute.

Ein Rentnerehepaar. Ein deutscher Tourist, der die Südstaaten bereiste. Ein leitender Angestellter einer Matratzenfirma, der einen Burn-out hatte. Wir hockten alle unter den Sternen um ein Feuer, aßen vegetarisches Chili und sprachen darüber, wie sich unser Leben entwickelt hatte. Die Tage waren geprägt von stiller Besinnung, Spaziergängen auf dem Gelände, dem Reparieren von Zäunen und leichter körperlicher Arbeit.

Ich kaufte ein paar Kühe und ließ sie auf den Ausläufern des Grundstücks grasen, außerdem ein paar Pferde. Es war alles sehr vedisch.

In Texas essen alle Gegrilltes vom Barbecue, schießen mit Gewehren und fahren Jeeps – wie eine Art Parodie auf Amerika. Ich war freundlich zu den einheimischen Christen, die vorbeischauten, um sicherzustellen, dass ich keine Teenagermädchen unter Drogen setzte, um Sexsklavinnen aus ihnen zu machen. Anschließend versuchten sie sogar, mich zu bekehren.

Nach einem Jahr war ich ausgebucht.

Schnell verbreitete sich die Nachricht von dem seltsamen jungen Inder mit neun Fingern, der ein Retreat im ländlichen Texas leitete und, welch Wunder, dabei niemanden unter Drogen setzte.

Schaut vorbei und findet raus, was da läuft, Olivia, Hannah, Rachel, und bringt mir ein paar schmutzige Geschichten, hieß es in Redaktionsrunden.

Ich war verdächtig. Ich sah zu gut aus, um wahr zu sein. Aber ich überzeugte sie alle. Ich sprach offen über meine Vergangenheit. Ich hatte Menschen verletzt. Ich war dabei, mich zu bessern.

Zeitschriften, Webseiten für vorurteilsfreie weiße Millennials, nationale TV-Shows – sie alle stürzten sich auf mich wie die Geier. Influencer erhielten ein gratis Wochenende.

Ich führte ein strenges Regiment. Kein Rumvögeln. Nur reden, laufen, arbeiten und fasten.

Ich ließ mir die Haare wachsen. Ich fing an, orange zu tragen, wie die Safrangelben. Ich erhöhte die Preise, zuerst auf fünfhundert Dollar pro Woche, dann auf tausend, wobei ich immer ein paar Zimmer frei hatte für Nachzügler, Herumtreiber und zufällig Hereinschneiende. Abseits der Gebäude errichtete ich einige Zelte mit Solarheizungen und Regenwasserduschen. Unsere Wanderungen dauerten mehrere Stunden. Wir stärkten uns mit rituell gereinigtem Mineralwasser. Ich beschlagnahmte Handys. Wir sprachen von Vergebung und davon, unserem besseren Selbst treu zu sein.

Instagram, Facebook, Twitter – ich war überall präsent, wobei meine Person ein Mysterium blieb. Es gab dort kunstvolle Aufnahmen von Händen, die sich im Staub begegneten, von Fußabdrücken im Sand und von Glut in der Dämmerung. Das Verkaufen überließ ich den Medien. Ich widmete mich meinen Gästen, meinen Führungskräften und Managern, machte bessere Menschen aus ihnen. Am Ende einer Woche harter Arbeit strahlten sie vor Dankbarkeit und innerem Frieden. Ich ließ sie das Buschland roden und mehr Zelte aufstellen. Zum Abendessen servierten wir ihnen vegane Burritos und erlaubten ihnen bei unseren nächtlichen Gesprächen ein paar Joints mit gestrecktem Himalaya-Gras.

Ich verdiente eine Menge Geld.

Ich weiß nicht, warum nicht jeder Braune in diesem Geschäft ist. Die Weißen betteln förmlich darum.

Ich versuche nicht einmal, mich spirituell zu geben. Die Leute erzählen mir ohne meine Aufforderung einfach über sich. Wenn sie mich Guru-ji nennen, werde ich sehr ärgerlich. Nur Ramesh, sage ich. Diese reichen Amerikaner fühlen sich schuldig wegen allem, sie suchen verzweifelt nach Vergebung. Ich erkläre ihnen, dass wir alle nach Vergebung streben, nicht nur sie, sondern auch ich, und wir umarmen uns im rosigen Licht der Dämmerung.

Die Weißen verraten dir alles. Es ist seltsam, wie sie die meiste Zeit ihres Lebens ihre wahren Gedanken verbergen, aber wenn sie sich mal öffnen, offenbaren sie dir rückhaltlos alles. Kinder, Sex, psychische Probleme, Inzest, Vergewaltigung, Drogen, Kindesmissbrauch. Und dann hören wir alle zu und wir weinen und wir vergeben.

Die indische Presse fing schon bald an, sich für mich zu interessieren, schickte Männer und Frauen mit verschlagenen Mienen, namens Sharma und Patel. Der alte Akzent ließ meine Ohren glühen.

Man berichtete über mich in Indien. Ich hatte natürlich Wi-Fi, auch wenn meinen Entsagenden der Zugang dazu verwehrt war. Meine eigene Vergebung war im Anmarsch. Ich spürte es, aber es war mir nicht mehr wichtig.

Mir fiel auf, dass ich immer seltener an Indien dachte, mich nicht einmal nach seiner stillen Akzeptanz sehnte. Und inzwischen fühlt sich meine ursprüngliche Idee, es in indien zu etwas zu bringen, wie die sinnloseste Sache der Welt an.

Was spielt es schon für ein Rolle, dort jemand zu sein?

Morgens verbeuge ich mich vor meinen Gästen, und sie sich vor mir, wir sagen: »Om!«, und lassen es über die Weiten der Landschaft erklingen, dann serviere ich ihnen Josefinas Bohnensuppe, bevor wir unsere Sünden ausschwitzen.

Es ist unfassbar langweilig.

Hier ist es heißer als in einer *bhosdike*. Draußen in den weiten Ebenen mit den Kühen, den Tränken und dem Büffelgras könnte man sich einbilden, man wäre in einem zukünftigen Indien, sagen wir in hundert Jahren, in dem Frieden eingekehrt ist, die Gebärmütter keine Kinder mehr auspumpen und sich nicht mehr alle gegenseitig an den Kragen wollen.

Vielleicht braucht es dazu aber auch mehr als hundert Jahre.

Es gibt hier Inder mit seltsamen, gequetschten, nasalen

Stimmen (und ich fürchte, auch meine könnte sich bald in so eine verwandeln), die Cowboystiefel und Hüte mit breiter Krempe tragen, Rindfleisch essen und republikanisch wählen. Sie kommen in den Laden, den ich eingerichtet habe, um Kristalle, Ganesha-Statuen und Dehradun-Reis zu kaufen, angelockt von meiner Berühmtheit. Sie haben Töchter, die Medizin studieren, sich die Haare färben, einem direkt in die Augen schauen und sich von niemandem etwas gefallen lassen.

Sogar Rudi will mal mit seiner Frau hier aufkreuzen. Er will ein Fernsehteam mitbringen. Ein großes Wiedersehen. Die Hausfrauen werden vor lauter Weinen sicherlich dehydrieren.

Ich danke dir, Papa. Ich danke dir, Claire. Ich danke dir, Rudi. Danke, Anju und Abhi und Priya.

Ich schätze, am Ende habe ich es doch noch geschafft.

DANK

Dank an meine Familie, die mich in allen Dingen unterstützt. Danke, dass ihr mich ertragt. Ohne euch bin ich ärmer. An meine Großeltern, die mir das Geschenk des Wissens gemacht haben. An meine Lehrer, LP, LF, JO und AM, die mir prophezeiten, dass ich eines Tages so etwas schaffen würde. Ein Riesenfehler.

An Sam Copeland, den ersten Leser. Vielen Dank für all das. An dieser Stelle bin ich vertraglich verpflichtet, deine attraktive Erscheinung zu loben. Danke an alle bei Rogers, Coleridge und White, die dieses Buch in die Welt hinaus geschickt haben.

Dank an Ailah Ahmed, die alles besser macht und deren Vertrauen in dieses Buch eine Quelle der Freude war. An alle bei Little, Brown, die diesem Buch ein Zuhause gegeben haben. An Emily Griffin, die immer die richtigen Fragen stellt. An ihre Mitarbeiterinnen und Mitarbeiter für die Beantwortung der mitternächtlichen E-Mails.

An alle Schriftsteller, die ich getroffen habe, die mich überredet, motiviert, bedrängt und unterstützt haben. An die Kinder von Delhi, von denen viele ihren Weg in dieses Buch gefunden haben. Euch soll die Welt gehören.

An CB, der das Feuer entfacht hat. CH, AQ und RG, die mir Zeit geschenkt haben. DH, DR, CL und TM, die wissen, wo die Leichen begraben liegen. JG, PR, AS, AN und SH, denen ich von diesem Buch hätte erzählen sollen. An DL, JI, PS und FR, das beste Team der Welt, Murderers' Row. An CN und ZA, die immer zuhören, besonders wenn sie es nicht sollten. An RM, wir werden dich nie vergessen, du hast uns viel zu früh verlassen.

GLOSSAR

Achaar – eingelegtes Gemüse, Pickles
Aloo – Kartoffel
Aloo paratha – Fladenbrot mit Kartoffelfüllung
Anda – in diesem Kontext: Hoden, Eier; aber auch Grundbausteine der Welt, des Universums
Anpadh – Analphabet
Arrey – Hey!, He da!
Ashirvad – Segnung

Bakchod – Witzbold, Quatschkopf
Bakwas – überflüssiges Zeug, Unsinn, Schrott
Bangla Sahib – einer der bekanntesten Tempel der Sikh-Religion
Besan – Gebäck aus Kichererbsenmehl
Beta – Sohn
Bewaqoof – Clown, Witzfigur
Bhai – Bruder
Bhangra – Punjabi-Volkstanz
Bharatnatyam – einer der acht klassischen Tanzstile Indiens
Bhel puri – Gericht aus Puffreis und Gemüse
Bhosdike – abwertende Bezeichnung für das weibliche Geschlechtsteil
Bigg Boss – Reality-TV-Serie; indische Version von *Big Brother*

Borlaug – Norman Borlaug, amerikanischer Agrarwissenschaftler, der für seine Bestrebungen der weltweiten Verbesserung der Landwirtschaft 1970 den Friedensnobelpreis erhielt

Chaat – frittierte Teigtaschen mit unterschiedlichen Füllungen
Chaat masala – Gewürzmischung für Süßspeisen
Chaiwallah – Teeverkäufer auf Straßen oder in kleinen Läden
Chana – Currygericht mit Kichererbsen
Chandni Chowk – einer der geschäftigsten und ältesten Märkte Alt-Delhis
Chapati – indisches Fladenbrot
Chole bhature – indisches Kichererbsencurry mit Brot
Chutiya – Blödmann, Schwachkopf
Crore – 10 Millionen Rupien
Crorepati – Millionär

Daal – würziges Gericht aus Hülsenfrüchten; wesentlicher Bestandteil der Esskultur Indiens
Dacoit – Krimineller
Dahi bhalla – Gericht mit Linsenkroketten in Joghurtsoße
Dalit – die Unberührbaren, indische Ureinwohner, Bevölkerungsgruppe, die häufig Opfer von Übergriffen und rassistischer Gewalt wird
Dhabas – Straßenküchen
Dhokla – vegetarisches Gericht aus der indischen Region Gujarat
Diwali – Lichterfest; Diwali ist eine Verballhornung des Sanskrit-Wortes *Deepavali* – Lichterkette
Dosas – gefüllte Pfannkuchen; typisches Gericht der südindischen Küche
Dramebaaz – Person, die alles überdramatisiert
Draviden – Völker im Süden Indiens und auf Sri Lanka, die eine der dravidischen Sprachen sprechen

Dupatta – Schal oder Umhang, üblicherweise zum Sari oder Salwar-kameez getragen

Fatehpur Sikri – ehemalige Hauptstadt und Palast des Großmoguls Akbar
Firangi – Ausländer, zumeist Brite oder Weißer

Gaand – Hintern, Arsch
Galouti – besonders weich und würzig zubereitetes Kebab
Ganesha – elefantenköpfiger Gott des Hinduismus
Garam – heiß, scharf, lecker, würzig
Ghandis – Währungsbezeichnung; die Gandhi-Banknotenserie zeigt auf der Vorderseite der Scheine das Porträt von Mahatma Gandhi
Ghaznawiden – türkischstämmige Dynastie, die von 977 bis 1186 in den östlichen iranischen Ländern herrschte und ihren Machtbereich zeitweise bis nach Nordindien ausdehnte
Gobi – Aloo Gobi, ein typisch indisches/pakistanisches Kartoffel-Blumenkohl-Curry
Goonda – Rowdy, Schlägertyp
Gol gappas – würzige, gefüllte Teigbällchen
Gora – weißhäutige Person, Westler
Gujju – aus Gujarat stammend, eine Region in Westindien
Gulab jamun – frittiertes Quarkbällchen
Gurdwara – Tempel der Sikh-Religion
Gymkhana – Versammlungshaus, Club

Hanuman chalisa – religiöser Lobgesang auf den Gott Hanuman
Haramzaada – uneheliches Kind, Bastard
Hauz Khas – wohlhabendes Viertel Delhis
Haveli – traditionelles, meist luxuriös ausgebautes Wohnhaus
Hijras – in Südasien eine Bezeichnung für Transgender- oder intersexuelle Personen

Holi-Festival – indisches Frühlingsfest, bei dem man sich gegenseitig mit gefärbtem Puder bestreut
Humayun-Mausoleum – ist der Grabbau von Nasiruddin Muhammad Humayun (1508–1556), dem Herrscher des Großmogulreiches von Indien

Idli – gedämpfte Küchlein auf der Basis von Urdbohnen und Reis
Imli-Soße – scharfe, rote Soße auf der Basis von Tamarinde, Zucker und verschiedenen Gewürzen

Jama Masjid – größte Moschee Indiens im Zentrum von Shahjahanabad, der Altstadt Delhis
Jeete raho – Ich wünsche dir ein langes Leben
Jugalbandi – ein Duo in der indischen Musik; wörtliche Bedeutung: verbundene Zwillinge

Kali-pujas – Ritual zur Verehrung der göttlichen Mutter in der Gestalt Kalis
Kameena – Bastard
Kebabchi – Kebap-Lokal oder dessen Inhaber
Kharbuja – Zuckermelone
Khichdi – Gericht aus Reis und Linsen; im übertragenen Sinn: Chaos, Durcheinander
Koh-i-noor – legendärer indischer Diamant mit abenteuerlicher Geschichte
Kulfi – indisches Eis aus Pistazien, Kardamom und Safran
Kurta – kragenloses, weit geschnittenes Hemd

Laddoos – süße Bällchen aus Mehl, Zucker und Backfett
Lakh – 100000 Rupien
Lund – Schwanz, Penis

Madarchod – Schimpfwort, »Motherfucker«
Maruti – Automarke, gehört zu Suzuki
Masala – würzende Zutat
Memsahib – Anrede für eine europäische verheiratete Frau zu Zeiten der britischen Kolonialherrschaft in Indien
Modi – Narendra Damodardas Modi, seit Mai 2014 amtierender Ministerpräsident Indiens. Unter Modi musste Indien eine umfangreiche Kürzung des Sozialstaats hinnehmen und Umweltschutzvorgaben wurden gelockert. Andererseits startete die Regierung ein Programm namens *Swachh Bharat Abhiyan*, etwa sauberes Indien, welches den flächendeckenden Ausbau einer Abwasser- und Frischwasserversorgung vorsieht
Murukku – herzhafter, knuspriger Snack aus Reis- und Linsenmehl

Namkeen – Mini-Samosas
Nautch-Girls – Tänzerinnen
Navratri – eines der wichtigsten Feste im hinduistischen Jahreszyklus
Nawab – Provinzstatthalter oder Vizekönig im indischen Mogulreich
Neta – Politiker
Nimbu-panis – Gebäck mit Zitronengeschmack
NRI – Non Resident Indian; gebürtiger Inder, der außerhalb der Republik Indien lebt

Paan – Betel
Padma Bhushan – der dritthöchste indische Zivilorden
Paisa – hundert Paise sind eine indische Rupie
Paneer – ein weißer Frischkäse aus Kuh- oder Büffelmilch
Papri-chaat – würziger, indischer Straßensnack aus frittiertem Teig, Kartoffeln, Kichererbsen, Joghurt

Parsen – ursprünglich aus Persien stammende ethnisch-religiöse Bevölkerungsgruppe, die als sehr gebildet und zumeist wohlhabend gilt und gesellschaftlich hohes Ansehen genießt
Patakas – Feuerwerkskörper
Pav bhaji – Gemüsepüree mit Brot
Peda – Süsses Gericht des indischen Subkontinents auf der Basis von Khoa und Zucker
Pehelwan – Ringer, starker Mann
Phooljhadis – Feuerwerkskörper
Pramod – männlicher Vorname und Familienname, bedeutet in Sanskrit Glück; weiterer Name des hinduistischen Gottes Ganesha

Qualis – geräumiger Jeep der Marke Toyota
Qutb Minar – Sieges- und Wachturm sowie Minarett im Qutb-Komplex in Delhi

Raj kachori – frittierte, gefüllte Teigtasche
Rasgulla – süßes indisches Dessert
Roti – indisches Fladenbrot
Ruko – Halt!, Stopp!

Salwar-kameez – traditionelles indisches Kleidungstück; längeres an der Seite geschlitztes Hemd, das über einer Hose getragen wird
Sambar – südindischer Gemüseeintopf mit Linsen
Samosa – gefüllte Teigtaschen aus dem südasiatischen Raum
Sanatana-Dharmas – ewige kosmische Ordnung; Bezeichnung der Hindus für ihre Religion
Saraswati – indische Göttin der Weisheit und Gelehrsamkeit
Sardarji – ein Titel vor dem Eigennamen männlicher Sikhs
Shahenshah – König der Könige
Sharaab – Schnaps, Alkohol
Shor sharaba – Aufruhr

Tamales – zentralamerikanisches Gericht, bestehend aus mit Fleisch, Käse oder anderen Zutaten gefülltem Maisteig, der in Pflanzenblätter eingehüllt gedämpft wird
Tees maar khan – wörtlich: jemand, der dreißig Männer getötet hat; im übertragenen Sinn: Angeber, Aufschneider

Ullu ka pattha – wörtlich: du Sohn einer Eule; im übertragenen Sinn: dummer Mensch, Blödmann
Uttar Pradesh – wörtlich: nördlicher Bundesstaat; bevölkerungsreichster, dichtbesiedelter indischer Bundesstaat

Vella – Verlierer, Loser

Yaar – Freund, Mann, Kumpel
Yamuna – Nebenfluss des Ganges

GABRIEL KRAUZE
Beide Leben

»Gabriel Krauze gilt als eine der interessantesten literarischen Entdeckungen der jüngeren Zeit.«
Welt am Sonntag

Ein heikler Balanceakt zwischen zwei Welten: Der Rausch von Gewalt inmitten der Betontürme im Norden Londons, nebenher ein Literaturstudium. Ein Leben, das unweigerlich die Frage nach Gut und Böse aufwirft. Gabriel Krauze schreibt mit ungeschönter Ehrlichkeit von seiner früheren Existenz. Ein atemloser, sprachlich brillanter Großstadt-Roman, der Gewalt und Tristesse eine eigene Poesie verleiht.

BRYAN WASHINGTON
Dinge, an die wir nicht glauben

»Die Lässigkeit, mit der Washington seine Figuren, seine Geschichte, seine Bilder zeichnet, macht ihn derzeit zu einem der interessantesten Autoren.«
Spiegel Online

Was verbindet uns wirklich, wenn wir uns zu verlieren drohen? Der preisgekrönte Autor Bryan Washington erzählt kraftvoll von zwei schwulen Männern im heutigen Amerika, von Hautfarbe und Sexualität, von Familie und ihren allgegenwärtigen Schatten. Ein brillantes Buch über die Grenzen der Liebe und darüber, wie man sie überwindet.

Roman
gebunden, 384 Seiten
Aus dem Amerikanischen von Werner Löcher-Lawrence
ISBN 978-3-0369-5847-7

Auch als eBook erhältlich

www.keinundaber.ch

MIIKA NOUSIAINEN
Quality Time

»Federleicht und temperamentvoll.«
NDR Kultur

Sami hat einen Traum: Er möchte unbedingt Vater werden. Doch seine biologische Uhr tickt mittlerweile so laut, dass er nicht hört, was seine Freundinnen dazu sagen. Als wieder eine Beziehung kläglich scheitert, trifft Sami eine Reihe verhängnisvoller Entscheidungen, die sogar eine Motorradgang gegen ihn aufbringen. Zum Glück gibt es den Blog Quality Time, der sämtliche Probleme mit Wald-Yoga, knusprigen Hirsekeksen und der richtigen Wandfarbe löst. Doch ist es wirklich so einfach?

MAX KÜNG
Fremde Freunde

»Das liest sich böse, witzig, spannend, das ist glänzend erzählt!«
Elke Heidenreich

Die Einladung klingt perfekt: Eine Woche Ferien in einem idyllischen Haus in Frankreich. Einfach mal wieder die Seele baumeln lassen. Süßes Dolcefarniente genießen. Und natürlich: Essen wie Gott in Frankreich! Doch leider kommt es dann so, wie es oft kommt: Ganz, ganz anders.

Roman
gebunden, 432 Seiten
ISBN 978-3-0369-5838-5

Auch als eBook erhältlich

Rahul Rainas Leben spielt sich zwischen Delhi und Oxford ab: In England leitet der Autor sein eigenes Beratungsunternehmen, in Indien arbeitet er für Wohltätigkeitsorganisationen und unterrichtet Englisch. Seinen Debütroman *Bekenntnisse eines Betrügers* schrieb er in der brütenden Hitze Neu-Delhis.